가르침의 예술

이 도서의 국립중앙도서관 출판시도서목록(CIP)은
e-CIP홈페이지(http:www.nl.go.kr/cip.php)에서 이용하실 수 있습니다.
(CIP제어번호 : CIP2009000434)

THE ART OF TEACHING by Gilbert Highet

Copyright ⓒ 1950 by Gilbert Highet
Copyright renewed ⓒ 1977 by Gilbert Highet
All rights reserved.
This Korean edition was published in 2009 by Ahchimisul Publishing Co. with arrangement of The Helen Highet Literary Trust c/o Curtis Brown Ltd., New York through KCC(Korea Copyright Center Inc.), Seoul.

이 책의 한국어판 저작권은 KCC(Korea Copyright Center Inc.)를 통한 The Helen Highet Literary Trust c/o Curtis Brown Ltd.사와의 독점계약으로 도서출판 아침이슬에 있습니다. 저작권법에 의해 한국 내에서 보호를 받는 저작물이므로 무단전재와 무단복제를 금합니다.

가르치는 모든 이들의 충만한 삶을 위한

가르침의 예술

길버트 하이트 지음
김흥옥 옮김

아침이슬

일러두기

페이지 하단의 각주는 옮긴이가 독자들의 이해를 돕기 위해 붙인 것이고, 책 뒤의 후주는 원 저자가 붙인 것이다.

차례

서문 8

제1장 도입 13

제2장 교사 21

특권과 난관 23
훌륭한 교사의 자질 28
    교과에 정통한 교사 28 / 교과를 사랑하는 교사 36 / 학생을 좋아하는 교사 43
    학생을 이해하는 교사 53 / 세상에 관한 폭넓은 관심과 열정 72
훌륭한 교사의 덕목 84
    기억력 84 / 의지력 86 / 자애로움 91

제3장 훌륭한 교사의 교수법 95

1단계: 준비 97
    계획 97 / 새로운 문헌의 탐구 115 / 원전 새롭게 읽기 118
2단계: 지식의 전수 122
    강의 125 / 개인교습 146 / 수업 157

3단계: 학습내용의 각인 191

　복습하기 193 / 질문하기 194 / 앞으로 풀어야 할 과제 언급하기 197

제4장 위대한 교사와 그의 제자들 201

소피스트 203

소크라테스 206

　소크라테스와 플라톤 209

플라톤 212

아리스토텔레스 216

　아리스토텔레스와 알렉산더 218

예수 223

　예수의 가르침 방법 네 가지 226

르네상스 시대의 교사 233

예수회 교사 241

19세기와 20세기 초의 교사 247

　그들이 공유하는 특징 251 / 그들 강의의 특징 261 / 그들의 유형 271

위인의 아버지 277

　전문가 아버지 280 / 아마추어 아버지 284

잘못된 사례들 292
  훌륭한 스승과 형편없는 제자 292 / 훌륭한 학교와 형편없는 학생 298
  훌륭한 아버지와 형편없는 아들 299 / 몇 가지 해결책 303

제5장 일상생활에서의 가르침 309

가정생활에서의 가르침 311
  아버지와 어머니 311 / 남편과 아내 313
사회생활에서의 가르침 315
  단체장 315 / 의사 316 / 정신과의사 317 / 성직자 318 /
  홍보전문가, 대중선동가 319 / 작가와 예술가 322
일상적인 가르침의 몇 가지 원칙 326

후주 329

옮긴이의 글 335

서문

 이 책은 가르치는 방법에 관해서 다루고 있다. 초·중등학교나 대학, 그 외 여러 곳에서 가르치는, 혹은 가르쳐야만 하는 교과에 대해서는 논외로 한다. 교과를 다룬 책은 이미 수천 종이 나와 있으나 가르침의 일반적인 원리를 다룬 책은 흔치 않다. 하지만 교과와 그것을 가르치는 방법을 서로 구분할 필요는 있다. 선전술의 발달을 보면 거짓말이나 어리석음도 효과적으로 가르칠 수 있음을 알 수 있다. 학교의 역사를 살펴보면 어떻게 해서 좋은 교과와 소중한 진실이 엉터리로 가르쳐지는지도 알 수 있다. 이 책에서 우리의 관심은 좋은 교과와 나쁜 교과를 구별하는 게 아니라 교과를 잘 가르칠 수 있는 일반적인 원리를 탐구하는 것이다. 이 책은 교육이론이 아니라 현실에서 끌어온 제안을 다루고 있다.
 나는 가르침이 과학이 아니라 예술이라고 믿기 때문에 책 제목을 『가르침의 예술』이라고 달았다. 과학의 목적이나 방법론을 개별 개인으로서의 인간 존재에게 적용시키는 것은 위험천만해 보인다. 설령 거대집단에 속한 인간의 행동을 설명하기 위해 더러 통계적인 원리를 끌어다 쓸 수 있고, 인체에 대한 과학적 진단은 언제나 가치 있다 해도 말이다. 인간들끼리의 '과학적' 관계란 부적절하며 아마도 왜곡된 것이기 십상이리라. 물론 교사라면 누구라도 자기 일을 질서정연하게 계획하고 사실을 정확하게 다룰 필요가 있다. 하지만 그렇게 한다고 해서 그의 가르침이 저절로 '과학적'이 되는 것은 아니다. 가르침은 조직적으로 평가할 수도 동원될 수도 없는 인간 감정을 다루며, 과학이 이해할 수 있는 영역과 한참 동떨어진 인간적 가치를 담고 있기도 하다. '과학적으로' 키운 아이는 가엾은 괴물에 불과하다. '과학적인' 결혼은 진실한 결혼과는 거리가 멀다. '과학적인' 우정은 온정이라곤 찾아볼 수 없는 찬바람 도는 것이리라. 심지어 과학과목에서조차 '과학적인' 가르침은 부적절하다. 교사와 학생이 인간이라서 그렇다.

가르침은 화학적 반응을 이끌어내는 것과는 다르다. 그렇다기보다 오히려 그림을 그리거나 곡을 쓰거나, 혹은 좀더 소박한 차원에서 말하자면, 정원에 나무를 한 그루 심거나 정겨운 편지를 한 통 쓰는 것에 더 가까운 일이다. 우리는 그 일에 열정을 쏟아부어야 한다. 그리고 가르침이 어떤 정해진 공식을 따른다고 해서 되는 일이 아님을 명심해야 한다. 그러지 않으면 우리는 우리 일, 우리 학생들, 더 나아가 우리 자신을 망치게 될 것이다.

이 책은 훌륭한 교사가 갖춰야 할 자질과 덕목을 알아보는 것에서 시작한다. 그리고 그들이 공통으로 쓰는 방법을 살펴보는 데로 나아간다. 우리의 문명을 이룩한 데 기여한 것들 가운데에는 틀림없이 유명한 교사의 영향력도 들어 있다. 따라서 가장 위대했던 과거의 교사들에 대해서도 살펴볼 것이다. 먼저 그리스의 지식인들, 소크라테스, 플라톤, 아리스토텔레스, 나사렛 예수, 르네상스 시대의 교사들, 예수회 수사들, 19세기와 20세기 초 최고의 교사들, 마지막으로 자녀에게 훌륭해지는 법을 가르쳐준 위인들의 아버지를 소개할 것이다. 그런 다음 나날의 일상에서 가르침이 이루어지는 장면으로 나아갈 것이다. 가령 평범한 부모가 자녀를 가르치거나, 부부가 서로를 가르치거나, 의사·성직자·정신과의사·정치인·대중 선동가가 대중을 가르치는 장면 말이다. 심지어 자신들이 대중을 가르치고 있다는 사실을 미처 깨닫지 못하는 예술가와 작가들의 작업도 가르침이라는 관점에서 조명해보려고 한다. 이 책은 우리가 누군가를 가르치려고 할 때면 반드시 지녀야 하는 책임감에 대해 선언하는 것으로 끝난다.

    이 책의 여정을 함께 해준 데 대해, 그리고 너무도 소중한 비판을 들려주고 사실적인 정보를 제공해준 데 대해 수많은 친구와 동료들에게 깊이 감사드린다.
    먼저 20년 동안 지도해주고 우정을 나누어준 나의 선생님, 발리올 칼리지의 명예 특별연구원 시릴 베일리Cyril Bailey 박사에게 감사드린다. 그에게 진 빚을 조금이라도 갚을 수 있었으면 하는 바람에서 이 책을 그에게 바친다. 컬럼비아 대학의 마크 반 도런Mark Van Doren 교수에게도 인사를 빠뜨릴 수 없다. 원고를 꼼꼼히 읽고 몇 가지 잘못을 바로잡아준 그는 오랜 교직경험에서 비롯된 관록과 그만의 특유한 인간미를 유감없이 보여주었다.
    구체적인 내용에 도움을 준 컬럼비아 대학의 랄프 H. 블랜차드Ralph H. Blanchard 교수, 뉴욕의 에이브러햄 플렉스너Abraham Flexner 박사, 뉴욕 심리학회의 앨버트 D. 프라이버그Albert. D. Freiberg 박사, 유니온 신학대학의 프레더릭 C. 그랜트Frederick C. Grant 교수, 하버드 대학의 베르너 예거Werner Jaeger 교수, 컬럼비아 대학의 아서 제퍼리Arthur Jeffery 교수, 뉴욕의 로저 래펌Roger Lapham 박사(그의 책 『그것은 네 손 안에 있다It's in Your Power』는 의사의 가르치는 능력을 실질적으로 잘 보여주었다), 포덤 대학의 개브리얼 리게이Gabriel Liegey 교수, 뉴욕의 덴버 린들리 Denver Lindley 박사, 컬럼비아 대학의 클레어런스 A. 매닝Clarence A. Manning 교수, 포덤 대학의 에드윈 A. 퀘인Edwin A. Quain 예수회 신부, 컬럼비아 대학 내과외과 칼리지의 W. H. 셸든Sheldon 박사, 사회보장국 Social Security Administration의 L. O. 셔들Shuddle 박사, 케임브리지 킹스 칼리지의 L. P. 윌킨슨Wilkinson 박사, 그리고 컬럼비아 대학의 벤 D. 우드 Ben D. Wood 교수에게 감사드린다.

또한 컬럼비아 대학 도서관의 참고문헌실 직원들에게 깊이 감사드린다. 방대하면서도 정확한 서지학 지식을 지닌 그들은 (특히 4장에서 다룬 주제와 관련한) 수많은 자료를 참을성 있게 찾아주었다. 혼자 했으면 몇 달이고 끝었을 일이다. 바너드 칼리지의 도서관 직원들과 사서들에게도 비슷한 도움을 받았다.

마지막으로 날카로운 비판을 아끼지 않은 아내에게 고마움을 표현하고 싶다. 훌륭한 교사라면 으레 그렇듯 그녀의 비판 역시 언제나 격려 어린 것이었다.

길버트 하이트
1950년
뉴욕의 컬럼비아 대학에서

제1장 도입

가르침의 예술을 다루는 것은 쉬운 일이 아니다. 가르치는 과목이 쉴 새 없이 달라지는 탓이다. 나라마다 가르치는 방식도 제각각이다. 한 나라에서 통용되는 가르침의 방식 역시 그 사회의 이상이나 구조가 달라지듯 세대를 거치면서 달라지게 마련이다. 교육을 특권으로 여기고, 열심히 공부하며, 대학에 가려고 돈을 모으고, 지식 습득을 소중하게 여기는 사람이 있을 수 있다. 하지만 30년 후에 그의 아들은 교육을 우습게 알고, 어떻게든 학교에 가지 않으려고 꽁무니를 빼고, 대학에서 시간을 허투루 흘려보내며, 책이라면 질색을 하는 존재로 성장할 수 있다. 그로부터 30년이 더 흘러, 또 그의 자녀들은 배우고자 하는 진정한 갈망을 품고 교육에 새로 열의를 보일 수도 있다. 이 모든 세대에게는 저마다 거기에 맞는 다른 가르침이 필요하다.

　한편, 가르치고 배우는 내용 또한 서로 달라서 세계적으로 교과의 수효는 수천 가지를 헤아린다. 교과가 하도 많아서 그 모든 것을 하나의 제도 안에 다 끌어들이는 게 과연 가능할지 묻지 않을 수 없을 정도다. 아이에게 말하기를 가르치는 엄마, 학생들에게 역사를 가르치는 학교교사, 권투

선수에게 속임동작을 가르치는 지도자, 근로자들에게 길 닦는 법을 가르치는 작업감독 사이에는 어떠한 공통점이 있는가?

어느 한 나라만 놓고 보아도 초·중등학교와 대학은 간단한 덧셈에서부터 고차원적인 물리학에 이르기까지, 춤에서부터 뇌수술에 이르기까지 당황스러울 정도로 다양한 것들을 가르치고 있다. 세계의 수많은 초·중등학교와 대학에서 다루는 교과는 너무도 제각각이다. 오늘날 어떤 학생은 코란을 암기하고, 어떤 학생은 미적분학을 공부하고, 어떤 학생은 바이올린의 겹음연주법을 연습하고 있다. 누구는 장대높이뛰기 연습에 매달려 있고, 누구는 지하전투에 소용되는 폭파작업에 관한 안내서를 읽고 있다. 에콰도르에 사는 여학생은 테레사 수녀에게 레이스 뜨는 법을 배우고, 인도의 여학생은 간디의 가르침을 암기하고, 일본의 여학생은 꽃꽂이의 상징적인 의미를 익힌다.

학교는 수천 가지가 넘는 교과를 가르치고 있다. 하지만 학교 밖에서 이뤄지는 가르침도 수두룩하다. 그 가운데 가장 중요한 것은 단연 부모가 자녀를 가르치는 것이다. 이것은 아이가 칼에 손을 뻗치려 하자마자 엄마가 얼른 칼을 치우면서부터 시작된다. 아니 실은 그보다 더 일찍 이루어진다. 부모가 첫울음을 터뜨리면서 세상에 나오는 아이에게 반응을 보이는 것과 동시에 진행된다. 아이는 분명하게 듣거나 보기 전부터 자기 스스로와 자신을 둘러싼 세상에 대해 뭔가 깨달으며, 자신의 의사를 표현하고 주위 사람의 반응을 접하고, 승리감을 맛보거나 통제당하거나 좌절감을 겪고, 고통·두려움·사랑·행복·폭력 따위를 경험하고 습득한다. 아이의 내면세계는 그런 과정을 거치면서 서서히 형성된다. 이 가르침은 지극히 애매하게 계속되지만 결국 그의 밑바탕에 깊이 뿌리내린다.

우리는 다들 그 과정을 겪어왔으면서도 그 일을 까맣게 잊어버린다. 어쨌거나 그것은 우리 안에 깊이 도사리고 있어서 더없이 소중하다. 아이가 칼로 손에 상처를 내거나 끓는 물에 발을 데는 일은 흔히 일어난다. 그렇게 해서 생긴 상처는 40년이 흐른 뒤까지 그대로 남는다. 한데 어찌된 일인지 부모들은 마음의 상처는 대수롭지 않게 여기는 경향이 있다. 왜곡된 정신과 망가진 인격의 소유자들은 대체로 자녀를 칼이나 불의 위험으로부터는 잘 보호했으되 영혼에는 씻을 수 없는 상처를 남긴 조심성 없는 부모들이 길러낸 것이다.

　학부모들은 자녀들이 학교생활을 하는 동안, 그리고 학교를 나서고도 몇 년씩 그들을 건사하고 가르친다. 적극적으로 원해서든 마지못해서든 어쨌거나 그렇게 한다. 아들에게 간단한 인사말만 건넬 뿐 밤마다 근처 술집을 어슬렁거리는 아버지는 아들에게 채찍을 휘두르면서 엄하게 구는 것만큼이나 강력하게 뭔가 가르치고 있다. 가르침이란 극히 미묘한 것이다. 그가 드러내놓고 술을 마시라거나 책임을 소홀히 하라고 가르칠 리는 만무하다. 하지만 그는 여하튼 간에 아들에게 뭔가 중요한 것을 가르치고 있는 셈이다. 많은 아버지들은 이 사실을 알지도 못하고 그러거나 말거나 아랑곳하지도 않는다. 하지만 자녀를 둔 부모는 어떤 식으로든 그들을 가르친다. 관대하게 자녀의 응석을 받아주든 그들을 무시하든 강압적으로 대하든 멀리하든 밤낮 염려하든 사랑하든 미워하든 간에 우리는 여전히 그들에게 중요한 뭔가를 가르치고 있는 것이다.

　가르침은 비단 부모나 직업적인 교사에게만 국한되는 일이 아니다. 모든 사업장과 산업현장에는 늘 가르치는 사람과 배우는 사람이 있게 마련이다. 초보자와 숙련공, 나이 든 사람과 젊은 사람이 있는 곳이라면 어디서든 가르침과 배움이 동시에 이뤄진다. 우리는 너나없이 학생이자 교사이다. 개인으로서 우리 스스로의 삶을 떠올려보자. 우리 삶의 태반은 밤낮 되풀이되는 일상적인 일로 채워져 있다. 그 가운데 어떤 것은 즐거운 놀이지만, 나머지는 대개 가르침과 배움으로 이루어져 있다.

질병의 특정 유형에 관한 지식을 습득하려 애쓰는 의사이든, 가사를 좀 더 효율적으로 처리하려고 고심하는 주부이든, 경제학을 연구하는 노조 간부이든, 최저임금으로 살아가는 생활에 적응하려 애쓰는 타자수이든, 아내를 격려해주려고 노력하는 젊은 남편이든, 청중을 사로잡는 연설을 하는 정치가이든, 새로운 노선을 맡게 된 버스기사이든, 책을 집필하는 작가이든 간에, 그들은 저마다 스스로 배움과 동시에 다른 누군가를 가르치고 있다. 미처 깨닫지 못하기 쉽지만, 우리의 개인적인 삶조차 아마추어적인 가르침과 우연한 배움으로 가득 차 있다. 또한 우리들 대부분은 공적인 존재로서 끊임없이 가르치거나 배우는 과정에 참여하고 있다.

가르침을 업으로 삼는 이들이라고 해서 모두 같은 것은 아니다. 훌륭한 교사를 찾아보기 힘든 곳도 있다. 하지만 마을마다 훌륭한 교사를 적어도 한 명씩은 만날 수 있는 지역도 얼마든지 있다. 역사상 훌륭한 교사들이 속속 등장하던 시기도 있었다. 반면 학교는 무료하고 혐오스러우며, 교사는 게으르기 짝이 없고 무식하고, 학생은 험악하고 반항적이기 일쑤인 시기도 없지 않았다.

하지만 아마추어 교사들(내가 그들을 이렇게 불러도 된다면)은 직업적인 교사들보다 훨씬 더 다양하다. 우리는 더없이 매력적인 부부가 뾰루퉁하고 밉살스러운 딸을 둔 경우를 심심찮게 보아왔다. 또한 작업감독이 작업을 계획하지도 일을 제대로 설명하지도 않는 까닭에 작업자들의 잠재적 능력을 절반밖에 끌어내지 못하는 직장도 허다하다. 예술·정치·종교에 진심으로 관심이 있는 독자들이 관련 주제를 다룬 책을 읽다가 전달능력이 떨어지는 저자의 자질에 실망하고 중도에 책을 던져버리는 일은 또 얼마나 흔한가? 형편없는 가르침은 공연히 엄청난 노력을 낭비하고, 애초에는 에너지와 행복감으로 충만해 있었을 수많은 학습자의 삶을 순식간에 망쳐놓는다.

교과도 중요한 주제이긴 하다. 하지만 너무나 방대해서 한 권의 책에 그 모든 것을 다 담아내기 어렵다. 제아무리 빼어난 사람이라 해도 할 수 없는 일이다. 물론 농아 가르치는 법, 무용 가르치는 법, 외국어 가르치는 법 같은 구체적인 교수법을 다룬 논문은 수도 없이 나와 있다. 하지만 그 같은 결과물은 꽤나 제한적이며, 좀체 다른 교과의 가르침에는 도움이 되지 않는다. 나는 20년 동안 가르치는 일에 종사해왔다. 그 사이 내가 하는 일을 좀더 잘 이해해보려고 도움이 될 만한 책을 찾아보았지만 번번이 헛수고에 그쳤다. 결국 나는 직접 그런 책을 써보기로 마음먹었다. 직업적인 교사건 아마추어 교사건 간에 어떤 식으로든 가르침에 몸담고 있는 이들을 돕고 싶었고, 담당교과에서 좀더 개선된 결과를 얻을 수 있도록 그들을 자극하고 싶었다. 결국 교사가 중점을 두고 해야 할 일 가운데 하나가 바로 자극하는 일 아닌가.

한 가지 주의할 사항이 있다. 이 책은 가르치는 '교과'에 대해서는 다루고 있지 않다. 그러니까 과학·종교·예술·외국어를 가르쳐야 하는가 말아야 하는가, 아니면 다양한 교과 간의 관련성은 어때야 하는가는 다루고 있지 않다. 이 책은 오로지 가르치는 '방법'에만 관심을 기울인다. 아동이나 젊은이들이 배워야만 하는 교과가 무엇일지를 탐구한 좋은 책들은 얼마든지 있다. 시기마다 나라마다 선택되는 교과는 천차만별이다. 하지만 가르치는 방법에 관한 지침은 지역이나 시대를 초월해서 상당한 유사성이 있다. 이 책은 무엇을 가르쳐야 하는가가 아니라 최고로 잘 가르치려면 어떻게 해야 하는가를 알아내는 데 주력한다.

제2장 교사

가장 잘 알려진 가르침이자 가장 고도로 조직화되어 있는(비록 가장 중요한 것은 아니라 할지라도) 가르침은 단연 초·중등학교, 칼리지, 대학, 그리고 기술교육기관에서 이뤄지는 가르침이다. 이 책을 읽는 독자들 가운데 이런 경험을 조금이라도 해보지 않은 이들은 없을 테고, 모두 학생이 된다는 게 뭔지 알고 있을 것이다. 누구라도 직업인으로서의 교사에게 귀중한 것을 빚지고 있다. 그러므로 그들을 살펴보는 것으로 논의를 시작하도록 하자. 그들은 어떤 부류의 인간인가? 그들은 어떤 식으로 일하는가?

특권과 난관

교직은 어떻게 보면 쉽기도 하고 또 어떻게 보면 어렵기도 한 직업이다. 교사의 좋은 점은 그들의 일상이 비교적 빡빡하지 않다는 것이다. 기업인이나 다른 여느 전문가들처럼 매년 48~50주씩 근무하는 교사들은 거의 없다. 일주일에 닷새나 엿새씩 매일 아홉 시부터 다섯 시까지 꼬박 아이들을 가르치는 교사는 더더욱 찾아보기 어렵다. 대부분의 초·중등학교와 대학은 일 년에 다해서 아홉 달가량 진행되며, 교사가 근무일에 종일 대기 상태로 매여 있어야 하는 경우도 드물다. 물론 수업시간 외에 해야 할 잡무가 많은 건 사실이다. 시험을 준비하거나 과제물을 점검하거나 학생들과의 면담을 진행하는 것 같은 일상적인 일이다. 수업연구와 수업준비도 빠뜨릴 수 없다. 하지만 이들 업무는 대체로 재량시간에 집이나 조용한 도서관 같은 데서 할 수 있다.

교직의 최대 이점은 시간적인 여유이다. 교사는 마냥 책상에 붙어 있어야 하거나, 월요일 아침부터 토요일 정오까지 쉴 새 없이 걸려오는 전화에 매달려 줄곧 떠들어대야 하는 처지는 아니다. 또한 여름에 고작 며칠간의 휴가를 쓸 따름인 수백만 노동자들의 고달픈 처지와 달리 긴 방학이 있다.

방학은 교사들이 누리는 세 가지 커다란 보상 가운데 하나이다. 유감스럽게도 그 특권을 잘못 사용하는 이들이 태반이긴 하지만 말이다. 어쨌거나 세상에서 교직만큼 충분한 휴가가 보장되는 직종은 없다.

한편 교사들의 가장 큰 난관은 바로 가난이다. 교직은 보수가 가장 형편없는 직종에 속한다. 교사는 막노동꾼처럼 옷을 입거나 그들처럼 살 수는 없는데도 그들과 크게 다를 바 없는 임금을 받는다. 교직의 상층부에서는 더러 두둑한 보상이 주어지기도 하고 꽤 쏠쏠한 부수입이 생기기도 한다. 하지만 대부분의 나라에서 평범한 교사들은 고상하기는 하되 가난한 삶을 살아야 한다. 유난히 부를 성공의 상징으로 떠받드는 나라의 교사들이라면 커다란 희생을 감수해야 하는 상황이다. 그렇지 않은 나라에서라면 가난은 지위나 존경 같은 보상을 통해 어느 정도 상쇄된다. 하지만 그렇더라도 가난에는 늘 고통이 따른다.

다만 가르침을 필요로 하는 젊은이는 언제나 있게 마련이어서 교직은 비교적 안정적인 편에 속한다. 교편을 잡고 있는 친구 하나가 언젠가 자신은 대공황기에 그 어느 때보다 형편이 나았다고 말한 적이 있다. 혈기방자한 20대에 프린스턴 대학을 함께 다닌 그의 동기들은 쥐꼬리만한 봉급을 받는 내 친구의 처지를 딱하게 여겼다. 1년에 5만 달러를 벌어들이는 그들 봉급의 10분의 1에 지나지 않는 보잘것없는 액수였던 것이다. 하지만 1932년에 그는 여전히 직업을 유지하고 있었고, 봉급은 예나 다름이 없는데도 물가가 떨어지는 바람에 더 값어치 있어졌다. 한데 그를 가엾게 여기던 친구들은 하나같이 직장을 잃었다.

교직이 안정적인 거야 틀림없는 사실이지만 그렇다 하더라도 가난하다는 것은 역시나 고달픈 일이다. 우리가 진절머리를 내면서 혐오스럽게 떠올리곤 하는 성미 고약한 교사들도 대개는 처음부터 그랬다기보다 오랫동안 불안과 돈에 쪼들리는 생활에 시달린 끝에 서서히 애초의 온화함과 자상함을 잃었기 십상이다.

교직의 두 번째 보상은 자신의 노력을 지식을 전수하는 값진 일에 사용한다는 점이다. 수도 없는 사람들이 온종일 습관적으로 되풀이되는 일에 종사하거나, 보상은 많되 무료하고 천박한 일을 하면서 살아간다. 누구라도 일주일에 닷새하고도 반나절 동안 연신 계산기를 두드리는 일이나 자사 담배가 다른 회사 것보다 낫다고 대중을 설득하는 일에 숙달될 수는 있다. 하지만 아무도 그런 일을 진정으로 좋아서 하지는 않는다. 오로지 돈을 벌 요량으로 눈을 질끈 감을 뿐이다. 그런데 만일 우리가 가령 인체의 구조라든가 제2차 세계대전의 역사 같은 중요하고도 흥미로운 교과를 진심으로 이해하고 있다면, 그것을 남에게 설명해주거나 거기에 따른 문제를 붙들고 씨름하거나 관련 신간을 탐독하거나 관련 지식을 습득하는 것은 참된 행복을 가져다준다.

가르침의 세 번째 보상은 이 두 번째 보상과 관련이 깊다. 그것은 바로 뭔가 소중한 것을 만들어내는 기쁨이다. 우리가 처음 학생들을 맞을 때면 그들의 정신은 오직 어렴풋하게 형성되어 있을 뿐이다. 백지상태 아니면 애매한 개념이나 지나치게 단순한 생각으로 가득 차 있는 것이다. 제대로 가르치기만 한다면 우리는 그들에게 그저 수많은 사실을 쑤셔넣고 있는 게 아니다. 가르침은 혈청 500CC를 주입하거나 비타민을 1년간 복용하도록 하는 것과는 다른 일이다. 우리는 살아 있는 정신을 맞아서 그들을 주조한다. 더러 그들은 저항하기도 한다. 한없이 수동적으로 굴기도 할 것이고, 교사가 미치려는 영향을 완강히 거부하기도 할 것이다. 잘 따라오는가 싶다가 언제 그랬냐는 듯 도로아미타불이 되기도 한다. 하지만 가끔씩은 교사가 노력한 만큼, 보다 견실한 형태로 되어가서 인간을 창조하는 걸

도왔다는 그 어디에도 비길 데 없는 행복감을 안겨준다.

시와 애국심의 의미에 대해 생각해보도록 자극하는 일, 진실과 거짓을 구분하도록 이끌어주는 일, 우리의 도움을 받아서 발견한 사실과 논쟁거리를 자신에게 맞게 소화시키고 더욱 벼린 뒤 다시 반격해오는 모습을 지켜보는 일은 더없이 흐뭇하다. 그것은 마치 화가가 빈 캔버스에 그림을 그리고 채색을 하면서 얻는 기쁨, 혹은 의사가 희미하던 맥박이 다시 복구되어 새로운 생명의 기운을 싣고 다니는 소리를 들을 때 맛보는 만족감에 견줄 만하다.

하지만 좀처럼, 혹은 단 한 번도 이런 경험을 해보지 못하는 교사들도 있다. 교직이 응당 제공해주어야 하는 이 같은 보상과 인연이 없는 것이다. 그들은 가르침이 가난 못지않은 고통을 안겨주는 일이라며 불평을 늘어놓는다. '아이들이 나를 싫어한다'고, 때론 '나 역시 아이들이 끔찍하다'고 혀를 내두른다. 세월이 흐르면서 그들의 혐오감이 널리 알려지면 그들로서는 도저히 무너뜨릴 수 없는 장벽이 학생들과의 사이에 쳐진다.

나에게도 생생한 기억이 하나 있다. 여덟 살 때다. 우리 담임선생님은 교실을 공포의 도가니로 몰아넣는 여선생님이었다. 우리는 그녀가 교실에 들어오기 전부터 다들 벌벌 떨었다. 그해에 무슨 공부를 했든지 간에 우리는 보나마나 학교를, 어른들을, 권위를 혐오하는 법도 함께 배웠을 것이다. 한편 제아무리 형편없는 교사라 해도 통제가 불가능한 기운이 세고 잘못 훈련받은 학생들로 이루어진 학급만큼 끔찍할 수는 없다. 몇 년 후 같은 학교에서 훌륭한 이력을 지닌 선량한 교사가 아이들 때문에 분노와 좌절감으로 쩔쩔매던 일도 떠오른다. 나는 도시학교에서 근무하는 어느 여선생님을 알고 있는데, 그녀는 반 남학생들이 서로 칼을 휘둘러서 다치기라도 하면 어쩌나 하는 게 가장 큰 걱정거리라며 한숨을 내쉬었다.

오늘날 학생이 교사에게 대드는 광경은 그리 드문 일이 아니다. 어느 면에서 그것은 서로를 활기차게 해주는 건강한 모습이라고도 볼 수 있다. 최고의 걸작은 까다로운 재료를 썼을 때 탄생한다. 밀랍으로 상을 빚는 것보다야 대리석으로 상을 깎는 게 한층 어렵지 않은가. 하지만 학생들의 반항심을 도저히 잠재우지 못하고 그것을 적대감으로 키울 때, 교사 역시 그 못지않은 적대감(아니면 냉소적인 무관심)을 품을 때, 그럴 때면 뭔가 잘못되어도 크게 잘못되고 있는 것이다. 더러 학생 탓이기도 하고 더러 교사 탓이기도 하다. 어느 때는 그들이 속한 지역사회에 깊이 뿌리박힌 문제가 영향을 미치기도 한다.

원인이야 어찌 되었든 간에 이것은 교사에게 고달픈 시련이다. 이는 교직이 직면할 수 있는 최악의 난관 가운데 하나이다. 가난하게 산다는 것은 고통스러운 일이다. 하지만 능글맞게 웃거나 인상을 찡그리거나, 하품을 하거나 친구들과 떠들거나, 그저 갱 단원이나 스포츠선수, 연예인을 선망할 따름인 불량한 아이들 틈바구니에서 진정으로 소중한 것을 이해시키려 애쓰며 삶의 에너지를 소진하는 것은 훨씬 더 고통스러운 일이다. 그것은 마치 우리가 수혈해준 귀한 피가 바닥에 뚝뚝 떨어져서 진흙 속에 속절없이 묻혀버리는 모습을 허망하게 바라보는 것이나 마찬가지이다.

어떤 상황에서는 이런 일이 훌륭한 교사에게도 일어난다. 하지만 나쁜 교사에게 일어날 가능성이 훨씬 더 많다. 어떻게 하면 그것을 피할 수 있는가? 결국 이 질문은 훌륭한 교사의 자질은 무엇인가라는 질문으로 이어진다.

훌륭한 교사의 자질

교과에 정통한 교사

먼저, 훌륭한 교사는 자신이 가르치는 교과를 잘 알고 있어야 한다. 너무 당연해서 하나마나 한 소리처럼 들린다. 하지만 모든 교사가 다 이 요건을 충족시키고 있는 것은 아니다.

이것은, 만일에 내가 화학교사라면 화학에 대해서 잘 알아야 한다는 것을 뜻한다. 그런데 단지 학교에서 가르치는 화학과 학기말 시험에 필요한 화학 정도를 아는 데 그쳐서는 곤란하다. 그는 화학이라는 학문 자체를 진정으로 이해해야 한다. 상위 영역도 최소한 개괄적으로나마 알고 있어야 한다. 매년 새롭게 발견되는 중요한 화학적 발견에 대해서도 관심을 열어 두어야 한다. 어떤 학생이 과학에 재능을 드러내면 교사는 그에게 대학에서 어떤 것을 배우게 되는지, 중요한 화학적 지식에는 뭐가 있는지, 어떤 문제들이 아직껏 풀리지 않은 채 남아 있는지, 그리고 과거에 살았거나 현재 활약하고 있는 위대한 화학자들의 삶은 어떤지 보여줌으로써 그에게 미래에 대한 전망을 제시하고 그를 격려해줄 수 있어야 한다.

그러고 보면 가르침은 결코 배움과 분리되는 게 아니다. 훌륭한 교사는 매년, 아니 가능하다면 매달, 매주 자신의 교과와 관련해서 더 많은 것을 습득하려고 한다. 어떤 여학생이 불어교사가 되고자 한다면 그저 소정의 교과서와 문법을 암기하는 데 만족하고 신경을 딴 데 쏟으려 해선 곤란하다. 그녀는 삶의 한 부분을 불어라는 언어뿐 아니라 우수한 프랑스 문학에, 프랑스의 예술과 역사와 문명을 이해하는 데 쏟아부어야 한다. 훌륭한 불어교사가 되려거든 한 해는 (예컨대) 발자크를 읽고, 한 해는 프루스트를 읽고, 한 해는 몰리에르를 읽고, 한 해는 지로두, 콕토, 로맹, 그 밖의 현대 극작가들을 읽어서 프랑스 서적으로 된 제 나름의 도서관을 구축해야 한다. 그녀는 빠듯한 봉급으로는 엄두가 안 나는 일이므로 맘먹고 몇 년 간 돈을 모아 프랑스를 여행할 것이다. 또한 대학에서 프랑스어로 진행하는 여름강좌를 수강할 수도 있다. 보나마나 여력이 닿는 대로 프랑스 영화를 챙겨보고, 레뮈의 억센 마르세유 지방 사투리를 음미하거나 페르낭델의 유머를 즐길 것이다. 사실 이런 일은 그다지 힘들거나 치열한 자기개선 의지를 필요로 하지 않는다. 그저 일상 속에서 즐기면서 할 수 있는 일이다. 하지만 그런 경험 역시 배움에 도움이 되고 결국에는 가르침을 한층 낫게 해준다.

   당신은 어째서 이런 게 필요한지 의아할 수도 있다. 왜 교사는 그저 교과의 기본요소만 배우고 그것을 철저히 익히는 데 그치면 안 되는가? 우편배달부가 자신의 담당구역만 잘 알고 있으면 됐지 도시의 거리를 샅샅이 알아야 할 까닭은 없잖은가? 소도시에 사는 불어교사는 백날 가봐야 프루스트의 소설을 읽겠다는 학생을 한 명도 만날 일이 없을 것이다. 그런데 어째서 기초화학을 가르치는 학교교사가 화학계의 최신 정보에 지속적으로 관심을 기울여야 하는가? 화학을 이루는 기본요소는 한정되어 있고 크게 달라지지도 않는데 말이다.

  이 질문에 대해서는 두 가지로 답변할 수 있다. 첫째, 좀더 높은 차원의 지식을 모르고서는(설사 그것을 잘 가르칠 정도는 못 된다 하더라도) 교과의 기본적인 지식조차 온전히 이해한다고 보기 어려운 탓이다. 100을 알아야만 1을 가르칠 수 있다. 가장 심각하고도 터무니없는 실수는 흔히 교사보다는 언론인이나 라디오 해설가들이 저지른다. 잡다한 출처에서 얻은 어설픈 정보를 확실한 어조로 단언하기 때문이요, 자신이 우러러보는 권위자가 말한 것이라면 무슨 금과옥조라도 되는 양 무비판적으로 떠받들기 때문이다. 하지만 교과와 관련한 이슈를 설명하려고 노력하는 교사들 가운데에도 그저 동료에게 들었거나 자신의 상상이 빚어낸 어수룩한 설명방식에 의존하는 이들이 허다하다. 그런데 그것은 완전히 잘못된 것이거나 그 분야의 지식이 확장되면서 이미 오래 전에 폐기된 것이기 십상이다.

  둘째, 인간 정신의 수용력은 무한하기 때문이다. 우리는 아이가 살아가려면 최소한 얼마만큼의 음식을 먹어야 하는지 알고 있다. 또한 그가 섭취할 수 있는 음식의 최대량이 얼마인지도 알고 있다. 하지만 그 아이가 얼마만큼의 지식을 원하는지, 그리고 얼마만큼의 지식을 받아들일 수 있는지에 대해서는 좀처럼 알지 못할뿐더러 짐작조차 하지 못한다. 따라서 상위단계나 좀더 깊은 측면에 대해 아이들이 물어올 법한 질문에 준비되지 않은 상태로 교과의 기본만 가르쳐서는 곤란하다. 교육내용을 제한적으로 제시하면 아동의 상상력을 자극하기가 어렵다. 몽땅 암기하기엔 좋겠지만 교과를 창의적으로 이해하기 어렵고, 좋아하기란 더더욱 어렵다. 한없는 교과의 여정으로 올바르게 이끌어주면, 학습자는 모든 초보적인 교육내용을 두루 섭렵하고 거기에서 한 걸음 더 나아가고 싶은 의욕에 불탈 것이다.

아이들은 여러 가지 이유로 어른들을 싫어한다. 어른들이 융통성 없고 고지식하다고 느끼는 탓이다. 하지만 뻔한 말만 되풀이하지는 않는 어른들, 세상을 좀 색다르게 보는 책 이야기를 들려주는 어른들, 일상적이고 단조롭다고 시들하게만 여기던 것을 새로운 관점으로 제시해주는 어른들, 살아 있고 예민하고 정력적이고 열정적인 어른들을 만나면 아이들은 그들을 달리 본다. 누구라도 종일 에너지와 호기심이 넘치는 생활을 하기는 어렵다. 하지만 우리가 교사인 한 우리는 자신의 교과를 더없이 사랑해야 하고, 교과의 구체적인 측면에 대해 흥미진진한 이야기를 들려줄 수 있어야 한다. 그러지 않으면 재미를 못 붙이고 시큰둥하게 고개를 외로 꼴 아이들이다. 교사는 마치 의사가 건강에 대해 신념을 가지고 있듯이 자신이 가르치는 교과가 흥미 있고 가치 있다는 사실을 철석같이 믿어야 한다.

이 원칙을 무시하는 교사야말로 학생들로 하여금 학교를 혐오하고 값진 지식의 세계에 등을 돌리게 만드는 형편없는 교사이다. 이와 관련해서 떠오르는 일이 있다. 내 친구 하나가 큰 대학에서 하계강좌를 진행하는 책임을 맡았다. 남부 주 출신인 한 중년사내가 그에게 다가와서 말했다.

"우드사이드 고등학교에서 불어를 가르치고 있는 사람입니다. 재교육 과정을 밟고 싶어서 왔어요."

"아, 그러셔요. 그런데 기초불어를 가르치고 계십니까, 아니면 고급불어를 가르치고 계십니까?"

"처음 2년간 수강해야 하는 기초불어요. 저는 기초불어 이상은 한 번도 가르쳐본 일이 없어요."

"알겠습니다. 이번 여름에 소르본에서 방문한 사라사트라는 훌륭한 강사분이 계세요. 라퐁텐과 몰리에르에 관한 그의 강의를 수강해보시면 좋겠네요."

그가 난감한 표정을 지었고, 잠시 침묵이 흘렀다. 내 친구가 침묵을 깨며 다시 입을 열었다.

"잘 아시다시피 라퐁텐은 흥겨운 우화를 쓴 작가이고, 몰리에르라면, 선생님께서는 틀림없이 『수전노』나 『아내들의 학교』를 읽어보셨을 테지요. 워낙 근사한 희곡이라 읽을 때마다 점점 더 맛이 살아나지 않던가요?"

그는 여전히 입을 꾹 다물고 있었다. 이윽고 그가 입을 열었다.

"음, 그렇지 않아요. 나는 그런 게 필요하리라고 생각지 않아요. 단지 기초불어의 재교육 과정을 원할 따름이거든요."

"하지만 그거야 이미 다 알고 계시지 않습니까? 책에 다 나와 있는 거고요. 백 쪽 정도의 기초문법과 어휘로 충분하죠. 선생님은 그것을 모두 달달 외고 계실 거예요. 그런 걸 가르치는 진짜 이유는 학생들로 하여금 뭔가 가치 있는 글을 읽게 만들려는 거잖아요. 선생님은 틀림없이 학생들에게 라퐁텐의 우화를 곁들여줄 수 있을 거예요. 사라사트의 강좌를 들어보면 라퐁텐의 유머, 풍자, 그의 섬세한 언어, 날카로운 심리묘사, 그 밖에 선생님께서 학생들을 가르칠 때 요긴하게 써먹을 수 있는 내용을 두루 접하게 되실 겁니다."

"흐음⋯."

내 친구가 그 선생님의 담당교과에 초점을 맞추면서 계속 말을 이어갔다.

"학생들은 몰리에르를 사랑하게 될 거예요. 선생님께서 가르치는 초보자들에게는 몰리에르가 다소 어려울지도 몰라요. 그래도 선생님께서는 학생들에게 몰리에르에 대해 들려주고, 중요한 줄거리를 간추려주고, 극의 한두 장을 읽어줄 수 있어요. 선생님을 통해서 몰리에르의 맛을 본 아이들은 틀림없이 그의 희곡 전체를 읽고 싶은 충동을 느낄 거예요."

불어선생님이 모자를 집어들고 일어서면서 단호하게 말했다.

"아니오. 저는 기초불어를 가르치는 교사예요. 그런 걸 배워서 어디에 쓸지 도통 모르겠군요. 전혀 써먹을 일이 있을 것 같지 않아요."

"하지만 가르칠 때 써먹지 않더라도 선생님 자신은 틀림없이 그걸 좋아하시게 될 거예요. 몰리에르를 좋아하시잖아요?"

그 키 큰 남성이 고개를 가로저었다.

"잘못 짚으셨어요. 전 그의 작품을 한 번도 읽어본 일이 없어요. 앞으로도 읽게 될 것 같지 않고요. 실은 저는 불어에 별 관심이 없어요. 제가 진짜로 좋아하는 건 농구죠. 우드사이드에 있는 멋진 농구팀에서 뛰고 있어요."

내 친구가 이 지점에서 실수를 저질렀다. 저도 모르게 그만 이렇게 내뱉은 것이다.

"그러시다면 불어 가르치는 일은 관두고 농구를 가르쳐보는 게 어떠세요?"

그 방문자가 문을 나서면서 대꾸했다.

"그 편이 더 나을는지도 모르겠네요. 당신께서 제게 기초불어에 알맞은 재교육 과정을 소개해주지 못한다면 말이죠. 제가 여기를 찾은 이유는 바로 그건데 아쉽습니다. 이만 가보겠습니다."

그는 두 번 다시 나타나지 않았다. 하지만 그의 말대로 그가 결코 라퐁텐이나 몰리에르를 읽어보지 않으리라고 단정하기는 어렵다. 가르침과 관련해서 가장 근사하면서도 기이한 점은 바위투성이의 척박한 땅에 뿌린 한 알의 씨앗이 용케 자리를 잡고 서서히 뿌리내려서 싹을 틔우고 무성하게 자라나 몇 년 후 귀한 열매를 맺기도 한다는 것이다. 우드사이드 출신의 그 선생님은 내 친구가 던진 말을 떠올리고 교과에 진정으로 관심을 기울이게 되었을 수도 있다. 몰리에르나 라퐁텐을 위시해 더 많은 관련 지식을 습득하려고 새로 대학에 진학했을 가능성도 얼마든지 있다. 아니면 그가 직접 번역한 『수전노』를 우드사이드에서 공연할 때 프로듀서나 무대감독으로 뛰고 있을지도 모를 일이다.

반대로 그런 일이 전혀 일어나지 않았을 수도 있다. 만일 아무 노력도 하지 않았다면 그는 세상에 흔해빠진 이들과 하등 다를 바 없는 신세로 전락했을 것이다. 삶의 대부분을 차지하는 자신의 직업에 넌더리를 내고, 그 직업이 요구하는 최소한만을 간신히 해내는 변변치 못한 삶을 살아가면서 말이다. 나는 영국의 음반가게에서 그렇게 살아가는 여점원을 보았다. 판매대를 지키고 있는 그녀에게 쇼팽이나 호기 카마이클의 곡을 찾아달라고 했을 때 그녀는 음반이 어디에 있는지 알지 못했다. 차라리 주인이 나올 때까지 기다리는 편이 나았다. 만약 그녀가 실크스타킹을 팔았다면 상품별로 스타킹의 특징을 줄줄이 꿰고 있었을지도 모른다. 하지만 그녀는 엉뚱하게 예술작품을 취급하고 있었고, 거기에는 별 취미도 관심도 없었다.

그녀를 보고 있자니 토스카니니와 그가 만났던 제1바이올린 연주자에 관한 일화가 떠올랐다. 토스카니니가 어느 새로운 도시에서 순회공연을 할 때의 일이었다. 전에는 한 번도 지휘해본 적이 없는 교향악단이었다. 그는 〈세미라미데Semiramide〉 같은 비교적 쉬운 곡으로 협연을 시작했다. 일 이 분 정도 지났을까. 그는 제1바이올린 연주자가 좀 이상해 보인다는 것을 알아챘다. 연주는 썩 잘했지만 심하게 인상을 쓰고 있었고, 새로운 쪽을 시작하려고 악보를 넘길 때면 마치 밀려드는 통증을 꾹 참기라도 하듯이 고통스럽게 얼굴을 찡그렸다. 토스카니니는 교향악단을 잠시 중단시키고 그에게 말을 건넸다.

"수석 연주자님. 어디가 편찮으신가요?"

제1바이올린 연주자는 이내 본래의 모습을 되찾으며 대답했다.

"아닙니다. 염려해주셔서 감사합니다. 저는 아무렇지도 않습니다. 지휘자님. 계속하시지요."

"아무 문제없다니 다행이군요. 그럼 여러분, 다시 시작할까요?"

그들은 연주를 재개했다. 하지만 토스카니니가 얼마 안 되어 힐끗 제1바이올린 연주자를 보았을 때 그는 방금 전보다 더 안 좋아 보였다. 얼굴은 한쪽으로 비틀어져 있다시피 했고, 힘껏 앙다문 입술 사이로 이빨이 드러나 보였으며, 양미간은 고통을 참느라 깊이 패여 있었다. 그는 고통스럽게 땀을 흘렸고 숨 쉬는 것조차 힘겨워했다.

"여러분, 잠깐만요. 수석 연주자님. 정말로 어디가 아파 보여요. 집에 돌아가서 좀 쉬어야 하는 거 아닙니까?"

"아, 아, 아니에요. 토스카니니 씨. 제발 저는 상관 마시고 그냥 계속해주세요."

"한데 괜찮지가 않아 보여요. 뭐가 문제인 거죠? 갑자기 어디가 아픈 건가요? 아니면 잠시 좀 누워 있고 싶으신가요?"

"아니에요. 정말 아무 데도 아프지 않다니까요."

"그래요? 그렇다면 대체 뭐가 잘못된 겁니까? 당신은 정말 심각해 보였어요. 방금 전까지만 해도 너무나 괴로운 표정을 짓고 있었다고요. 애써 고통을 참고 있는 게 분명했어요."

"……솔직하게 말씀 드리면, 저는 정말이지 음악이 싫습니다."

"……"

참으로 어이없이 들리는 말이다. 그렇지 않은가? 하지만 세상에는 날마다 이런 심정으로 살아가는 사람들이 수도 없이 많다. 그들은 싫어하는 직업에 매달려 있으며, 그 일을 마지못해서, 당연히 비효율적으로 수행한다. 결국 그는 자기 자신만 곤란하게 만드는 게 아니라 그를 둘러싼 모든 이들을 곤경에 빠뜨린다.

  때론 그래도 별 문제가 안 될 수 있다. 음반가게 여점원이 음반을 제대로 찾아주지 못하면 고객은 좀 번거롭긴 하나 주인이 나올 때까지 기다리든가, 아니면 최악의 경우 음반제작사에 직접 주문을 하면 그만이다. 하지만 학생들에게 소중한 교과를 가르치는 교사가 몸짓 하나하나로, 미묘한 어감으로 그 교과를 그다지 가치 있게 여기지 않음을 은연중에 내비친다면, 그것은 가볍게 흘려버릴 일이 아니다. 기억하라, 학생들은 그것을 아주 단번에, 너무도 민감하게 알아차린다는 것을.

교과를 사랑하는 교사

훌륭한 교사가 되는 데 첫 번째로 중요한 요소는 담당교과를 잘 아는 것이다. 이는 바로 교사가 그 교과를 끊임없이 배워야 한다는 것을 뜻한다.

  훌륭한 교사가 되는 데 두 번째로 중요한 요소는 자신의 교과를 좋아하는 것이다. 이 두 요소는 서로 밀접하게 이어져 있다. 마음에서 우러난 진정한 관심 없이 해마다 뭔가 꾸준히 배우는 것은 거의 불가능하기 때문이다.

  내 친구 하나는 주식중개인이다. 그는 해가 갈수록 시장에 대해서 점점 더 많은 정보를 습득하고 있다. 수십 년 전까지 거슬러가 40개 주요 주식의 최고가와 최저가를 줄줄이 꿰고 있을 정도다. 게다가 그 회사의 이사들 이름까지 죄다 기억하고 있다. 그는 상당히 구체적인 남미 관련 이슈뿐 아니라 비상장주식에 대해서도 해박하다. 그의 지식 앞에 서면 기가 죽을 지경이다. 물론 나도 그 친구처럼 엄청난 노력을 기울였다면 그렇게 될 수 있었을지도 모른다. 하지만 그에게는 분명히 남다른 점이 있다. 그 일을 정말이지 좋아한다는 것이다. 프랑스에 머물 때 그는, 유럽 주식을 다루는 일은 전혀 하지 않으면서도 파리 증권거래소 관련 소식을 열심히 챙겨 읽었다. 그의 흥미가 타고난 것이냐 길러진 것이냐는 중요하지 않다. 그는 지금 자신이 하는 일을 진심으로 좋아하니까. 그 결과 그는 훌륭한 주식중개인이 될 수 있었다. 자신의 일에 흥미를 가졌기에 지속적으로 관련 지식을 쌓아갈 수 있었고, 그러다 보니 그의 판단력은 더욱 정확해졌으며, 자기 분야에서 성공했을 뿐 아니라 진정으로 행복한 삶을 누릴 수 있었다.

그가 주식중개인이 되려는 생각으로 막 그 분야에 발을 들여놓은 젊은이를 한 사람 만났다 치자. 그런데 그 젊은이와 대화를 주고받으면서 태도를 관찰한 결과 GE가 가격정책을 바꾸고 있는지 어떤지에 대해 전혀 알지도 못하고 관심도 없다는 사실을 발견했다. 그렇다면 그는 당연히 그 젊은이에게 월가에서 일하는 것을 관두고 다른 일을 알아보는 게 좋겠다고 조언할 것이다.

마찬가지로 가령 역사 가르치는 일을 업으로 삼으려는 여학생이 있는데, 정치나 인물에 대해서도, 다른 시대의 생활양식이나 정신세계를 탐구하는 데 대해서도, 십자군 전쟁이나 베르사유 조약 같은 굵직한 역사적 사건에 대해서도 통 관심이 없다면 누구라도 역사교사가 되지 못하게 그녀를 뜯어말려야 옳다. 그녀는 처음부터 역사를 엉터리로 가르칠 테고, 해가 갈수록 역사를 점점 더 싫어할 수밖에 없어서 사태는 점점 더 나빠진다. 결국 그녀는 말뚝에 매인 말처럼 날마다 아무 희망도 없이 같은 원을 맴도는 비참한 신세로 전락할 것이다.

물론 교사들이라 해도 다들 자기가 담당한 교과에서 가르치기 싫어하는 부분이 있게 마련이다. 훌륭한 역사교사들 상당수도 초기 중세를 가르치는 것은 꺼리는 경향이 있다. 하지만 그는 자신의 약점을 충분히 알고 있으며, 교과에서 그 부분이 중요하다는 것도 인식하고 있다. 그래서 그것을 소홀히 한 데 대한 죄책감으로 자신이 진짜 좋아하는 부분에 훨씬 더 심혈을 기울인다.

하지만 자신이 담당한 과목 자체를 통째로 싫어한다면 그때는 문제가 달라진다. 역사를 따분해하는 역사교사, 집에서는 불어책을 전혀 들춰보지 않는 불어교사, 이들은 그저 멍한 상태로 지내거나 아니면 견딜 수 없는 고통에 시달릴 수밖에 없다. 만일에 당신의 담당의가 "솔직히 말해서 나는 의술에 아무 관심이 없다"고, "의학저널 따위는 좀처럼 들여다보지 않고, 흔히 볼 수 있는 질병과 관련해 새롭게 쏟아지는 치료법에도 전혀 관심이 없다"고, "그저 밥벌이나 하려는 것일 뿐 내가 맡은 환자가 아프거나 말거나 상관하지 않는다"고, "내가 진짜로 좋아하는 것은 등산"이라고 털어놓는다면 당신은 얼마나 기겁을 하겠는가? 아마도 당장에 담당의를 갈아치울 것이다. 하지만 학생들은 교사를 바꿀 수 없다. 대학에 가서라면 또 몰라도 말이다. 대학에 가서도 그렇게 하기란 그리 간단치 않다. 학생들은 이따금 앞서 말한 것처럼 치료는 소용없으며 환자는 쓸모없다는 생각을 하는 의사에게 치료받는 것과 조금도 다를 바 없는 처지에 놓이곤 한다. 그들이 교육을 불신하게 되는 것은 하나도 이상한 일이 아니다.

아이들은 어른들이 생각이 굳어 있어서 싫어한다. 하지만 그들이 어른들을 싫어하는 더 큰 이유는 진지하지 않다고 보기 때문이다. 아이들은 단순하고, 솔직하고, 거의 고통스러울 정도로 순진하다. 위선적인 아이들은 드물다. 아이가 위선적이라면 그는 정신적으로 무슨 문제가 있는 것이다. 그런 아이들이니만큼 어른들의 위선과 거짓을 참을 수 없어한다. 남학생들은 대체로 악당이나 총잡이를 숭배하고 모방한다. 그래도 그들은 용감하며, 다이아몬드보다는 스페이드를 선택한* 결연한 성격의 소유자들이라고 느끼기 때문이다. 그러나 위조자나 독살자를 우러러보는 남학생은 찾아보기 어렵다. 그들은 다혈질에 폭력적인 부모나 교사는 참아낼 수 있고, 때로 그들에게 적잖은 것을 배우기도 한다. 하지만 위선적이거나 거짓된 사람들만큼은 극도로 혐오하고 경멸한다.

자신의 교과를 싫어하거나 거기에 관심이 없는 교사는 언제나 위선자가 될 위험을 감수해야 한다. 그런 교사가 어떤 태도를 취할 수 있겠는지 한번 따져보자. 당신이 화학교사인데, 화학을 왜 배워야 하는지 확신하지 못하는 채로 화학을 가르친다 치자. 첫째, 당신은 학생들에게 화학을 배우지 않으면 벌을 주겠다고 엄포를 놓는 식으로 학생들이 화학을 배우도록 다그칠 수 있다. 둘째, 화학을 배워야 장차 좋은 직업을 얻는 데 도움이 되니까 그것을 배워야 한다고 학생들을 설득할 수 있다. 셋째, 화학이 너무나 멋진 학문이라고 생각하는 양 거짓 행세 하면서 짐짓 진지한 표정으로 화학실험의 결과를 들여다볼 수도 있다. 첫째 경우에 학생들은 구시렁대면서, 아마도 부적절하게 화학을 배울 것이다. 이때의 배움은 그들이 살고 있는 지역에 따라 크게 달라진다.(독일의 학생들은 잘 배우겠지만, 오스트레일리아의 학생들은 그렇지 못할 것이다.) 둘째 경우에 학생들 가운데 몇은 당신 말을 믿고 잘 배울 수 있다. 하지만 셋째 경우에는 아무도 당신을 신뢰하지 않으며, 만일 당신 같은 교사를 만나지 않았더라면 훌륭한 화학자로 성장했을지도 모를 학생들이 화학에 대해 잔뜩 혐오감만 키울 것이다.

하지만 당신이 담당교과를 진정으로 사랑한다면 다소 피곤할 때에도 가르치는 일이 그다지 버겁지 않다. 기분이 좋을 때라면 가르치는 일이 더할

---

* 카드의 스페이드(♠)는 칼, 즉 명예와 권력을 상징하고, 다이아몬드(◇)는 재화와 부귀를 상징한다.

나위 없이 즐거울 것이다. 당신은 어떤 새로운 내용을 만나도, 어떤 토론 주제가 주어져도, 어떤 관점에 직면해도 결코 당황하는 법이 없다. 누구라도 그렇게 마련이지만, 설사 실수를 저지르거나 공식을 까먹거나 A와 B를 헷갈렸다 해도 대충 얼버무리며 어떻게든 궁지에서 벗어나려고 허둥댈 필요가 없다. 당신은 잊어버렸다고 솔직하게 털어놓을 수 있으며, 더 나아가 뭐가 옳은 거냐고 묻는 식으로 학생들의 도움을 구할 수도 있다. 좀더 현명한 방법으로, 다음번에 알아와서 꼭 알려주겠다고 약속할 수도 있다. 그렇더라도 학생들이 당신을 무시하거나 교과에 흥미를 잃지는 않는다. 학생들은 교사의 전지전능함을 원하는 게 아니다. 그들도 그것은 가능하지 않다는 것을 잘 알고 있다. 그들은 다만 당신이 진지했으면 하고 바랄 따름이다.

그러므로 당신이 교사가 될 작정이면 반드시 어떤 교과를 선택할지 신중을 기해야 한다. 교직 지망생들은 대체로 어떤 것들에 관해(적어도 처음에는 모든 것들에 관해) 수업을 듣는다. 그러다 차차 진짜 중요한 교과에는 어떤 것들이 있는지 파악하고 그쪽으로 관심을 몰아간다. 더불어 좀 나이 들어서까지 계속 가르치고 싶은 교과가 뭐가 될 것인지 따져보기도 한다.

하지만 젊은 대학교수들은 별 고민 없이 교과를 선택하곤 한다. 그들은 (예를 들면) '영어'를 가르치는 일을 택해서 처음 몇 년 동안은 초보자들의 에세이를 읽고, 단순한 일반과목을 강의하는 경향이 많다. 이즈음 그들의 관심은 온통 결혼을 하고 가정을 꾸리고 날아드는 각종 청구서를 막는 데 쏠려 있다. 그러는 중에 막 은퇴한 노교수가 가르치던 미국소설에 대한 강의를 몇 개 떠안는다. 새로 개설된 17세기 시론 과목과 구색을 맞추기 위해 17세기 산문에 관한 과목을 또 하나 맡는다. 그들은 그 일에 3년을 더 보내고, 그러는 가운데 새롭게 발견한 흥미로운 점에 대해 논문 몇 편을 쓰게 된다. 여전히 엄청난 학생들의 과제물을 읽는다. 행정적으로 처리해야 할 일들도 산더미 같다. 학내에서는 평위원회와 신입생 지도교수회의 멤버가 되어 분주하고, 대외적으로는 무슨 언론의 고문역이다, 합동위원회의 조사관이다, 혹은 '전위소설'을 전공한 평론가다 해서 눈코 뜰 새가 없다. 아이들은 하루가 다르게 커가고 생활비 부담은 점점 커진다. 그러다 어느 해에는 여름방학 동안 캘리포니아에서 가르칠 기회가 주어져 두 강좌를 새로 진행한다. 이듬해 여름에도 다시 그 일을 해야 할 거고 아마 겨울방학 강좌까지 떠맡을 수도 있다. 그 강좌들이 본시 그들의 전공인 미국소설이나 17세기 시론과 딱 맞아떨어지지 않는다 해도 말이다.

당신은 아마도 그들이 여러 영역을 두루 감당할 수 있는 유능하고 믿음직스런 일꾼이라면 나쁠 게 없지 않느냐고 반문할지도 모르겠다. 그들은 계속 그렇게 이 일 저 일 동분서주하면서 지낸다. 어느 정도는 압박에 못 이겨서, 또 어느 정도는 관성적으로 말이다. 그러다 마흔 줄에 접어들어 문득 정신을 차리고 자신을 돌아본 그들은 자신이 하고 있는 일에 진짜로 확고한 관심과 흥미가 있지는 않다는 것을 깨닫는다. 이도 저도 아닌 애매한 명성을 얻었을 뿐 이렇다 할 책 한 권 내지 못한 것이다. 그래도 여전히 행복할 수는 있다. 문학을 가르치는 것은 틀림없이 즐거운 일일 테니까. 하지만 뭔가 기회를 잃어버린 듯한 허전한 느낌을 떨쳐버릴 수는 없다.

그들은 자기 분야를 신중하게 선택하지 않았다. 사실상 직업적 이력을 치밀하게 계획하지 않은 것이다. 그들은 시간이 가면서 시류에 따라 이리 밀리고 저리 밀리도록 스스로를 가만 내버려두었다. 역사상 위대한 학자들 가운데에도 이런 실수를 저지른 이들이 많다. 그들은 빼어난 학생이고 훌륭한 인물이었다. 하지만 그들이 할 수 있었던 것, 혹은 했어야만 했던 것에 턱없이 못 미치는 정도로만 세상에 기여했다. 크게 이름을 떨치지 못한 학자들은 자기 능력을 최대한도로 발휘하는 데 실패함으로써 스스로의 재능을 사장시키곤 했다. 우리는 사람들이 누군가를 두고 "아무개는 좋은 책을 썼어야 했는데 차일피일 미루다 그만 때를 놓치고 말았어"라며 안타까워하는 소리를 흔히 듣는다.

 독일인들은 만사를 치밀하게 계획하기로 정평이 나 있다. 젊은 독일인 학자는 직업이력을 시작할 때면 진정으로 관심이 있고, 앞으로 할 일이 상당히 많은 분야, (중요한 점으로) 서로 긴밀하게 관련된 분야, 그리고 (더욱 중요한 점으로) 자신의 전문영역을 중심으로 수렴할 수 있을 것 같은 분야를 서너 개 고른다. 그리고 그들 분야와 관련한 과목이나 세미나를 맡아서 진행하려고 애쓴다. 그는 각각의 주제에 관한 강의록을 기록하고, 그것들 각각을 한 권의 저서로 엮을 수 있을 때까지 정교하게 가다듬는다. 통찰력 있고 의욕이 넘치는 이라면 서너 권의 번듯한 책을 남길 것이고, 각각의 책은 독자들에게 깨달음을 줄 것이다. 그는 이들 분야와 관련한 연구와 강의를 계속하고, 해마다 전략적으로 그것을 확장함으로써 거의 모든 주제에 관해 진정으로 권위 있는 지식을 집적해간다. 배움과 가르침을 이런 식으로 계획하는 학자들은 쉰 줄에 접어들 즈음이면 대개 세 가지 이력을 감당하기에 충분한 정도의 지식과 관심이 스스로에게 있음을 깨닫는다.

 슬기로운 교사는 자신이 선택한 교과에서 흥미로우면서도 뭔가 다른 사람을 일깨워주겠다 싶은 구체적인 분야를 선택한다. 그리고 그 분야에 대한 지식을 차츰 쌓아감으로써 어떤 경지에 도달했다는 느낌을 갖는다. 그는 자신이 단지 지식판매상에 그치는 게 아니라 학생들에게 뭔가 귀중한 것을 전수해주었다고 느낀다.

 나는 학교 다닐 때 맥크론이라는 선생님에게 불어를 배웠다. 나이가 지굿한 맥크론은 매력적인 선생님이었다. 그녀는 빅토르 위고라면 사족을 못 썼다. 어떤 불어선생님은 라신느를 좋아하고, 어떤 불어선생님은 베를렌이나 보들레르를 좋아한다. 하지만 빅토르 위고를 좋아하는 사람은 심지어 프랑스에서조차 찾아보기 힘들다. 맥크론 선생님은 예외였다. 우리에게 그의 작품을 읽어줄 때면 그녀의 목소리는 감동에 젖었다. 그녀는 그의 소설도 잘 알았다. 나는 그녀 덕분에 『바다의 일꾼들 The Toilers of the Sea』을 알게 되었고, 바닷속 동굴의 세계를 볼 수 있었다. 그 속으로 깊이 다이빙 해 들어가 여전히 숨을 헐떡이던 나는 차가운 촉수가 손목을 감싸는 것을 느꼈다.(「문어 La Pieuvre!」)[1]

물론 우리는 때로 미처 예습하지 않은 내용에 대해 선생님이 이상한 질문을 할까봐 위고의 작품을 들려달라고 졸라대기도 했다. 그럴 때조차 우리는 그녀에게서 위고에 대한 진정한 열정을 느꼈다. 그때마다 우리는 몰래 감탄하곤 했다. 빅토르 위고를 떠올릴 때면 그녀의 얼굴은 일순 밝아졌고 목소리는 조용히 떨렸다. 그녀의 수업을 들으면 누구라도 빅토르 위고가 위대한 문인이라는 것을 깨닫게 된다. 그로부터 오랜 세월이 흐른 뒤, 심오하게 끝맺는 말라르메의 시를 읽었을 때("내 머릿속에서 떠나지 않는구나. 창공, 창공, 창공, 창공이여!")[2] 나는 맥크론 선생님이 낭랑하고 생생한 목소리로 읊조리는 소리를 분명하게 들을 수 있었다. "워털루! 워털루! 워털루! 워털루! 황량한 평원이여!"[3]

학생을 좋아하는 교사

훌륭한 가르침을 이루는 세 번째 요소는 학생을 좋아하는 것이다. 당신이 실은 아이들을 좋아하지 않는다면 교직을 그만두는 편이 낫다. 아이들을 좋아하는 것은 그리 어려운 일이 아니다. 그들은 천진하다. 또한 무지함, 경박함, 경험 부족, 그런 것만 빼면 결점이라고 할 만한 것도 별로 없다. 진짜로 혐오스러운 결점은 우리 어른들에게서 발견된다. 그중 어떤 것은 질병처럼 몸 안에서 자라나고 어떤 것은 우리 스스로 그것이 마치 미덕인양 키우고 가꾼다. 또한 몸에 젖은 자만심, 치밀하게 계산된 잔인함, 고질적인 비겁함, 게걸스러운 탐욕, 천박한 자기만족, 심신의 한량없는 나태함 따위는 어른이 되면서 수십 년에 걸쳐 서서히 체득한 결점들이다. 이들은 우리 얼굴에 드러나고, 목소리에 배이며, 뼈와 살 속에 속속들이 스며든다.

하지만 아이들은 다르다. 그들도 더러 짜증날 정도로 게으르고, 믿을 수 없게 어리석고, 역겨울 정도로 잔인할 때가 있다. 하지만 오래 끌지 않으며, 결코 그 모든 특성을 한꺼번에 보여주지 않고, (어른들처럼) 습관적으로, 혹은 일부러 그러지 않는다. 아이들은 매순간 열정적이고 지혜롭고 친절하려고 애쓴다. 이 사실을 기억한다면 그들을 좋아하지 않고는 못 배길 것이다.

아이들을 좋아하기만 해서는 안 된다. 그들과 함께 어울리는 것이 즐거워야 한다. 훌륭한 교육이란 무엇인가에 대해 다음과 같이 정의한 유명한 경구가 있다. '무릇 훌륭한 교육이란 벤치 한쪽 끝에는 마크 홉킨스Mark Hopkins가 앉아 있고 다른 한쪽 끝에는 학생이 앉아 있는 것이다.'[4] 마크 홉킨스*는 물론 훌륭한 교육자이다. 하지만 이것은 소수학생을 가르치는 데에나 해당되는 말이다. 이 세상에는 늘 교사수보다 학생수가 많고, 그래서 보통 교사들은 열 명에서 서른 명의 아이들과 함께 하루에 대여섯 시간씩을 보내게 된다. 그런데 교사가 아이들이랑 함께 있는 것을 힘들어하면

---

* 윌리엄스 칼리지의 총장을 역임한 미국 교육자로 일대일 교육에서 뛰어난 능력을 보였다.

그들을 잘 가르칠 수 없다. 두세 명만 가르치면 원이 없겠다거나 좀더 철든 아이들이었으면 좋겠다고 바라봤자 소용없다. 아이들의 수는 언제나 많을 것이고, 그들은 언제나 철이 없을 것이기 때문이다.

이렇게 제도화되어 있긴 하지만, 많은 아이들에게 둘러싸이는 것을 싫어하거나 못 견디는 사람도 여전히 교사로 받아들여지고 존경받을 수는 있다. 가령 어떤 까다로운 주제를 연구하느라 수십 년을 바친 학자는 가르치는 요령을 잘 모르고, 젊은이를 상대하는 일을 곤혹스러워하거나 불편하게 여길 수 있다. 하지만 그의 명성이나 지식이 단연 탁월하다면 그가 제아무리 하품 나고 알아듣기 어렵게 수업을 진행한다 해도 학생들은 그의 수업에 귀를 쫑긋할 것이다. 학생들이 자극을 받는 것은 그가 가르치는 방법이 빼어나서가 아니라, (거리가 멀긴 하지만 어쨌거나) 유명한 사람과 만나고 있다는 흥분감 덕일 것이다.

세계 유수의 대학의 상당수는 이런 석학들을 두루 확보하고 있다. 그런데 그들은 처음 이삼십 년 동안 학생들을 가르칠 때 대개 충격적일 정도로 형편없는 교사들이고, 그들의 가르침이 정점에 달했을 때도 여전히 형편없는 채로 머물러 있다. 하지만 자기 분야의 거장이 되면 그들의 가르침은 대체로 그들이 축적한 지식에 힘입어서 굴러간다. 수업을 듣는 학생들은 조용히 귀 기울이며 열의에 찬 모습으로 앉아 있다. 그들이 모기만한 목소리로 단조롭게 강의해도 학생들이 조용히 귀 기울이고 있는 터라 듣는 데에는 아무 문제가 없다. 날카롭게 촉각을 곤두세우고 있는 청중은 그의 강의를 통해 불완전한 생각을 보완하고 애매한 생각을 명료하게 가다듬는다. 나는 아인슈타인이 강연하는 것을 들어본 일은 없다. 하지만 그가 침을 튀는 열강을 했을 거라고는 생각하지 않는다. 나는 천체물리학을 잘 모르지만 그가 강연하는 것을 들으면 거기에 대해 뭔가 중요한 점을 알게 되었다고 느낄 것이다.

하지만 이건 어디까지나 가만히 있어도 누구나 알아주는 명성을 지닌 세계적인 석학들한테나 해당되는 이야기이다. 우리 같은 보통사람들의 경우, 자신의 상황을 기꺼이 받아들이고, 스무 명에서 서른 명의 건강한 아이들이 함께 지내는 교실에서 편안함을 느끼고, 집단이 뿜어대는 즐거운 활력을 가르침에 긍정적으로 활용하는 것이야말로 더없이 중요하다.

모든 직업에는 나름의 분위기와 상황이 있게 마련이고, 그 직업에 종사하는 사람들은 필히 거기에 편안함을 느껴야 한다. 당신이 아늑한 집이나 생각할 수 있는 시간을 원한다면 배우가 되려는 것은 좋은 선택이 아니다. 왁자지껄한 큰 사무실을 좋아하지 않고, 여행을 다니거나 예기치 못한 상황에 맞닥뜨리는 것을 힘들어한다면 언론계에는 아예 발을 들여놓지 않는 게 상책이다. 무더기로 모인 학생들을 대면하는 것을 달가워하지 않고, 늘 실험실에서 연구하거나 도서관에서 책 읽는 편을 선호한다면 그런 사람은 결코 좋은 교사가 될 수 없다.

물론 누구라도 시종일관 아이들을 참아낼 수 있는 것은 아니다. 교직의 즐거움이자 교직에 필수불가결한 사항은 바로 아이들이 저마다 빚어내는 소음과 그들의 드센 악동짓을 피해서 도서관으로든 교정으로든 아무튼 어디로든 도망칠 수 있다는 점이다. 가장 힘든 직업 축에 속하는 것은 잠시도 숨 돌릴 틈이 없고, 언제든 즉시 응할 수 있는 대기상태로 지내야 하는 것들이다. 가령 근무시간 내내 학생들을 감시하고 그들과 씨름해야 하는 기숙사 사감 같은 일 말이다. 하지만 이들 직업 역시 원하지도 않는데 누가 억지로 떠민 게 아니다. 이들 직업을 선택한 사람들은 대체로 그 일을 좋아한다.

기억하라, 아이들의 에너지로부터 자꾸만 거리를 두려고 해서는 안 된다는 사실을. 당신은 폭도들을 감시하는 경찰관이 되면 곤란하다. 집단을 이끄는 지도자가 되어야 한다. 관중들과 함께하는 배우보다는 높고, 대중들에게 설교하는 성직자보다는 낮으며, 자신의 부대를 이끄는 장교보다는 좀더 자상한 그런 지도자 말이다. 당신은 연설가가 우호적이고 선량한 대중에게 연설하면서 그들이 자신과 함께 있음을 깨달을 때 느끼는 바, 바로 그것을 느낄 수 있어야 한다. 대중연설가는 그가 대변하고자 하는 사람들로부터 흘러나오는 에너지를 흠뻑 들이마신다. 훌륭한 교사란 바로 그와 마찬가지로 아이들에게서 전해지는 에너지를 호흡한다. 그들의 에너지를 당신 것으로 만들 수 있다면 당신은, 적어도 아이들을 가르치고 있는 동안에만큼은, 결코 지치지 않을 것이다.

좋아하기 힘든 아이들에게 다가가기

이쯤에서 심각한 반대의견이 제기될 수 있다. 누군가는 이렇게 말할지도 모르겠다.

"도저히 정이 안 가는 교실도 있다. 정말로 혐오스러운 학생들을 만나게 되는 경우도 있잖은가. 오직 섹스밖에 관심이 없는 여학생들, 오직 섹스와 쌈박질에만 골몰하는 남학생들이 득실거리는 학교, 학생들이 하나같이 선생·공부라면 치를 떠는 그런 학교도 있다. 대체 무슨 수로 그런 학교와 아이들을 좋아한단 말인가?"

전혀 틀린 말은 아니다. 어떤 학교는 거의 지옥이나 다름없다. 디킨스가 두더보이스 홀에 대해 묘사한 것을 보면 그곳에서는 놀랍게도 교장과 그의 가족이 학생들 위에 폭군처럼 군림한다. 키트가 이튼 학교의 교장이 되었을 때에는 골치 아픈 불량배도 그 앞에 서면 기가 죽었고, 라틴어 시작 詩作이 신통치 않으면 "피눈물 나는 노력"[5]을 해야 했다. 하지만 오늘날에는 거꾸로 학생들이 교사에게 횡포를 부리는 예가 더 흔하다. 뉴욕에는 교직원을 도와주려고 경찰이 불려다니는 학교가 더러 있다.

브루클린에 사는 흑인 여학생을 다룬 흥미로운 소설, 『제이디 그린웨이 *Jadie Greenway*』에서, 저자 I.S.영 Young(뉴욕의 여러 학교에서 수년간 교사로 근무했다)은 도시의 교사들이 부딪치는 문제를 몇 가지 들춰냈다. 여주인공인 조숙한 열여섯 살의 제이디가 해군에서 근무하는 남자친구와 성관계를 맺은 뒤 성병에 걸린다. 여학생 하나가 그 일로 제이디를 놀리자 제이디는 집으로 돌아오는 길에 칼로 그녀를 찌른다. 자신을 강간할지도 모를 남학생들에 대비해 늘 몸에 지니고 다니던 칼로 말이다.

이런 학교에서는 심지어 교실 안에서도 야만적인 싸움이 횡행하며, 꾸중을 들은 학생이 교사를 공격하는 일도 다반사이다. 학생은 학교가 끝나고 교사를 불시에 덮치거나 자신이 당한 모욕을 보복하려고 형을 끌어들이기도 한다. 학생을 말 그대로 극도로 두려워하는 교사들도 있다. 그들은 수업 마치는 종이 울리고 아이들의 위협에서 벗어나면 몰래 안도의 한숨을 내쉬곤 한다.

그 못지않게 고약한 것은 그런 지역의 학교를 다니는 학생들은 배움에 전혀 관심이 없다는 사실이다. 그들은 학교를 아무짝에도 쓸모없는 시간 낭비요 감옥이라고 여긴다. 그들의 관심은 도리어 학교 밖에 쏠려 있다. 자연히 학교 밖에 머무는 시간이 더 길다. 더러 돈을 벌기 위해서이기도 하지만, 그냥 하릴없이 극장가를 쏘다니거나 길거리를 배회하는 것이다. 청소년들은 어서 어른이 되기를 간절히 바란다. 어떤 학생이 에세이에 썼듯이, '어린 시절의 즐거움은 섹스의 황홀함에 비하면 아무것도 아니다.' 돈을 벌어서 어엿한 성인 행세를 하고 싶은데, 조무래기들과 학교라는 제도 속에 갇혀 있는 생활을 도무지 참을 수 없는 것이다. 그들은 어째서 세계의 지리, 자기가 살고 있는 나라의 역사와 문화를 배워야 한다는 것인지 알지 못한다.

계급과 인종의 차이가 그들의 분노에 불을 지피기도 한다. 미국에서 흑인 남학생들은 백인교사가 가르치면 거부감을 느끼는 경향이 있다. 흑인들은 그들의 선조가 노예로 끌려왔다는 사실을 상기시키는 것이라면 뭐든 탐탁지 않게 여긴다.('그녀는 나한테 뭘 하라고 말할 권리가 없어!') 최근에 푸에르토리코에서 미국으로 이민 온 이들 상당수(그들은 미국시민이지만 대체로 에스파냐어를 쓴다)는 뉴욕에 정착했다. 큰 눈과 밝은 미소를 짓는 게 특징적인 그들의 자녀는 매력적이다. 하지만 미국식 영어로 진행되는 학교에 들어가면서 배우는 게 어렵다는 것을 깨닫고 서서히 분노를 품는다. 세계 도처의 슬럼가에 들어선 수많은 학교에서, 노동계급의 자녀들은 중산층처럼 보이고 중산층의 말투를 쓰는 교사를 싫어한다. 만일 부모가 사회주의자라면 자녀들은 부모에게 들은 대로 학교가 자본주의적인 압제도구라고 보고 학교를 혐오한다.

이 모든 것은 사실이며 매우 심각하기도 하다. 하지만 어느 때이든 어느 나라에서든 그런 학교는 비교적 소수라는 것 역시 어김없는 사실이다. 수가 적다고 해서 그 문제 자체의 심각성이 줄어드는 것은 아니지만.

그것은 사회문제이다. 교육의 실패라기보다 사회적인 부적응이라는 좀 더 커다란 실패에 원인이 있어서이다. 인구가 고도로 밀집한 산업국가에서 보편교육이라는 이상을 구현하려 한 결과이기도 하다. 그것은 교육이 더 이상 특권으로 여겨지지 않고, 언제나 개인의 발진에 도움을 주는 것도 아니며, 그저 보편적으로 필요한 것, 어떤 이들로서는 거부감이 생길 수밖에 없는 무료한 훈육으로 변질되었기 때문이다. 교육자와 사회사업가들은 과거에는 교육받을 기회를 거부당한 사람들이 다들 교육을 간절히 열망한 것처럼 말하곤 한다. 물론 많은 이들이 그랬을 것이다. 하지만 우리 조상들 가운데 상당수는 교육에 그다지 많은 열의를 보이지 않은 것 같다.

오늘날에도 포부 수준이 그리 높지 않아서 그냥 농부가 되거나 공장노동자가 되는 데 필요한 것 이상은 배우고 싶어하지 않는 소박한 아이들이 많다. 하지만 이 사회에 설 자리가 없다고, 계획된 삶이나 정규적인 일자리와는 인연이 없다고 지레 패배적으로 느끼는 아이들도 수없이 많다. 하여 그들은 (대개 곰곰이 따져보지 않은 채) 학교 같은 사회제도는 자신들에게 아무것도 가져다주는 게 없고, 학교의 훈육이나 생활은 그저 자신들을 옭아매고 괴롭히고 망쳐놓는 데 불과하다고 믿는다. 이 문제는 교사 혼자 풀 수 있는 게 못 된다. 제아무리 좋은 학교라 해도 학교를 혐오하고, 그 학교가 추구하는 목표를 혐오하고, 그런 학교를 만들어낸 사회를 혐오하는 학생을 구제할 수는 없다. '배움을 삶과 관련짓는' 그 어떤 시도도 교실과 청소년 갱 단원의 간극을 말끔하게 메우지는 못한다. 이것은 결국 행정당국, 교회, 경찰, 지역의 정치조직, 그리고 학부모를 위시한 모든 시민이 함께 풀어야 할 숙제이다.

그렇다면 교사들은 과연 어떻게 해야 옳을까? 배움을 경멸하고 혐오하며, 교사의 손에 들린 책을 홱 낚아채거나 책에 오줌을 누는 일도 서슴지 않는 학생들이 있다면,[6] 교사가 그들을 이뻐하기란 어려울 것이다. 교사는 대체 그런 아이들을 어떻게 가르칠 수 있을까? 교사는 그런 아이들을 과연 어떻게 바라보아야 할까?

교사는 될수록 아이들을 가엾게 여겨야 한다. 드러내놓고 딱해하라는 게 아니다. 그렇게 되면 그들이 언짢아할 테니까. 하지만 교사는, 마치 의사가 고통으로 반미치광이가 된 환자를 대하는 심정으로 아이들을 바라보아야 한다. 어떤 여성이 술을 진탕 마시고 정신착란 증세를 보인다 해도 의사는 그녀를 비난하거나 경멸하지 않고, 마치 교통사고를 당한 환자를 보듯 연민을 가지고 대한다. 뻣뻣하고 무자비한 남학생들, 삐딱한 성격에 성적으로 방종한 여학생들은 찬찬히 들여다보면 대개 교통사고보다 훨씬 더 폭력적인 힘의 피해자들이다. 대부분의 환자들이 자신이 대체 왜 아픈 것인지 스스로 진단할 수 없듯이, 아이들도 자신이 어째서 그렇게 살아가고 있는지, 도대체 무엇 때문에 삶이 그토록 만신창이가 되었는지 이해하지 못한다. 어른이 되면 그들에게는 진정으로 도덕적인 선택을 할 기회가 얼마간 주어지고 사회를 좀더 넓게 바라볼 수 있는 안목이 길러지기도 한다. 하지만 어렸을 적에는 행동act을 하는 게 아니라 그저 누군가의 자극에 반응react을 할 따름이다. 그들을 다룰 수 있는 가장 좋은 방법은, 마치 의사들처럼 그들이 자기 스스로든 다른 누구든 상처 입히지 않도록 도와주고 그들에게 연민을 품는 것이다.

러시아혁명 이후 도시의 거리를 떠도는 집 없는 아이들을 다룬 러시아 영화가 있다. 이 영화는 그들을 선도하는 대담하면서도 성공적인 시도를 보여준다. 첫 번째로 취해진 조치는 그들을 잡아다가 시골에 있는 한 학교에 격리시킨 것이다. 이 일은 경찰이 맡았다. 아이들이 쥐새끼처럼 빠져나가고 격렬하게 저항했기 때문이다. 시골학교에 당도하자마자 그들은 그곳을 엉망으로 만들었다. 집기를 불태웠고, 보드카를 제조하려고 지하실에 양조장을 만들었으며, 서로 싸움을 일삼았고, 정원과 농가를 난장판으로 만들었다.

그런 그들 속에 걸어들어온 선생님이 있었다. 그는 아이들에게 맞서지 않았다. 기꺼이 아이들이 술 마시고 취하는 자리에 끼였다. 초반의 자유로움이 가져다준 흥분이 조금씩 가라앉고, 본래의 생활터전이던 지하철에서 끌어내 낯선 학교로 보낸 데 대한 울분이 차츰 수그러들자 그들은 자신들이 처해 있는 불편한 상황을 서서히 의식하기 시작했다. 창문은 부서지고 지붕에서는 비가 샜다. 음식은 아무렇게나 바닥에 나뒹굴었다. 그들로서는 아무것도 할 수 있는 게 없었다. 한편으로 너무 무료하고, 또 한편으로 자신들이 기거하는 공간을 좀 덜 불편한 곳으로 만들고 싶었던 그들 가운데 몇이 청소를 하기 시작했다. 그것은 그들 집단이 달라지는 계기가 되었다. 선생님이 그 일을 거들어주었다. 아이들은 선생님에게 조언을 구했다. 결국 아이들은 스스로의 힘으로 다소 편안해진 공간을 만들었다. 그들은 자기들이 만들어낸 것을 귀하게 여기기 시작했다.

아이들은 결국 그 선생님을 온전히 받아들였다. 그들에게 권위를 과시하는 존재가 아니라 그들 집단의 일원으로 말이다. 아이들은 힘 있고 솜씨가 빼어나고 언제나 공평무사한 도움을 준 선생님을 우러러보았다. 이 영화는 불과 2년 전만 해도 거리에서 도둑질·살인·윤락을 일삼던 아이들이 일구어가는 활기찬 공동체를 보여주는 것으로 끝난다.

미국에서 플래너건 신부는 보이스타운에서 그와 유사한 갱생사업을 펼쳤다. 다른 나라에서도 비슷한 교육적 사례들이 수없이 시도되었다. 그런데 그들은 하나같이 다음과 같은 조치를 전제로 했다. 잘못된 길로 빠지게 하는 나쁜 환경에서 아이들을 조속히 빼내는 것이었다. 위에서 말한 러시아 교사 역시 아이들이 모스크바의 지하실에서 계속 뒹굴고 있었더라면 결코 그들을 구제하지 못했을 것이다. 새로운 거주지에 격리된 그들은 탈출이 불가능했고, 그래서 비로소 새로운 삶을 모색해볼 수 있었다. 그곳은 작은 시베리아였다. 플래너건 신부의 보이스타운은 인구가 많지 않은 주의 외딴 곳*에 세워졌다. 학교가 만일에 슬럼가 한복판에 들어서 있다면

---

*네브라스카주 오마하 시

교사가 대체 무슨 일을 할 수 있겠는가?

이 질문에 대해, 교사가 슬럼가를 철거할 계획을 세우고, 사회개혁을 외치며 운동의 전면에 나서야 한다고 대답하는 것도 솔깃하긴 하다. 하지만 교사는 자기 본연의 일만으로도 충분히 고달프다. 그는 이미 그의 몫을 다 하고 있다. 사회개혁과 운동은 다른 사람들이 하도록 내버려두자. 나는 골치 아픈 학교에서 정력적으로 일하는 교사들에게 다른 뭔가를 제안하는 게 내키지 않는다. 그들에게 남는 시간에 어떤 식으로든 좀더 적극적인 사회운동을 해보도록 권할 생각은 추호도 없다.

나는 단 한 사람이라도 관심을 보인다면 아이는 절대로 사회에 부적응하지 않으리라고 믿는다. 아이들의 부적응은 대부분 고난이나 악조건 때문이라기보다 무관심의 결과라고 말이다. 대도시에서는 5가 사람들이 10가 사람들의 삶에 대해 알지 못한다. 따라서 경험 많은 교사들이 (교회·지역연합체·복지회 따위를 통해서) 자원봉사 하는 사회사업가들에게 보고하는 것은 더없이 값지다. 그들의 문제가 무엇인지를 가감 없이 들려주는 것이다. 그 문제를 해결할 수 있는 제안을 몇 가지 곁들여서 말이다.

학생을 이해하는 교사

지금까지 학교나 대학에서 학생들을 가르칠 때 세 번째로 중요한 요소는 학생을 좋아하는 것임을 살펴보았다. 그렇다면 학생을 잘 아는 것 역시 가르침에 중요한가?

그것은 주로 가르침이 이뤄지는 상황(교실수업, 강연, 실험실 작업 혹은 개인교습 따위)에 따라 다르다. 이들 간의 차이는 나중에 논의할 것이다.

여기에서는 이 가운데 개별학생을 아주 잘 알아야만 할 때는 오직 개인교습 상황뿐임을 지적하고 넘어가겠다.

그렇다면 다른 경우에는 교사가 가르치는 학생들을 얼마만큼 잘 알아야 하는가?

아동에 대한 이해

먼저, 교사는 아이들의 일반적인 속성을 알아야 한다. 아이들은 어른들과는 사뭇 다르다. 얼마나 다르냐 하면 그들을 동물에 비유하면 이해하기가 한결 쉬울 정도이다. 우리는 태어나기 전의 태아가 대체로 어떤 단계를 거쳐 진화하는지 알고 있다. 태아는 아메바 비슷한 꼴에서 출발해 차츰 물고기 형상으로 바뀌고 한동안은 머리 큰 원숭이처럼 보인다. 그러다 태어날 때쯤이면 얼굴을 찡그리고 몸을 한껏 웅크린 작고 붉은 유인원 같다.

나는 이따금 그런 모습으로 태어난 아기가 그로부터 15년 동안 또 다른 일련의 동물적 존재로 살아간다는 생각을 해보곤 한다. 가령 아홉 살에서 열 살쯤 되는 남자아이들은 개와 흡사하다. 냄새에 민감하고 요란하게 떠들어대고 정처 없이 내달리고 통통 뛰고 서로에게 발길질하고 (개가 사람의 옆구리를 물거나 울타리를 부수고 나아가듯이) 조심성 없이 문짝을 때려부수는, 도시 지칠 줄 모르는 에너지로 가득 찬 그들을 한번 눈여겨보라. 그들이 쫓기놀이에 푹 빠져 있을 때면 번쩍이는 이빨, 이글거리는 눈하며, 헉헉 숨을 헐떡이면서 낄낄대는 꼴이 영락없이 한 조를 이룬 폭스테리어이다.

십대 중반에 이른 여자아이들은 말에 비유될 수 있다. 그애들은 기운 세고 예민하고 느닷없이 앓거나 설명할 수 없는 공포에 떨기도 하고, 결심이 확고히 서기만 하면 놀라울 정도로 열심히 학업에 매달리기도 한다. 하지만 그들이 진정으로 행복을 느낄 때는 특별히 뭔가에 몰두하지 않고 멍하니 있거나 머리카락을 휘날리면서 마냥 뛰어다닐 때이다. 개와 말은 둘 다 유순한 동물이고 곱게 길들일 수 있다. 하지만 그들을 인간처럼 대하는 것은 잘못이다. 말을 개처럼 대하거나 개를 말처럼 대하는 것 역시 잘못이다.

당신이 가르치는 일에 관심이 있다면 아이들이 당신 자신이나 당신이 알고 있는 어떤 사람과 유사할 거라고 기대해선 안 된다. 당신은 말과 개, 그 밖의 다른 동물들(아이들이 자라는 단계는 얼마든지 여러 종류의 동물에 비유할 수 있다. 가령 쉴 새 없이 조잘대는 어린아이는 정말이지 새 같다)을 이해하는 법을 배우듯이 아이들의 독특한 사고방식이나 감정의 유형을 배워야 한다. 그러면 그들이 하는 복잡한 행동을 대부분 쉽게 이해할 수 있고, 용서하기 힘든 많은 것을 쉬 잊어버릴 수 있다.

그것을 어떻게 배울 수 있는가? 물론 주로는 경험을 통해서이다. 그들을 관찰하고 그들에게 말을 걸어보라. 때로는 근무시간 외에 그들과 어울려보라. 그들에게 이따금 파티를 열어주라. 그들과 놀이를 함께 하라. 그들이 주고받는 말에 귀 기울이라. 뭔가 캐내려고 엿듣는 게 아니라 그들을 이해하려는 마음으로 말이다. 그들의 수다를 주의 깊게 경청하면서 그들의 감정과 정신이 과연 어떻게 작동하는지 살피라. 여기에 더해 당신 자신의 학창시절을 돌이켜본다면 그들에 관해 더 많은 것을 파악할 수 있다. 성인으로 살아가고 있는 지금의 삶과는 한참 동떨어진 당신의 과거를 더 깊이 돌아보면 돌아볼수록 아이들을 더욱 잘 이해할 수 있다.

가장 성공하기 힘든 교사는 아마 학창시절에조차 나이에 어울리지 않게 진지하고, 아이답지 않게 조숙했던 이들일 것이다. 그들은 그저 열심히 책만 팠고 좀처럼 거칠고 어리석은 놀이는 해본 일이 없다. 부모님은 그들을 애지중지하며 과보호했다. 그들이 교사로서 자신의 삶에 더없이 만족하는 순간은 여학생들 속에 함께 어울리는 여학생으로, 혹은 남학생들과 함께 뭉치는 남학생으로가 아니다. 오로지 교사로서의 권위와 전지전능함을 맛볼 때뿐이다. 이들은 학창시절에 대개 공부를 잘해서 좋은 점수를 받았다. 하지만 모험으로 가득 찬 경쟁사회에 뛰어들어 거칠기 짝이 없는 삶을 살아가길 꺼린다. 그래서 살벌한 경쟁과는 관련이 덜해 보이는 교직을 직업으로 택한다.

그런데 막상 교사가 된 그들은 자신이 교직의 너무나 많은 부분을 별로 좋아하지 않는다는 사실을 깨닫고 적이 당황한다. 물론 가끔은 자신의 학창시절을 떠오르게 하는 착실하고 명민한 학생들을 만나서 그들을 썩 잘 길러내기도 한다. 혼신의 힘을 기울여서 그들이 훌륭한 장학금을 받고 어려운 시험에 통과하도록 훈련시키는 것이다. 하지만 평범하기 짝이 없는 철부지들을 만나면 고전을 면치 못한다. 그들 자신이 결코 평범해본 적도, 철이 없어본 적도 없는 탓이다.

우선, 교사는 아이들을 있는 그대로 알아야 한다. 그런 다음 그들의 이름과 얼굴을 익혀야 한다. 어떤 교사들은 이 일을 썩 잘해내지만 어떤 교사들은 이 일에 아주 애를 먹는다. 어쨌든 간에 그것은 무조건 해야 하는 일이다. 나 역시 아이들 얼굴과 이름을 기억하는 데는 영 젬병이라서 어떻게 하면 그걸 잘할 수 있는지 조언할 처지가 아니다. 하지만 어떻게든 반드시 그 일을 해야 한다는 것만은 잘 알고 있다.

런던 대학의 교수 A. E. 하우스먼Housman이 저지른 가장 터무니없는 실수는 자신이 가르치는 학생들을 잘 알아보지 못한다는 것을 무슨 자랑이나 되는 양 떠벌인 것이다. 학생들은 특히나 그 점을 싫어했다. 전날 수업시간에 몹시 친한 체를 해놓고 이튿날 길거리에서 만나면 언제 보았냐는 식이었기 때문이다. 그가 케임브리지로 떠나기 전에 한 고별연설에서 학생들에게 변명조로 말했다.

"만일 내가 여러분 얼굴을 모두 기억했다면, 그보다 더 중요한 것을 기억하긴 어려웠을 겁니다."[7]

그러니까 존스 양과 스미스 양을 구분하는 데 기억력을 소모했다면, 2격변화와 4격변화를 구분하지 못했을 거라는 말이다. 학생들이 그 같은 어이없는 겸손과 학자연하는 거만함을 과연 어떻게 받아들였겠는가? 물론 그의 말은 일리가 있다. 하지만 학생들 이름을 외우는 것은 가외의 시간과 에너지가 드는 일이며, 그런 노력은 필요 없고 자신이 꼭 해야 할 일도 아니라고 생각하고 있음을 은연중에 드러내는 말이기도 하다. 그가 딴 게 아니라 바로 가르치는 일을 업으로 삼고 있는 까닭에 그의 생각은 잘못된 것이다.

학생들은 교사의 눈에 들려고 필사적으로 노력한다. 만일에 당신이 그들에게 어떤 식으로든 영향을 미치고 싶다면 필히 그들을 개인적으로 알고 있다는 사실을 그들이 믿게 만들어야 한다. 그 첫 단계가 바로 그들의 얼굴과 이름을 외우는 것이다.

한편 교사들은 학생들 모두를 개인으로 대하는 게 좀처럼 가능하지 않음을 깨닫는다. 설사 그것이 가능하다 하더라도 그리 현명해 보이지 않는다. 각각의 학생들이 드러내는 문제를 유일하고 독특한 것인 양 접근해야 한다는 뜻이 되기 때문이다. 그러면 문제를 풀기가 대단히 어려워지고, 교사는 기진맥진해지며, 경험이란 아무짝에도 쓸모없어진다.

가르치는 기술도 마치 의술처럼 어느 정도는 개인들 속에서 어떤 특정 유형이나 그 유형들의 조합을 알아내는 것으로 이루어진다. 환자를 진찰하는 의사는 환자의 개인적인 사항을 일일이 알아내려고 애쓰지 않는다. 환자는 프리메이슨의 일원이고, 두 번 결혼했고, 체스는 좋아하지만 새를 관찰하는 일에는 취미가 없다. 그리고 조이스나 프루스트 같은 현대소설가는 좋아하지 않는다. 어쨌든 그러거나 말거나 의사가 신경 쓸 일은 아니다. 의사가 보려는 것은 심장과 혈압 상태는 좋은데 신진대사가 원활하지 못하고 호흡기질환을 앓은 병력이 있는 50세 남성이 어느 날 걸린 폐렴이라는 증상일 뿐이다. 환자는 이러한 신체적 요소가 어우러져서 문제를 일으킨 것이다. 치료의 성공은 의사가 이러한 개인들을 일반화하는 능력이 어느 정도인가에 달려 있다.

마찬가지로 학생을 알아가는 가장 좋은 방법은 그들을 모종의 유형으로 분류하는 것이다. 이것은 오직 경험을 통해서만 배울 수 있는 기술이다. 햇병아리 교사는 교직을 시작할 때 아이들은 다들 다르다고 생각한다. 시간이 좀 지나면 클라크는 요한슨과 꽤나 비슷하고, 버니와 레녹스는 어려운 문제에 부딪치면 매우 유사한 반응을 보이며 심지어 작문 내용도 비슷하다는 것을 알게 된다. 교직 경력이 4~5년차를 넘어서면 자신의 교실에 빨강머리라는 점만 빼곤 과거의 클라크와 용모가 꼭 닮은 아이가 들어와 있음을 깨닫는다. 그 아이는 전에 클라크가 웃었던 것과 똑같은 유의 농담에서 웃음을 터뜨렸다. 하지만 그 남학생은 맥도널드이고 클라크와는 아무 상관없는 지역 출신이다. 이듬해에는 버니를 꼭 빼다박은 학생이 등장한다.

그렇게 아이들을 유심히 관찰하면서 여남은 해를 보낸 교사는 아이들의 85퍼센트 정도를 설명할 수 있는 나름의 유형을 확보할 수 있다. 단독으로든 몇 가지 유형의 결합으로든 말이다.

아이들을 유형화하는 것은 까다로운 일이다. 지나친 단순화는 곤란하기 때문이다. 솔직히 인간을 포괄적으로 표집하기란 불가능하다. 예를 들어 건장한 농부, 빠릿빠릿한 대도시 출신 남성, 소도시 출신의 진지한 청년

등 성격이나 배경이나 신체조건이 저마다 제각각인 이들이 한꺼번에 모이는 군대에서는 특히나 그들을 유형화하기가 어렵다. 하지만 초·중등학교나 대학은 그렇게까지 이질적으로 구성되지는 않는다. 대체로 동일한 전통을 공유한 집단 출신이거나 두세 지역 출신으로 이루어진다. 학교와 지역사회와 아이들은 상당히 동질적이다. 그래서 교사는 학생들 분포가 비교적 고르며, 일정한 유형을 되풀이하리라고 기대할 수 있다.

학생 분류에 유용한 유형
새내기 교사들이 교직을 시작하기에 앞서 익혀두면 좋을 유용한 유형이라는 게 따로 있는가? 이를테면 모든 학생을 내향형, 외향형으로 구분하는 데에서 시작해보는 것은 어떨까?

썩 좋은 방법 같아 보이지는 않는다. 보통사람들을 다룬 심리학은 아직껏 충분히 정립되어 있지 않다. 정신건강에 문제가 있는 이들을 치료하느라 노력하고 있는 심리학자들은 여태까지도 사회부적응자나 과도한 긴장감에 시달리는 사람들을 주로 다루고 있다. 내가 아는 한 그들은 아직껏 정상적이고 건강한 사람의 심리를 기술하는 이렇다 할 방법을 내놓지 못하고 있다. 아이들을 가르치는 교사들에게는 그 문제와 관련해 소중한 접근법을 제시해주는 W. H. 셸든Sheldon의 책, 『성격의 다양성 *The Varieties of Temperament*』이 그나마 유용하다.[8]

『성격의 다양성』은 시카고에서 몇 년 동안 연구한 결과를 담은 책이다. 셸든은 수천 명의 아이들을 대상으로 신체조건을 면밀하게 측정한 뒤, 그 가운데 2백 명을 선정해서 성격과 습관에 관한 심리연구를 실시했다. 그는 되풀이해서 드러나는 일련의 기질을 밝혀냄으로써 저마다 다른 개인을 분류하는 방법을 정립했다. 대다수 아이들을 크게 세 가지 체형으로 나눌 수 있었던 것이다.

첫 번째 부류는 뚱뚱하고 움직이기를 싫어하는 아이들로, 주로 위와 장의 지배를 받는다. 그는 삶의 특성이 '내장'에 의해 정해진대서 이들을 '내장형'viscerotonic이라고 불렀다. 두 번째 부류는 떡 벌어진 어깨, 날렵한 엉덩이, 지칠 줄 모르는 에너지, 우렁찬 목소리, 자신감 넘치는 몸짓이 특색인 근육질의 아이들이다. 그는 이들을 '근골형' somatotonic이라고 불렀다.(아주 정확한 말은 아니지만, '소마'soma가 완전한 신체라는 뜻의 그리스어이기 때문이다.) 세 번째 부류는 마르고, 머리가 좋고, 몹시 예민한 아이들로, 주로 뇌와 신경조직의 지배를 받는다. 셀든은 이들을 '외배엽형'cerebrotonic이라고 불렀다. 그는 이들 체형이 세 가지 성격 유형과 꽤나 정확하게 일치한다는 사실을 알아냈다. 즉 내장형은 인생을 즐기는 태평한 성격과, 근골형은 거칠게 행동하는 격정적인 성격과, 외배엽형은 관찰하고 생각하길 좋아하는 예민한 성격과 관련된다는 것이다.

하지만 셀든의 조사대상자 대부분은 이들 세 가지 유형 가운데 딱 하나에만 들어맞지 않았다. 그처럼 단순한 도식으로는 도저히 인간의 복잡다단함을 담아낼 길이 없었다. 조사대상자들은 대체로 세 가지 유형의 기질을 두루 가지고 있었다. 어떤 이들은 통통하고 먹는 걸 좋아하지만 근육형 기질도 다분하다.(내장형과 근골형이 뒤섞인 유형이다.) 또 어떤 이들은 근육이 잘 발달한 대담한 구명요원처럼 보이지만, 극도로 예민한 반응을 보이고, 고통을 견디는 힘이 약하며, 편두통에 시달리고, 몸에 털이 별로 없다는 특징을 보인다.(근골형과 외배엽형이 어우러진 유형이다.)

따라서 셀든은 세 가지 기본 유형에 각각 1점에서 7점에 이르는 척도를 부과했다. 7점으로 분류된 아이는 그 성격의 최대극단에 놓여 있다는 의미이다. 반대쪽은 1점으로 최저극단이라는 뜻이다. 예컨대 삐삐 마르고 예민한 소년의 경우 아마도 외배엽형 점수는 7점이고 내장형 점수는 1점이 될 것이다.

누구나 이 세 가지 성격을 어느 정도씩은 가지고 있기에, 또 누구나 신경조직·뇌, 근육, 내장을 가지고 있기에, 셀든은 모든 사람을 세 개로 이루어진 숫자로 표현할 수 있었다. 세 개의 숫자란 성격을 이루는 일련의 특성을 비율화한 것이다.

예를 들어 완벽한 균형을 타고난 사람은 아마도 4-4-4로 표현될 것이다. 뚱뚱한 비텔리우스 황제처럼, 근육형이나 외배엽형 성격은 최소한이고 내장형 성격은 최대한인 사람은 7-1-1일 것이다. 극도로 공격적이고 정력적인 프로복서는 1-7-1이 될 것이다. 비쩍 마르고 몹시 예민하고, 줄담배를 피워서 기침이 끊이지 않고, 피아노를 즉흥적으로 연주하는 천부적인 재능을 타고난 사람은 아마도 1-1-7로 표현되리라. 코끼리처럼 먹어대고 고릴라처럼 싸우는 거구의 레슬링선수이면서 근육이 잘 발달해있고 소화력이 왕성한, 하지만 뇌와 신경계에는 거의 좌우되지 않는 사람은 7-7-1일 것이다. 역사상 볼 때 헨리 8세처럼 지극히 풍부하고 복잡한 성격의 소유자는 각각의 범주에서 고르게 높은 점수를 받을 텐데, 아마도 6-7-6 정도의 놀라운 수치로 표현될 것이다. 하지만 이런 이들은 극히 드물다.

셀든은 학생들을 측정하고 그들의 체형을 유형화하는 것에서 출발했다. 그런 다음 신체적 특징과 심리적 특징의 상관관계를 밝히고자 했다. 결국 그는 둘 간에 상관관계가 있다는 것, 극단적인 사람들에게는 그 상관관계가 너무나 뚜렷해서 오판의 여지가 거의 없다는 것을 발견했다. 이내 다음과 같은 사실도 알아냈다. 뚱뚱하고 식탐이 많은 남학생은 고도로 격식을 갖춘 행동을 하는 경향이 있으며, 가족과 지내는 시간을 소중하게 여기고,

담배를 피우더라도 폼을 중시한다. 근육형의 남학생은 욕구가 단순하고 성급하며, 사고를 당하거나 폭력적인 범죄를 저지르기 쉽다. 외배엽형은 근심이 많고, 음악과 미술에 대한 감수성이 풍부하며, 수면의 질이 떨어지고 꿈으로 얼룩진 잠을 자며, 계획적인 생활을 하거나 단조롭게 반복되는 일상을 견디지 못한다.

이들 기질의 다양한 조합으로 표현되는 평균적인 사람들은 극단적인 경우에 놓인 이들보다 인식하기가 쉽지 않다. 하지만 그런 사람들이 더 폭넓게 존재하는 것이 현실이다. 아무튼 용모와 성격 간에는 높은 상관관계가 있다. 교사들로서는 어떤 학생이 무엇을 하고 싶어하는지, 특히 무엇을 소중하게 여기는지 아는 게 중요하다. 그리고 그것만큼이나 그가 할 수 없는 일이 무엇인지, 특별한 이유가 없는 한 그에게 기대해서는 안 되는 게 무엇인지 아는 것도 중요하다.

셸든의 이론에서 가장 취약해 보이는 점은 바로 경직성이다. 그는 아이들이 저마다 어떤 기질을 타고나며 그것은 좀처럼 바뀌지 않는다고 생각하는 경향이 있다. 환경·섭생·습관의 변화가 아이들의 기질에 미치는 영향은 대수롭지 않게 흘려버리는 것이다. 하지만 교사들은 오랜 경험을 통해서 셸든의 생각이 사실과 다르다는 것을 알고 있다. 예를 들어 집에서 살 때는 어느 모로 보나 외배엽형이던 마르고, 밤낮 긴장해 있으며, 예민한 성격의 남학생이 집을 떠나 또래친구들과 2년 동안 살고 난 뒤에는 거칠고, 정열적이고, 남자다운 근골형으로 바뀔 수 있다. 사람들은 누구나 청년기에서 중년기를 거치면서 그와 비슷한 변화를 겪는다. 옆구리가 미끈하고 몸이 다부지고 가슴이 잘 발달한 대학 때의 운동선수가 더러 복부에 지방이 잔뜩 붙다 못해 축 늘어지고 숨을 헐떡이는 모습으로 변하기도 한다. 셸든은 어찌된 일인지 여학생들은 상세하게 다루고 있지 않지만, 어쨌거나 여학생 몇한테서도 그와 비슷한 변화를 관찰했다. 그는 그것을 '뚱보에 이르는 운명의 장난'이라고 불렀다. 열여덟 살 때 푸른 눈에 금발에 날씬하고 매혹적인 모습이던 그녀는 정열이 넘치고, 생기발랄하고, 언제나 새로운 놀이를 즐기고, 스포츠에도 열성이었다. 그녀를 흠모하는 이들이 줄을 섰으며, 결국 그들 가운데 하나가 그의 남자가 되었다. 그러던 그녀가 결혼 후 5년이 흐르자 아이가 셋이고 턱도 셋이고, 그리고 몸무게가 90킬로그램이 넘는 모습으로 달라졌다.

셸든의 분류는 변화 가능성을 별로 고려하지 않는다는 한계가 있긴 하지만 어쨌거나 교사들에게 많은 도움을 준다. 모종의 분류는 꼭 필요하니까. 현명한 교사는 교직 초반에는 성격을 드러내는 가장 일반적인 특징을 관찰한다. 차차 언뜻 판이해 보이는 학생들 사이에도 성격상의 숨은 유사성이 있는지 알아본다. 그리고 비교 차원에서 이전의 기록을 들춰보고, 상급학년으로 올려보내고 몇 년이 흐른 뒤 학생들이 과연 어떻게 달라졌는지 추후 관찰하면서 자신의 연구결과를 실험한다.

분류가 곤란한 별난 아이들

교사들은 이런 식으로 주요 유형과 그 비슷한 유형을 익힌다. 하지만 여전히 어떤 유형으로도 분류가 안 되는 독특한 개인들을 만나게 된다. 이들이야말로 교사의 삶에서 기쁨이자 어려움이면서 쇠등에처럼 신경 쓰이는 존재들이다.

이들은 대세를 따르지도 거스르지도 않지만 거칠게 좌우로 내닫거나, 눈에 띄지 않는 곳에서 서서히 맴돌거나, 바닥의 진흙 속에 죽은 듯이 몸을 숨기거나, 아니면 날개를 달고 상공 위로 높이 비상한다. 이들은 어떤 학급에도 등장할 수 있고 어떤 사회에서도 나올 수 있다. 그들의 기이함은 여러 가지 형태를 띤다. 그 형태는 너무 복잡해서 그로부터 몇 년이 지나도 잘 이해가 되지 않고, 또 너무 극단적이어서 위험하기까지 하다. 그들은 조용할 수도 부산스러울 수도 있고, 바보 같을 수도 영리할 수도 있고, 사교적일 수도 외톨이처럼 지낼 수도 있고, 잘생길 수도 못생길 수도 있고, 꾀죄죄하거나 침울할 수도 눈에 확 띄는 매력적인 모습일 수도 있다.

그들을 예측하기란 불가능하지만, 그들을 모른 체하는 것은 현명하지 않다. 가끔가다가 한 명의 괴짜가 학급 전체가 일으키는 문제를 다 합친 것보다 더 큰 문제를 일으킬 수도 있기 때문이다. 더러 한 명의 학생이 천 명의 평범한 학생들보다 더 큰 보람을 안겨주기도 한다. 제아무리 정교한 분류라 해도 이러한 괴짜들을 다루는 데에는 별 도움이 되지 않는다. 분류에 의존하면 의존할수록 당신은 그를 점점 더 잘못 대하게 된다. 그 아이가 어떤 분류에도 들어맞지 않을 경우 자칫하면 그를 없는 사람 취급할 우려가 있다. 하지만 그는 없는 사람이기는커녕 어떤 식으로든 평범한 급우들보다 한층 더 강렬하게 자신의 존재를 과시한다.

괴짜들이 저마다 다 다른 개인들이므로 그들을 다루는 일반적인 원칙을 제시하기란 어렵다. 하지만 다음의 몇 가지 제안은 기억해둘 만하다.

첫째, 설사 처음에는 그렇게 보이지 않는다 하더라도, 당신의 학생들 가운데 늘 한두 명의 괴짜는 나올 수 있다고 생각하라. 결코 당신이 어떤 유형에 속한 아이들을 다루고 있는 거라고 미리 단정해서는 안 된다. 쾌활한 미소를 짓는 금발머리의 참한 여학생이 방울뱀처럼 남을 깨무는 비정하고 냉소적인 아이로 밝혀지는 일도 얼마든지 생길 수 있다. 늘 나른하고 졸려 보이는 안경 낀 뚱뚱한 남학생이 당신 말을 하나도 놓치지 않고 의미 있게 받아들이며 깊이 새길 수도 있다. 얼마 후 그 남학생은 "선생님은 무신론자시죠?" "선생님은 생체해부를 지지하시죠?" "선생님은 공산주의를 옹호하시죠?" 따위의 말로 당신을 놀라게 할 것이다. 느려터지게 필기하는 여드름투성이의 착실하고 소심한 남학생이 학급의 여느 아이들보다 지식수준이 3~4년은 앞선 뛰어난 아이로 판명날 수도 있는 문제다. 그들 모두를 유심히 지켜보는 수밖에 없다. 인간은 몇 가지 유형만으로 가르기에는 너무도 복잡하다.

둘째, 괴짜를 발견했거든 그들을 극도로 조심스럽게 다루라. 그들은 언제 폭발할지 모를 위험한 아이들이다. 그들 가운데 몇은 떨어지는 낙엽을 보고도 불현듯 감정을 폭발할 수 있을 만큼 예민하다. 또 서서히 불붙는 반응이 더딘 축도 있다. 꼭이 그들을 평범한 아이들로 만들려고 애쓸 필요는 없다. 하지만 그들이 당신까지 물고늘어지면서 스스로를 산산조각 내도록 내버려두어서는 안 된다. 당신은 갖가지 방법을 동원해서 스스로 절제할 수 있도록 그들을 도와주어야 한다.

이들이야말로 당신이 반드시 개인적으로 알아야만 하는 아이들이다. 이들을 불안하게 만드는 요소가 무엇인지 될수록 정확하게 파악할 필요가 있다. 분석하려 애쓰다 자칫 그들을 건드려 폭발하게 만들 우려도 없지는 않다. 하지만 그 같은 위험은 무릅써볼 가치가 있다. 교사가 그들을 탐구하려는 관심은 정당한 것이고, 더러 위험천만한 긴장감을 누그러뜨려주기도 하기 때문이다.

괴짜들과 소통하려 할 때면 말과 행동에 극도로 주의하라. 그리고 말과 행동을 애매하지 않게 분명히 드러내라. 괴짜들은 생각이 많고 개중에는 편집증적인 아이들도 있다. 당신이 무심코 던진 말 한 마디가 영혼에 깊이 아로새겨져 당신으로서는 생각지도 못한 방식으로 그의 인생을 통째로 바꿔놓기도 한다. 내 동료 하나는 그렇게까지 별난 괴짜는 아니었지만, 새로 책을 쓰거나 강의를 시작할 때면 번번이 고통과 회의에 시달렸다. 자신이 권위자로 인정받고 우상으로 여겨지는 분야에서조차 그랬다. 학창시절의 기억 때문이었다. 그는 대차게도 한 선생님에게 '내가 어떤지 말해달라'고 요구한 일이 있었다. 그런데 그 선생님이 대뜸 이렇게 대꾸했다.

"넌 기초가 약해!"

내 동료는 누구라도 어떤 부분에서는 기초가 약할 수 있고, 그리고 실제로 비평가들은 그에게서 그보다 훨씬 더 심각한 결점을 발견하기도 한다는 것을 알고 있다. 하지만 어렸을 적에 선생님한테 들은 그 말은 기세 좋게 그의 기를 꺾어버렸고, 좀처럼 회복되기 어려운 상처를 남겼다. 그는 한동안 그 말의 충격에서 헤어나오지 못했다. 그는 지금까지도 선생님이 과연 그 말을 심각하게 한 것인지 그냥 무심코 던진 것인지 궁금해한다.

괴짜들은 크게 둘로 나눌 수 있다. 격려가 필요한 취약한 부류와 지도편달이 필요한 강한 부류로 말이다. 이들은 당신에게 영혼을 살찌우는 엄청난 양의 양식을 얻어내고자 한다. 하지만 당신은 취약한 부류에게는 꿀과 아이스크림과 미소와 연민을 곁들인 음식을 제공해야 한다. 그것도 한 번에 조금씩만. 가끔가다가는 강한 학생들을 만날 수도 있다. 이 아이들은 당신이 주는 양식을 양껏 받아들여 소화시키고, 그것을 먹고 성장하고, 더 달라고 아우성을 치고, 자기 안에서 자라고 있다 싶은 끝없는 힘을 키우고 행사하는 데 충분한 양의 양식을 제공해주지 않는다고 당신에게 항의하기도 한다. 그런 상황에서 만일에 마음을 열어놓지 않거나 맡은 교과에 입각해 스스로의 길을 모색하지 않는다면, 그리고 맡은 업무를 최소한도로만 가까스로 해내고 있다면, 당신은 심히 괴로울 수밖에 없다. 자라는 아이들을 음식을 주지 않고 굶기는 것은 범죄이다. 하지만 게을러터진 수많은 교사들이 해마다 아무렇지도 않게 그런 범죄를 저지르고 있다.

괴짜들 가운데 가장 다루기가 힘든 부류는 편집광들, 피해망상에 시달리는 말수 적은 남학생들, 너무나 많은 혼란스러운 생각으로 갈피를 잡지 못하는 여학생들, 성적 매력을 물씬 풍기면서 돌아다니는 학생들이다. 다들 위험성이 다분한 아이들이다. 성직자나 정신과의사들은 이런 신도와 환자들로 골머리를 앓고 있다. 흔히 성직자들은 예배를 볼 때면 열렬한 눈길을 던지면서, 그들이 하는 말이며 행동을 하나같이 유혹 차원으로 해석하는 사십대 여성을 한두 명씩은 만나게 마련이다. 정신과의사들도 마찬가지이다. 자신의 호소에 거의 관심을 기울이지 않는다며 돌팔이의사로 몰아가려고 계략을 꾸미는 신경증환자 때문에 의료행위에 심각한 타격을 입는 이들이 한둘이 아니다. 다른 경우에도 그렇지만 여기에서도 가르침은 정신의학 영역과 잇닿아 있다.

이런 사례를 다루는 데 적용되는 중요한 규칙이 하나 있다. '관계에 사적인 감정이 개입되지 않도록 하라'는 것이다. 직업의 영역을 결코 벗어나서는 안 된다. 만일에 그들이 '사적인 면담을 해야만 내 문제를 속속들이 털어놓을 수 있다'고 말한다면 주의할 일이다. 정해진 시각에 정해진 시간만큼만 당신 사무실에서 면담을 하라. 면담 결과를 기록해놓아라. 그리고 10분 안에 친구가 들르기라도 할 것처럼 문을 조금 열어두라. 당신이 흥분하거나 격앙되길 잘하는 성격이라면 차분하고 냉정해지려고 노력하라. 의심을 살 만한 개인적인 몸짓은 절대 해선 안 된다.

내 동료 하나가 말했다. 그가 가르치던 대학원생이 연구실로 찾아와서 만일에 C학점을 'B학점 이상'으로 고쳐주지 않으면 창문에서 뛰어내리겠다고 협박했다고. 그래서 어떻게 했느냐는 내 물음에 그가 대답했다.

"그녀가 뛰어내릴 수 있도록 내 손으로 창문을 열어주었어. 하지만 그녀는 끝내 그렇게 하지 못했지."

그는 엄청난 위험을 무릅쓴 것이다. 그녀의 돌출행동에 맞서려고 그 자신의 직업이력은 말할 것도 없고 그녀의 목숨까지 건 것이다. 차분하고 완고한 뉴잉글랜드인인 그는 창문을 연 자신의 제스처가 그녀로 하여금 제정신이 들게 할 것임을 알고 있었다. 하지만 만일 다른 사람이 그랬더라면, 그것은 살인을 부추긴 더없이 위험한 일이 되었을지도 모른다. 그 여학생은 기실 그렇게 별나지 않은 학생일 수도 있다. 꽤나 평범한 학생도 극도의 긴장감에 몰리면 때로 뭔가를 차거나, 자꾸만 안 보이는 곳으로 숨어들거나, 고통스러운 신음소리를 내거나 하는 이상행동을 하기 시작한다.

하지만 이런 골치 아픈 일이 여러 차례 반복된다 하더라도 진짜로 명민한 학생이 하나만 나타나면 교사에게는 충분히 보상이 되고도 남는다. 명민한 학생 역시 다루기 힘들긴 마찬가지지만 교사에게 한없는 보람을 안겨준다. 그를 올바르게 훈련하는 것이야말로 교사가 준비하고 있어야 하는 주요 임무 가운데 하나이다. 이 책 전반에 걸쳐 거기에 대비하는 유용한 제안들이 다뤄지지만, 여기에서는 일단 일반적인 원칙 몇 가지를 들려주고자 한다.

첫째, 가장 중요한 원칙은 명민한 학생을 마치 당신의 복제품처럼 만들려고 애쓰지 말라는 것이다. 처음에는 그러고 싶어도 그렇게 잘 되지 않을 것이다. 개인들은 저마다 다르고, 명석한 개인들은 훨씬 더 각양각색이기 때문이다. 하지만 설령 가능하다 하더라도 그렇게 하는 것은 어리석은 일이다. 한 인간의 창조적 에너지는 자기 자신이 독특하고 독창적임을 아는 데에서 출발하기 때문이다. 반면 자신을 다른 사람들에게 맞추려 애쓰는 이들은 대세에 동조하거나 자발적이고 창조적인 힘을 말살하면서 세월을 보낸다. 아니면 '무슨 일을 하든 상관없어. 난 그저 우리 엄마(혹은 우리 아빠, 우리 선생님)가 하는 말이라면 뭐든지 거부하고 싶을 뿐이니까'라고 뇌까리면서 따분하고 쓸모없는 반항을 일삼는다.

둘째, 명민한 학생에게 주저 없이 당신의 기술과 경험을 전수해주라. 교사들은 대체로 자신들의 폭넓은 독서경험과 인생경험이 학생들에게 얼마나 큰 도움을 주는지 깨닫지 못한다. 만일에 속수무책으로 손 놓고 있는 그에게 어떤 책을 읽으면 좋을지 제안하고, 당신만이 가진 기술을 전수해준다면, 당신은 그를 '당신의' 학생으로 만들 수 있으며, 그는 당신에게 평생토록 감사할 것이다.

셋째, 그에게 연구하고 생각해볼 거리를 풍부하게 제공하라. 지극히 명민한 게 확실하다면 그가 감당할 수 있을 만큼의 연구거리와 생각거리를 부과해야 한다. 비록 그 모든 일을 다 해내진 않는다 해도 그는 언젠가 해야 할 일이 있다는 것만큼은 알게 된다. 당신이 그에게 루소의 책을 읽어본 적이 있느냐고 묻고 얼마쯤 지나면 그는 당신 모르게 『사회계약론』을 살 수도 있다. 아니면 '이번 주에 루소의 책을 읽을 것'이라고 메모를 적어놓거나. 처음에는 조심스럽게 발을 담가본 다음 과감하게 물에 뛰어드는 어린아이처럼, 『사회계약론』에 이어 『고백록』, 『누벨 엘로이즈』, 『에밀』을 내리 읽어갈 수도 있다.

만일 할 일이 넘쳐나고 건강이 받쳐줄 경우, 그에게 가장 큰 위험은 에너지를 몽땅 소진하는 일이다. 그는 보는 것마다 기를 쓰고 덤벼들 것이다. 보는 울타리마다 뛰어넘고, 보는 언덕마다 달려오르고, 보는 골짜기마다 내닫는 것이다. 그런데 그러다 보면 결국 피로감과 환멸만 쌓인다. 토머스 울프의 자전적인 소설 『시간과 강에 관하여』에 보면, 그가 하버드 대학에 들어갔을 때 꼭 그랬을 법한 기묘한 묘사가 나온다. 수년 동안 허기를 느껴온 그는 왕성한 지적 욕구를 갖게 된다. 그는 밤이면 거대한 대학도서관으로 향했다.

그는 천 개의 책장에서 꺼낸 책을 걸신들린 사람처럼 마구 읽어댔다. 산더미처럼 쌓여 있는 책에 대한 생각은 그를 미치게 만들었다. 책을 읽으면 읽을수록 머릿속은 텅 비어가는 듯했다. 읽어치운 책의 숫자가 늘어날수록 읽지 않은 책의 수효는 셀 수 없을 만큼 불어나는 것만 같았다. 그는 10년 동안 줄잡아 2만 권의 책을 읽었다.…… 믿기지 않지만 실제로 일어난 일이다. 드라이든은 벤 존슨에 관해서 이렇게 말했다. "다른 사람들은 책을 읽지만 그는 도서관을 읽는다." 이제 그것은 고스란히 그에게 해당되는 말이었다. 하지만 책에 파묻혀 지내는 것은 도무지 그에게 편안함도 평화도 지혜도 안겨주지 못했다. 그러기는커녕 그의 분노와 실망감은 더욱 커졌다. 음식을 먹을수록 배가 더 고파지는 격이었다.

그는 미친 듯이 수백 권, 수천 권, 아니 수만 권의 책을 닥치는 대로 읽었다. 하지만 누구도 활자에 대한 이 같은 미친 듯한 도전을 학구적인 행위로 표현하긴 어려울 것이다. 그는 책을 향한 게걸스러운 욕구에 이끌려 인간의 경험에 대해서 그제까지 쓰인 모든 것을 샅샅이 훑으려 했다. 그에게 책을 읽는 것은 더 이상 즐거움이 아니었다. 아직껏 그의 손길을 기다리고 있는 수많은 책을 생각하기만 하면 심장이 터질 것 같았다. 그는 마음속으로 닭의 내장을 떼어내듯이 책의 내장을 뜯어내는 자신의 모습을 상상했다. 처음에는 책 진열장을 어슬렁거리거나 거대하게 쌓여 있는 도서관의 서고 사이를 거닐다가 책을 한 권 고른다. 그리고 손에 시계를 들고 그 책을 읽기 시작한다. 쪽마다 읽는 데 드는 시간을 재고 희열에 들뜨거나 혹은 분노에 차서 중얼거린다.

"이 쪽은 50초나 걸렸어. 제기랄. 더 빨라질 테니 두고보라구."

그리고 다음 쪽은 20초 만에 찢어발긴다.[9]

그는 틀림없이 진정으로 책을 읽거나 책을 소화한 게 아니라 그저 모든 그릇의 음식을 한 점씩 떼어먹는 데 그쳤다. 그것은 과거에 맛본 심한 굶주

림을 두 번 다시 느끼지 않으려는 안간힘이다. 실제로 일어난 일이긴 하지만 한심하기도 하고 웃기기도 하다. 그런데 그렇게 해서 울프가 훌륭한 작가가 되었던 것은 아니었다. 만일에 그가 추앙하던 편집인이자 스승인 스크라이브너즈 출판사의 맥스웰 퍼킨스가 없었던들 울프는 그로부터 한참이 지나서까지도 전보다 더 가망 없게 재능을 썩히고 있었을 것이다. 맥스웰 퍼킨스는 작가들이 지닌 격정적인 힘을 올바르게 분출하도록 유도했다.

훌륭한 학생이 정력을 허투루 낭비하지 않게 하려면 무슨 일을 할지 계획을 짜도록 이끄는 게 가장 좋다. 꼭 그에게 모든 것을 미리 계획해두어야 한다고 말해줄 필요는 없다. 아니 도리어 그렇게 말하지 않는 편이 낫다. 때론 그런 말이 그를 실망시킬 수도 있으니까. 몇 달 만에 한 번 정도 그가 어떻게 하고 있는지 챙겨보는 것으로 족하다. 그러면 당신은 그로 하여금 자신이 걸어온 여정을 돌아보게 만들 수 있고, 그의 만만치 않은 여정에 기쁨과 놀라움을 느낄 것이다. 그가 계속해서 기록을 남길 수 있도록 북돋워주라. 쉬지 않고 글을 쓸 수 있도록 이끌어라. 글에서 그들이 행한 성공적인 실험의 기록을 발췌해보라. 하고 있는 작업에 관해 매주 요약문을 작성하도록 시키라. 아니면 온갖 주요 영역에서 세심하게 선정한 주제에 관해 에세이를 써보게 하든가. 몇 달이 흐른 뒤 그를 잠시 쉬게 하고 그의 성취를 축하해주라. 그리고 그가 자신이 이룩한 것에 마냥 머물러 있지 않도록 은근하게 등을 떠밀어라. 그러면 그로서는 생각지도 못한 힘이 생긴다. 또한 마음속에서 훨씬 더 확고하게 자기 일에 대한 그림을 그릴 수 있다. 그 안에서는 좋은 아이디어가 자랄 것이다. 이따금 그가 당신은 미처 생각지도 못한 방향으로 더 공부해보고 싶다고 말할 수도 있다. 그러노라면 명민한 학생들이 이따금 빠지기 쉬운 우울증도 멀리 달아난다.

새로운 문제에 가로막혀 상심한 그가 초췌하고 시무룩한 얼굴로 찾아와서 이때까지 한 일이 모두 시간낭비였다고 탄식한다면, 당신은 꼼꼼하게 모아둔 그의 성과물을 내보인다. 그 사이 얼마나 나아졌는지 그에게 보여주고, 그 과정에서 얻은 이익은 누구도 가로챌 수 없는 그만의 것임을 설득한다. 대체로 그는 어디서도 위로를 얻지 못한 상태로 당신을 찾는다. 아이들은 쉬 변하지만, 결코 변하지 않을 듯이 행세하길 좋아한다. 그러나 당신과 헤어진 그는 바로 직전의 과거, 즉 스스로 일군 독특하고 파괴될 수 없는 자신의 과거를 돌아보고, 과거에 한 일이 이미 자신의 일부가 되어 있음을 깨닫는다. 그는 미래를 헤쳐가려고 다시 기운을 추스른다.

이런 학생들에게는 각별한 주의가 요망된다. 당신은 비범한 아이들, 정신적으로 문제가 있는 아이들, 약한 아이들, 괴짜들만큼은 잘 알아야 한다. 그 가운데 어떤 아이들은 당신 스스로를 보호하기 위해서 잘 알아야만 하는 이들이다. 이는 마치 현명한 정신과의사가 새로 편집증환자를 맞아들였을 때 그 환자를 담당한 이전 의사에게 전화를 걸어 그의 문제점이 무엇인지, 그를 어떻게 치료했는지 전체적으로 들어보는 것이나 마찬가지이다. 또 어떤 학생들은, 그들에게서 최상의 것을 끌어내기 위해서, 혹은 그들에게 최상의 것을 쏟아붓기 위해서 꼭 알아야만 하는 아이들이다. 하지만 그 외 전형적인 보통학생들의 경우 그들을 일일이 다 알아야 할 필요는 없다. 가르치기가 훨씬 쉽고, 남들에게도 한층 우호적인 평범한 아이들에게는 그렇게까지 특별한 관심이 필요하지 않다.

세상에 관한 폭넓은 관심과 열정

앞에서 나는 훌륭한 교사란 모름지기 담당교과를 잘 알아야 하고, 가르치는 학생들을 정도껏 알아야 한다고 말했다. 그와 더불어 필요한 요건이 또 하나 있다. 훌륭한 교사가 되려면 교과와 학생들 말고도 알아야 할 게 많다. 훌륭한 교사는 지적 관심이 폭넓고 적극적이다.

교직을 그저 은행업이나 보험업 같은 직업쯤으로 여기면 곤란하다. 은행업자들이 그렇듯이 그 일에 필요한 규칙이나 정보를 익히고 날마다 그것을 활용하는 데 그쳐서는 안 된다. 저녁에 집에 돌아와서 교양 수준이 어중간한 사람들이 즐길 법한 휴식거리(라디오를 듣거나 텔레비전을 보거나 신문을 뒤적거리거나 탐정소설을 읽는 따위)로 시간을 흘려버려서도 안 된다. 평범한 시민으로 자족해서도 안 된다. 초·중등학교나 대학에서 학생을 가르치는 이들은 보통사람들보다 더 많은 것을 보고 더 많은 것을 생각하고 더 많은 것을 이해할 수 있어야 한다. 또한 보통사람들보다 세상을 더 잘 알아야 하고, 더 폭넓은 관심사를 가져야 하고, 인간의 문제에 대해 더 적극적인 열정을 품어야 하고, 끊임없이 예술의 아름다움을 추구할 줄 알아야 하고, 삶의 소소한 즐거움에 대해서도 날카로운 감각을 지녀야 하고, 생애 전체를 영혼의 지평을 넓히는 데 쓸 줄 알아야 한다.

흔히 보는 대로 사람들은 대개 30대에 성장을 멈춘다. 그들은 자신의 처지에 안주하며 그 자리에 머물거나 타성에 젖은 채 더 이상 힘쓰지 않고 서서히 정체상태로 치닫는다. 교사라면 이런 상태는 꿈도 꾸지 말아야 한다. 교사는 세상이 어떻게 돌아가는지 늘 이해하려고 노력하고, 자신이 이해한 것을 학생들에게 전수해주어야 한다. 해를 거듭할수록 세상을 보는 눈이 점점 더 밝아져야 한다.

교사가 담당하는 역할에는 다른 전문직 종사자나 사업가들, 아니면 노동자들과 구분시켜주는 특별한 역할이 두 가지 있다.

첫째, 학교와 세상 사이에 다리를 놓는 역할이다. 학생들로서는 '진짜세상'이 창밖에서 와글거리고 있는데 왜 교실에 갇혀서 삼각함수나 풀고 있어야 하는지 얼른 이해가 가지 않는다. 가엾은 아이들은 꾸역꾸역 따르긴 한다. 하지만 그들을 교실에 가만히 붙들어놓는 것은 쉬운 노릇이 아니다. 그들이 학교를 다람쥐 쳇바퀴 돌 듯하는 갑갑한 곳, 아니면 창살 없는 감옥쯤으로 여긴다면, 그런 학교가 그들에게 대체 무슨 의미가 있겠는가? 그들은 학교라면 이를 갈 따름이다. 그들은 삼각함수를 배우는 게 장차 그들의 삶에 어떤 도움이 된다는 건지 직접적이고 설득력 있는 이야기를 들어본 일이 없다. 그것은 한편으로 그러한 수학적 지식이 필요한 직종에 종사하게 될 학생이 누가 될지 미리 가늠할 수 없기 때문이다. 또한 학생들이 아동기와 청소년기에 수학적으로 사고한다는 게 어떤 가치를 지니는지 알 수 없기 때문이다. 마지막으로 그것은 학생들이 성인으로 살아가는 삶을 대충이나마 내다볼 수 없기 때문이기도 하다. 그렇더라도 교사는 되도록 다양한 방식으로 두 세상은 서로 긴밀하게 연관되어 있으며 필연적으로 이어진다는 것을, 그리고 한 곳의 빛과 에너지는 다른 한 곳으로 흘러간다는 것을 납득시켜야 한다.

흔히 이 일이 이뤄지는 방식은 '교과를 실생활과 접목시키는 것'이다. 독일에서는 아동이 수학적으로 사고하는 법을 익힐 때면 고가다리를 파괴하는 데 드는 폭발물 양이 얼마인가 따위의 문제를 풀곤 한다. 영국의 교사들은 〈타임〉 같은 잡지를 활용해서 생생하면서도 군더더기 없는 글을 쓰는 법을 가르친다. 외국어교사는 반드시 해당 언어로 제작된 신문이나 영화를 활용해야 한다. 하지만 이러한 발상이 모든 교과에 다 해당될 수 있는 것은 아니며, 특히나 중요한 교과들과는 거리가 멀다. 어떤 교과의 경우 그런 생각에 얽매이다 보면 자칫 너무 피상적으로 흘러 깊이 있는 탐구가 어려워진다.

가장 좋은 방법은 교사들이 자기 스스로의 값어치를 높이는 것이다. 학생이 까다롭기 짝이 없는 어떤 교과를 잘 배울 수 있었다면, 그것은 자기가 원해서 그 교과를 골랐기 때문이라기보다 그 교과를 가르치는 선생님의 활기와 에너지를 느꼈기 때문일 가능성이 훨씬 더 많다. 어떤 학생이 중세사를 가르치는 교수를 보고, 그는 중세사에 관한 한 누구도 따를 자가 없지만, 그 외 다른 것에 대해서는 따분하기 짝이 없는 사람이라고 판단했다 치자. 그렇다면 그 학생은 중세사를 공부하면 사람이 저렇게 재미없어지는구나 하고 생각할 것이다. 반대로 학생이 그 교수를 보고, 세상에 대한 남다른 관심으로 가득 차 있고, 열심히 연구한 결과 진짜로 남들보다 세상을 더 잘 이해하고 있다고 느꼈다 치자. 학구적인 삶을 사니까 세상과 단절되기는커녕 도리어 더욱 지혜롭고 유능해졌다고 말이다. 그렇다면 그 학생은 조금도 망설임 없이 중세사는 배울 만한 가치가 있다고 결론내릴 것이다.

훌륭한 교사들은 재미있는 사람들이다. 그래서 자기들이 하는 일에 학생들도 재미를 느끼게 만든다. 가르침은 대체로 말을 통해서 이루어진다. 머릿속이 세상에 관한 생생한 인식들로 가득하다면, 당신은 담당교과에서 설사 새로운 견해가 등장한대도 전혀 허둥대지 않을 것이다. 소설에서 본 장면을 연달아 떠올릴 수 있고, 끊임없이 진부한 논리를 버리고 새로운 논리를 찾아낼 수 있기 때문이다. 당신은 회상과 암시를 풍부하게 구사하여 이야기를 한결 흥미진진하게 만든다. 그러면 학생들이 다음에 무슨 이야기가 나올지 뻔하다며 연신 하품이나 해대지는 않을 것이다. 가르침은 상당 부분 설명하는 일로 이루어진다. 우리는 아는 것에 입각해 모르는 것을 설명하고, 분명한 것을 토대로 모호한 것을 설명한다. 학생들은 대개 아는 게 별로 없기 때문에 당신이 아는 것을 들려주면 기꺼이 귀 기울이고, 그것을 자신이 아는 것과 결부시키고자 한다.

  파리에 사는 내 동료는 『돈키호테』에 대해서 토론할 때 돈키호테를 감옥에 가두어야 옳았던 늙은 미치광이로만 볼 게 아니라고 학생들을 설득하는 데 애로를 느꼈다. 그래서 휴일에 세빌에서 본 투우 이야기를 꺼냈다. 그는 그들의 부질없는 용기와 잔인함과 자부심, 그리고 에스파냐 사람들은 아무도 기이하게 생각하지 않지만, 로마의 원형경기장에서나 볼 수 있던 16세기 의상을 입고 20세기의 관중을 즐겁게 해주는 그 경기의 기이함에 대해서 설명했다. 그런 다음 프랑스의 거장 코르네유의 비극에 표현된 에스파냐 사람들의 자부심과 이상주의에 대해서 들려주었다. 그러자 학생들은 자기들의 수준이 세계의 모든 위대한 걸작을 제대로 감상할 만큼 탄탄하지는 못하다는 것, 그리고 돈키호테의 광기도 좀 다르게 볼 수 있다는 것을 조금씩 이해하기 시작했다. 그때부터 논의는 흥미로우면서도 유익한 방향으로 활발하게 뻗어나갔다.

  둘째, 교사는 성인 세대와 젊은 세대를 이어주는 가교 역할을 한다. 젊은이들에게 성인의 삶을 보여줌으로써 그들을 성인의 삶으로 안내하는 것이다. 그렇게 하자면 그는 두 가지 세계에 동시에 발을 걸치고 있어야 한다.

  많은 교사들은 그렇게 하기가 지극히 어렵다고 느낀다. 영국의 학교교사들 가운데 일부는 '학교에 매여 산다.' 그들에게 가장 중요한 사건은 온통 학교와 관련된 일들뿐이다. 대화 소재도 학교 이야기, 학생들 이야기에 그친다. 그들은 새로 나온 책이나 현 정세에 대해서 질문을 받으면 당황한다. 다른 한쪽 극단에는 학생들의 희망이나 두려움이나 기쁨 따위는 전혀 아랑곳하지 않는 교사들이 있다. 그들은 결코 대학이 발행하는 잡지를 들춰본 적도, 학교 풋볼경기를 관람한 적도 없으며, 코흘리개 아이들이나 청소년들과 거의 매일이다시피 붙어사는 것이야말로 위엄 어린 삶을 가로막는 걸림돌이라고 느낀다.

하지만 두 세계 사이에 다리를 놓는 것은 힘들긴 해도 완전히 불가능한 일은 아니다. 그리고 반드시 해야만 하는 일이다. 그 일은 훌륭한 교사들만이 해낼 수 있다. 사람들은 같은 나이라 하더라도 다 같은 게 아니다. 자신의 삶을 즐기며 의욕이 왕성한 이들을 유심히 살펴보면 실제 나이보다 훨씬 더 젊게 산다는 것을 느낄 수 있다. 훌륭한 교사는 아이들 속에 살아 숨 쉬는 생기와 다양성을 이끌어낸다. 성인으로서의 삶을 영위하면서도 다시금 젊어진다는 것, 어린아이로 돌아간다는 것이 뭔지 알고 있기 때문이다.

그는 성인으로서 자신이 흥미를 느끼는 것뿐 아니라 어릴 적에 흥미를 느꼈던 것들도 기억 속에서 끄집어낸다. 그가 그것을 적절하게 활용할 수 있다면, 그의 가르침은 한결 쉬워지고 그의 설명은 한층 명료해질 것이다. 아이들은 일관성 있게 깊이 생각하지는 못하지만, 새롭게 받은 인상에는 유독 민감하다. 그래서 현란한 광고나 별난 인물, (중요한 뉴스보다는) 특이한 뉴스 같은 것에 어른들보다 더 강하게 이끌린다. 그들은 그다지 심각하게 따져보지 않은 채 그것을 스펀지처럼 빨아들인다. 아이들이 관심을 가질 만한 것과 관련지으면서 수업을 전개하면 까다로운 것도 명료해질 수 있다.

유머의 역할

훌륭한 교사가 되는 데 필요한 자질 가운데에는 유머도 들어 있다. 유머가 할 수 있는 역할은 많다. 그 가운데 가장 중요한 역할은 학생들을 집중하게 하고 활기차게 만드는 것이다. 학생들은 다음에 뭐가 나올지 전혀 짐작할 수 없어 지루할 새가 없다.

유머의 또 다른 역할은 주요 주제와 관련해 진정한 그림을 제공하도록 도와준다는 점이다. 19세기 초의 영국문학에 관해 토론한다 치자. 그런데 워즈워스의 서정적인 순박함과 셸리의 『사슬에서 풀린 프로메테우스』 몇 구절만 들려주는 데 그친다면, 그 시기의 영국작가들을 충분하게 드러내기 어려울 것이다. 하지만 차-찰스 램을 재-재미있고 매-매혹적으로 묘-묘-묘사하고, 워즈워스의 시에서 엿보이는 기이하고 소년적인 유머를 구사하고, 바이런의 거친 편지 몇 통을 읽어준다면 그들을 하나의 모습으로 정형화된 '고전적인' 작가가 아니라 풍부하고 다양하고 인간적인 인물로 전달할 수 있다. 그리고 그들 성취의 고귀함과 실패의 쓰라림을 훨씬 더 실감나게 설명할 수 있다.

물론 어떤 과목들(특히 과학과목)은 유머를 담아내기가 어렵다. 그럴 경우에도 훌륭한 교사는 교과와 상관없는 유머를 곁들이곤 한다. 60분 내리 단조롭게 공부만 하는 것보다 55분 동안 공부하고 5분 동안 웃는 게 훨씬 더 효과적이다.

어떤 교사들은 유머를 유용한 수업 통제도구라고 말하기도 한다. 하지만 이것은 위험한 발상이다. 그들은 유머를 마치 회초리처럼 여기는 우를 범하고 있다. 19세기의 학교교사들이 고집불통의 아이들을 굴복시키거나 느려터진 아이들을 닦달하려고 휘두르던 회초리 말이다. 그들은 아이들이 저지른 실수를 흉내 내면서 교실을 웃음바다로 만든다. 그리고 실수한 아이를 놀려댄다. 학생의 개인적인 실수를 무자비하게 까발리면서 불쾌하고도 잔혹한 유머를 구사하는 것이다. 그들은 신랄하게 비꼴 만한 일을 저지르는 학생이 없으면 난감해하기까지 한다. 시비를 걸 만한 학생이 나타나지 않으면 가르칠 맛이 나지 않아 공연히 아무 잘못도 없는 학생을 걸고넘어진다. 마치 자신의 말이 곧 법임을 백성에게 일깨우려고 궁궐 앞에 처형당한 시체를 걸어놓곤 하던 동양의 황제들을 떠오르게 하는 자들이다. 하지만 그들로서는 이 같은 비교가 싫지만은 않을 것이다. 대체로 별 볼일 없고 소심한 자들이라 그렇게라도 잠시 황제가 되어보는 게 나쁠 턱이 없으니까. 그들은 마치 말 등에 난 상처에 내려앉은 까치와 같은 존재들이다. 말의 생살을 쪼아먹으면서 흡족하게 깍깍대는 까치는 말을 더 이상 참지 못하고 몸부림치다 낭떠러지로 떨어지게 만든다.

어렸을 적에 숱한 고통에 시달렸던 키플링*은 처음에는 양부모들(『나에 관하여 Something of Myself』 2장 참조)에게, 나중에는 『스탤키사 Stalky & Co』에 나오는 스승 '킹'에게 그런 대접을 받았다. 킹이 그에게 자행한 일들 덕분에 그는 바짝 정신을 차릴 수 있었다. 그는 그것을 즐겼고, 그것을 통해 배운 게 많다고 말했다. 하지만 그 과정에서 얻게 된 지나친 소심함과 예민함 탓에 성인으로서의 삶은 어쩌지 못하고 굴절되었다. 키플링에게 그의 소설 『킴 Kim』에 나오는 라마 같은 교사가 단 한 명이라도 있었더라면, 그는 좀더 행복하고 지혜로워질 수 있었을 것이다. 하지만 커다란 안경을 낀 꾀죄죄한 남학생의 지적 명석함을 알아차리고 그것을 불쾌하게 여긴 교사 탓에 그의 영혼은 크게 손상을 입었다. 교사는 어린 키플링을 자꾸만 보잘 것 없게 만듦으로써 상대적으로 위대해지려고 안간힘을 썼다.

유머는 결단코 학급을 제압하기 위해 사용되어서는 안 된다. 가르침에 유머를 끌어들이는 데에는 훨씬 더 값진 목적이 있다. 유머의 목적은 즐거움을 통해 학생과 교사를 이어주자는 것이다. 지혜롭고 노련한 교사 한 분이 언젠가 이런 말을 한 적이 있다.

---

*『정글북』을 쓴 영국 작가 러디어드 키플링

"우리 모두 최소한 한 번이라도 진심으로 웃지 않는다면 그날의 가르침은 헛된 것이다."

사람들이 함께 웃으면 그들은 적어도 그 순간만큼은 어른도 아이도, 선생도 학생도, 고용주도 고용인도, 교도관도 죄수도 아니며, 그저 자신의 존재 자체를 즐기는 한 무리 속의 인간일 따름이라는 뜻이리라.

저명한 프랑스의 소설가이자 극작가인 쥘 로맹*Jules Romains*은 일체주의라는 이론을 만들어내면서 직업이력의 첫발을 내디뎠다. 일체주의는 훗날 그의 빼어난 희곡과 소설의 발판이 된 이론이다. '단자화된 사람들은 어떤 사건이나 목표나 감정을 경험하면서 비로소 하나의 집단을 이룬다. 그 집단은 그만의 고유한 방식으로 느끼고 생각하고 살아가는데, 그 에너지와 강렬함은 거기에 속한 어느 개인보다 한층 더 우세하다.' 물론 폭동이나 공황상태에서 보듯 더러 집단정서는 어리석거나 야비할 때도 있다. 하지만 로맹이 믿은 대로, 집단이 일제히 경험하는 감정은 진정으로 숭고한 것일 때가 많다.

우리가 할 일은 이 같은 경험에 직면했을 때 그것을 충분히 누리면서 이해하려 애쓰는 것이다. 훌륭한 해결책을 모색하려는 열정적인 연사가 이끄는 모임에 참가하는 것, 당신이 속한 팀이 피나는 노력을 기울인 끝에 결국 승리를 거두었을 때 친구들과 함께 아낌없이 박수갈채를 보내는 것, 멋진 연극을 보면서 배우와 청중의 감정을 함께 호흡하는 것, 도시를 걸으면서 당신 역시 고동치는 그 도시의 일부임을 온몸으로 느끼는 것, 이 모든 것은 우리를 보잘 것 없는 존재에서 더 큰 존재로 이끌어주는 값진 경험이다.

물론 로맹의 일체주의에는 위험이 내포되어 있다. 너무도 쉽게 개인을 사장시키고, 지성을 부정하고, 피를 미화하고, 다수가 언제나 옳다고 믿게 만드는 결과를 낳을 수 있어서이다. 이 이론이 오용될 소지가 많고, 또 제아무리 저명한 예술가라 하더라도 단 하나의 이론만 파고드는 경우는 없다는 것을 잘 알았기에, 로맹은 그 이론을 설파하거나 우려먹는 데 주력하지 않았다. 하지만 그 이론은 그의 작품 대다수를 관통하는 주제의식이었고, 여러 젊은 작가들에게 영감을 불어넣었다. 로맹은 한동안 프랑스의 고등학교에서 학생들을 가르치기도 했다. 그의 작품 『선의의 사람들 Men of Good Will』*에 나오는 매력적인 인물들 가운데 하나가 바로 학교 선생님 클랑리카르 Clanricard이다. 물론 그 외 몇몇 사람도 겉으로는 목사·의사·작가이지만 사실상 모두 선생님이나 마찬가지이다.

나는 그가 북적이는 파리의 도시에서 처음으로 일체주의라는 아이디어를 떠올리긴 했지만, 교사로서의 경험을 통해 그 아이디어를 더욱 분명하게 확인할 수 있었으리라 생각한다. 가르침의 커다란 즐거움은 다음과 같은 순간에 맛볼 수 있다. 무료함을 견디며 의무적으로 앉아 있는 개인들이 아니라 당신과 적극적으로 교류하는 집단이 당신 말을 하나도 놓치지 않고 듣고 있다고 느낄 때, 사실을 반복적으로 되풀이해 외우게 하는 게 아니라 질문하도록 학생들을 자극하고 그들이 던진 질문에 답변할 때, 진실을 탐구하는 과정에서 학생들이 내뿜는 열기에 힘입어 그 과정을 힘껏 이끌어갈 때, 그리고 학생들이 듣고 생각하면서 쉴 새 없는 인간활동인 추론과정에 동참하고 있다고 느낄 때……

교실에 그런 느낌이 스며들면 교사도 학생도 그것을 함께 느끼게 마련이다. 그 느낌을 만들어내거나 그런 느낌이 생겨나도록 돕는 것도 교사의 임

---

*제1차 세계대전 전후의 발칸지역을 배경으로 온갖 계급과 직업을 가진 선의에 찬 사람들이 행복의 길을 개척해나가는 것을 그린 대하소설로, 모두 27권으로 되어 있다.

무다. 그것은 학생과 교사 간의 긴밀한 관계에서 비롯되는 래포, 즉 주고받기 없이는 생기지 않는다. 그 래포를 형성하는 방법 가운데 하나가 바로 유머이다. 아이들과 교사가 함께 웃을 때면 모두 잠시나마 개성·권위·나이 따위를 초월한다. 그들은 함께 공유한 경험을 즐기고 기쁨을 나누면서 하나가 된다. 그 같은 공동체를 건설하고 유지한다면 교사는 반드시 성공할 수밖에 없다.

이는 전통적인 심리학의 관점으로 설명할 수 있다. 모든 인간존재에게는 두 가지 강력한 본능이 존재하는데, 그것은 가르침에도 적용된다. 하나는 집단지향성이고 다른 하나는 놀이를 즐기는 성향이다. 쉰 살의 남성들에게 4시간을 주면서 언덕을 넘어 골짜기 밑에 자리한 이웃마을까지 가라고 해보라. 따로따로 그 일을 한다면 많은 이들이 시간 내에 도착하지 못하거나 기진맥진할 것이다. 하지만 무리지어 행진하듯이 가면 훨씬 덜 지치고 소요시간도 줄어든다. 두 팀으로 나누어 어떤 팀이 먼저 도착할지 내기하거나, 리듬에 맞춰 노래 부르면서 하이킹을 한다면 전혀 지치지 않고, 서로 협조하고, 그 경험을 즐길 것이다.

마찬가지로, 당신이 서른 명으로 이뤄진 학급에 서로 단결하고 있다는 느낌을 심어준다면, 그리고 그들에게 그것을 즐길 만한 이유를 몇 가지 마련해준다면 학생들은 저마다 강압에 못 이겨 마지못해 할 때보다 주어진 일을 훨씬 더 잘해낼 수 있다. 집단지향성과 놀이를 즐기는 성향을 이끌어내는 가장 좋은 방법이 바로 멋진 유머이다.

앞에서 나는 교사의 역할 가운데 하나가 아이들과 어른들 사이에 다리를 놓는 것이라고 했다. 교사가 유머감각이 있다면 웬만해선 무너지지 않는 튼튼한 다리를 놓을 수 있다. 아이들은 어른들을 따분한 존재로 여기며, 어른들은 아이들을 어리석은 존재로 여긴다. 이게 바로 서로에 대한 몰이해의 바탕이다. 이런 상태로는 억지로 밀어붙이는 식이 아니고는 되는 일이 없다. 하지만 어른들은 하나같이 별 볼일 없다는 학생의 통념을 유머를 통해 깨뜨려주는 교사는 학생들 역시 어리석다기보다 단지 서툴 뿐임을 알게 된다. 유머는 교사와 학생이 서로를 더 잘 이해하고 손을 맞잡을 수 있게 해준다. 함께하는 것, 이것이 바로 가르침의 본질이다.

훌륭한 교사의 덕목

 지금까지 무릇 훌륭한 교사라면 반드시 알아야 하고 좋아해야 하는 것들에 대해 살펴보았다. 그렇다면 어떤 부류의 사람들이 훌륭한 교사가 될 수 있는가? 그들에게 반드시 필요한 능력은 무엇인가?

기억력

 첫째는 기억력이다. 기억력이 형편없는 교사는 어리석으며 위험하다. 그는 야심찬 음악회를 기획해놓고 음정을 무수히 틀리게 연주하는 음악가, 가까스로 첫 대사를 읊조리고는 그다음부터 마구 버벅거리는 배우, 강심제 1그레인(64.8밀리그램에 해당)을 처방해야 할 환자에게 실수로 1그램(1,000밀리그램)을 처방하는 의사, 물건이 어디 있는지 몰라 고객이 원하는 것을 찾아주지 못하고 허둥대는 점원("여기 어디에 분명히 있었는데, 곧 나올 겁니다. 잠깐만요…….")과 다를 바가 없다.
 물론 교사는 중요한 교과내용이라면 반드시 기억하고 있어야 한다. 간혹 세부사항을 까먹는다 해도 아이들은 충분히 그럴 수 있는 일이라며 이해해준다. 그렇기는 하지만 학급에서 수업을 제대로 진행하자면 역시 기억력이 좋아야 한다. 질문을 받거나 토론이 이뤄질 때면 관련사항을 잘 기억해놓았다가 한두 주가 지났을 때 다른 맥락에서 그것을 떠올릴 수 있어야 한다. 책에서 읽은 이야기를 들려준 학생에게 나중에 한 번 더 그렇게 해달라고 요청했다면 그 사실을 반드시 기억했다가 적절한 순간에 그에게 시간을 할애해야 한다. 누군가가 까다로운 문제유형에서 애를 먹었다면 그 사실을 틀림없이 기억했다가 다음에 비슷한 유형의 문제가 나오면 그 아이에게 특별히 주의를 기울여야 한다. 기억력은 다른 전문직 종사자들이나 마찬가지로 교사에게도 중요한 능력이다. 남다른 기억력은 변호사·의사·교사를 막론하고 그들의 비범함과 평범함을 가르는 자질이다.

교사의 기억력은 그가 감당해야 하는 다음과 같은 까다로운 일에서도 요구된다. 아이들은 대체로 사실들을 서로 연관시키는 것을 어려워한다. 그들이 배운 사실들은 대개 금속조각처럼 머릿속에 따로 놓고 있다. 시험을 볼 때면 그들은 윤을 낸 그 조각들을 꺼내 우리에게 보여준다. 하지만 시험이 끝나면 원래 자리에 처박아두거나 아니면 그냥 버려버린다. 제아무리 예쁘게 포장하고 반들반들 윤을 냈다 해도 사실들이 마치 은행계좌처럼 쓰이지 않고 보관되어 있기만 하다면 그 소유자는 제대로 교육받은 거라고 보기 힘들다.

교사의 일이란 사실들 속에 담긴 흥미와 에너지의 흐름을 전해주는 것이다. 그러면 학생들은 사실들을 배운 뒤에 그것들을 녹이고 서로 융합하고 관련시켜서 거기에 생명을 불어넣는다. 비로소 사실들이 그것을 소유한 사람의 머릿속에 소중한 부분으로 자리 잡게 되는 것이다. 그러자면 서로 무관해 보이는 사실들이 실은 유기적으로 연관되어 있음을 보여주는 게 최선이다. 깜깜하게 죽어 있던 뇌의 두 부분이 서로 연결되어 살아날 때면 아이들 얼굴이 일순 피어난다. 교사는 그 모습을 보며 더없는 보람을 느낀다.

의지력

기억력에 이어지는 두 번째 능력은 바로 의지력이다. 훌륭한 교사는 의지가 굳은 사람이다.

이것은 19세기에만 해도 널리 받아들여진 사실이었다. 19세기는 강한 의지력을 지닌 부모와 엄한 교사들이 주름잡던 시대였다. 때로 그들은 폭군과 분간이 안 갔다. 하지만 그들은 지혜롭고 안정되고 유능한 교육자이기도 했다. 그들이 길러낸 아이들은 더러 반항하기도 했지만, 어쨌거나 그들은 잘 교육받은 반항아들이었다.

하지만 오늘날에는 이러한 능력이 그다지 강조되고 있지 않다. 적어도 서구 민주주의 사회의 학교에서는 그렇다. 의지력이라는 능력은 나치정권 아래 놓인 독일에서 그 가치를 제대로 인정받았다. 그때 당시 의지력은 교사의 첫째가는 능력이자 교사가 학생에게 심어주어야 하는 제일 중요한 자질이었다. 미국, 영국, 프랑스, 이탈리아, 그 외 여러 나라의 교사들은 의지력을 드러내기보다 그저 '괜찮은' 교사로 남아 있는 편을 택했다. '괜찮은' 교사란 유쾌하고 관대하고, 가능하면 쉽게 가려는 교사라는 의미로 쓰이곤 한다. 그들은 대체로 전대의 엄한 교사들만큼 잘 가르치지는 못한다.

어쨌든 간에 교사에게 의지력이 필요한 것만은 분명하다. 교실에 들어가서 서른 명의 눈동자가 일제히 자신을 향해 있는 광경을 한 번이라도 본 일이 있는 사람이라면 그 점을 잘 알 것이다. 소심한 여교사는 마치 숨어서 표범을 잡기라도 하듯 학생들 뒤에 서 있곤 한다. 한편 아이들 사이를 누비면서 그들의 일거수일투족을 하나도 놓치지 않는 남교사들도 있다. 그들은 의자와 채찍만 안 들었다 뿐이지 사자 조련사와 한 치도 다를 바 없이 매순간 아이들을 닦달한다.

한데 왜 강한 의지력이 필요한지, 왜 의지력을 강인하게 단련해야만 하는지 납득하지 못하는 교사들도 있는 눈치다. 그들은 의지력이 필요하다는 생각 자체를 약간 수치스럽게, 아니 약간 두렵게 여긴다. 완벽한 사회라면 학교에서 의지력 따위를 보여줄 까닭이 없지 않느냐는 것이다. 하지만 의지력은 꼭 필요하다.

교사들이 넘어서야 할 저항의 종류가 얼마나 많은지 한번 생각해보라. 무엇보다 학생들은 공부하기를 싫어한다. 풋볼경기를 하거나 팝콘을 먹으면서 영화관에 앉아 있는 쪽을 더 좋아한다. 하지만 그들은 공부하는 법을 배워야 한다. 공부란 평생 해야 하는 일이기 때문이다. 공부는 안 해도 그만이고 별 쓸데도 없다고 말하는 것은 아이들을 불구자로 만드는 것이다.(좀 다른 이야기이지만, '학교'의 어원이 '여가'라는 사실은 다소 기이하다. 처음 학교라는 이름이 붙었을 때 사람들은 학교에 가는 학생들을 운이 좋다고 여겼다. 학교에 가지 않으면 아버지 가게에서 비질을 하거나 젖소를 짜고 있어야 했기 때문이다. 그런 게 진짜 일인 데 반해 '학교'는 그저 '놀이'로 여겨졌다.)

아이들은 공부를 싫어하는 것만큼이나 권위도 싫어한다. 그들은 본래 무정부주의자들이다. 의무도 책임도 없는 예측불허의 무질서한 세계를 좋아한다. 하지만 오늘날 그런 세계는 허용되지 않는다. 젊은이들은 권위를 존중하는 법을 배워야 한다. 학교에서 배우지 않는다면 뒤늦게 혹독한 대가를 치르면서 배우게 된다. 거기에 따라오는 교사의 임무는 첫째, 여러 유형의 권위를 구분하는 법, 둘째 좋은 권위는 받아들이고 나쁜 권위는 물리치는 법을 알려주는 것이다. 오직 의지력 있는 교사만이 이 일을 할 수 있다.

또한 아이들은 집중하는 것을 싫어한다. 뭔가에 집중하려면 낯설고도 고통스러운 노력이 요구된다. 아무도 보고 있지 않다 싶을 때 숙제를 하는 소년을 몰래 한번 엿보라. 그는 책을 고작 몇 줄 읽다 말고 책 가장자리에 낙서를 하고, 다시 몇 줄을 더 읽고는 책을 내던져버린다. 무슨 노래인가 두 소절 휘파람으로 부는가 싶더니 책상 위에 흩어져 있는 책을 주섬주섬 정리하고 연필을 죄다 꺼내 깎기 시작한다. 그러다가 본래 읽던 책을 집어 들고 다시 몇 줄 더 읽는다. 그런 다음 숨을 헐떡거리며 약 3분가량 흐리멍덩한 눈길로 주저앉아 있다가 애써 다시 책으로 눈길을 돌린다. 나름대로 힘껏 집중하는 순간에도 온갖 부산한 행동이 뒤따른다. 리듬에 맞춰 발뒤꿈치로 바닥을 탁탁 때리고, 손톱을 깨물고, 벌겋게 달궈진 고문의자에 앉아 있기라도 한 것처럼 쉴 새 없이 자세를 바꾼다. 라디오를 크게 틀어놓을 때도 있다. 이 모든 것들 탓에 집중하기가 너무나 힘겹고 고통스럽다. 그는 갖은 핑계를 다 대면서 한사코 집중해야 하는 상황에서 빠져나가려고만 든다.

그러는 중에도 서서히 집중하는 힘이 길러지긴 한다. 대학에 입학할 즈음이면 좀더 자주, 좀더 길게 집중할 수 있다. 그런데 훌륭한 직업인이 되려면 복잡한 작업의 모든 단계를 감당할 수 있을 정도로, 혹은 하룻저녁에 중요한 판결문을 대여섯 건 정리할 수 있을 정도로 집중력을 키워야 한다. 만일 그러지 못하면 그는 이 직장 저 직장 전전하면서 서서히 별 볼일 없는 인생으로 살아갈 것이다. 비범한 사람보다 평범한 사람이 훨씬 더 많은 세상에서 어떻게든 살아남으려고 끊임없이 발버둥 치면서 말이다.

집중하는 법은 반드시 가르쳐야 한다. 훌륭한 교사는 그것을 학생들에게 가르칠 수 있다. 마지못해 한 번에 몇 줄씩 책을 읽던 남학생을 다시 한 번 예로 들어보자. 이번에는 그에게 어떻게든 공부를 좀더 열심히 해야 할 이유를 만들어준다. 그리고 공부하는 게 정말이지 중요하다는 사실을 충분히 납득시킨다. 예를 들어 작문 콘테스트 같은 데 대비시키는 것이다. 그런 다음 다시 그를 관찰해보라. 그는 "라디오 좀 꺼!"라고 소리친다. 그리고 당장 공부하는 데 필요한 것만 남겨두고는 책상을 말끔히 치운다. 공부할 분량을 다 마칠 때까지 오롯이 같은 자세로 앉아 있다. 진짜 몰입할 때에는 식사도 거르고 잠자는 것도 잊는다. 이것은 그가 하나의 목표를 선택하고 다른 것은 포기했기 때문에 가능한 일이다. 결국 그것이 우리가 인생을 살면서 배워야 하는 능력이다.

아이들은 대체로 누군가의 지배와 간섭을 받고 싶어하지 않는다. 그들은 오로지 그들 자신의 독립성을 주장하려고 남들의 제안을 거부하곤 한다. 마치 단단한 고삐에 매인 말이 빠져나가려고 발버둥 치면서 머리를 비비 틀고 자꾸만 옆걸음질치는 격이다. 실제로 가장 중요하고도 성공적인 교수법은 학생들의 저항을 불러일으킨다는 발상에 기초하고 있다. 이것은 옥스퍼드와 케임브리지 대학에서 개인교사들이 쓰는 방법이다.

학생은 복잡하고 까다로운 주제(예를 들어 '현대 이탈리아에서 귀족들이 미치는 정치적 영향력', 혹은 '색깔의 상대성' 같은)에 관한 글을 쓴 뒤 그것을 개인교사에게 읽는다. 개인교사가 작문에 드러난 것 거의 대부분에 동의한다 하더라도, 그의 임무는 동의하는 게 아니라 난도질하는 것이다. 그는 학생의 논리 전개에 드러난 허점을 무자비하게 까발린다. 또한 책이나 백과사전에서 고스란히 따온 구절을 가차 없이 들추어낸다. 모든 쪽, 모든 단락에 샅샅이 예리한 칼날을 들이댄다. 더러 단 하나의 문장에 몇 시간 동안 머물러 있기도 한다. 하지만 학생은 있는 한껏 모든 비판에 나름대로 맞서고, 모든 주장을 방어하고, 그리고 차츰 자신의 글을 불완전한 조각들의 조합이 아니라 충분한 근거와 탄탄한 논리를 가진 글로 다듬는다. 학생이 그렇게만 해준다면 개인교사로서는 더할 나위 없이 흡족할 것이다. 그런데 학생이 비판에 적절히 대꾸하지 못하거나 저항은 엄두도 내지 않은 채 고개 숙이고 있으면 그는 틀림없이 형편없는 학생일 것이고, 개인교사 역시 형편없는 선생일 것이다.

  학생들이 어른의 지배에 반발하는 것은 자연스런 일이다. 마땅히 그래야만 한다. 학생들이 저항할 수 있도록 북돋워주고, 그 저항을 올바른 방향으로 이끌어주는 것이야말로 교사가 할 일이다. 하지만 아이들이 지나치게 생기 넘치고 정력적이거나, 그들의 저항이 유독 거셀 경우, 교사가 스스로의 독자성을 잃지 않으면서 그들을 감당하려면 확고한 의지력이 필요하다.

  다시 한 번 말하거니와, 어떤 나라에서는 학생들이 배우는 것 자체에도 심하게 반발한다. 배움을 그들 자신의 고결함에 대한 공격으로까지 받아들인다. 애초부터 타고난 것들(가령 훌륭한 감각, 용기, 생동감 따위)만으로도 그들이 하려는 일에 아무 부족함이 없다고 믿는 까닭이다. 그들은 책에 적힌 숱한 내용을 배우는 건 무익할뿐더러 해롭기까지 하다고 생각한다. 교사들로서는 대처하기가 여간 난감한 게 아니다. 어쨌거나 학교도 배움도 쓸모없다고 여긴다면 아이들은 응당 교사에게 맞설 수밖에 없다.

  갖은 저항에 대처하려면 교사는 의지력이 강해야 한다. 훌륭한 교사라면 그저 그 저항에 정면으로 맞서거나 거기 뒤엉켜 허우적거리는 게 아니라 그것을 제어하고 이끌어간다. 그러자면 훨씬 더 강하고 성숙한 의지력이 필요하다. 말이 되는 저항도 있긴 하지만, 어떤 학교에서는 딱히 방향도 없는 무정부주의적인 소요도 간간이 일어난다. 서너 명의 남학생들이, 마치 코사크 군대가 야영을 하기라도 한 것처럼, 빈 건물에 쳐들어가서 그곳을 엉망으로 만들어놓는 사례도 종종 일어난다. 왜 그랬냐는 질문을 받으면 그들은 늘 멀쩡한 얼굴로 돌아와 있다. 아니 실은 자신들을 어떻게 할 것 같은 위세에 짓눌려 잔뜩 겁을 집어먹고 있는 표정이다. 학생들은 때로 완전히 이성을 잃고, 그들 자신뿐 아니라 선생님, 기물, 그리고 사기에 믿기지 않을 정도의 피해를 입히고서야 어리석은 행동을 멈춘다.

슬기로운 교사는 아이들에게 에너지를 분출할 수 있는 다른 출구를 다채롭게 마련해준다. 모든 것을 잊고 맘껏 웃을 수 있게 함으로써 아이들의 에너지를 발산할 수 있게 하는 것도 가르침에서 유머가 담당하는 몫이다. 그런데 아이들의 에너지가 끊임없는 위협이 되거나 폭발점에 다다랐을 때 그것을 억제하고 다스리려면 교사의 강한 의지력이 필요하다.

자애로움

지금껏 기억력, 의지력이 훌륭한 교사에게 필요한 두 가지 덕목임을 살펴보았다. 거기에 이어지는 세 번째 능력은 바로 자애로움이다. 자애로움 없이 뭔가를 가르치기는 어렵다. 물론 조련사가 사자를 훈련시키듯이 강압적으로 밀어붙일 수는 있다. 하지만 강압적인 방법이 잘 먹혀드는 학생은 그리 많지 않다. 불공정하게도 사자는 갇혀 있으며 달군 쇠나 총으로 위협당하고 있다. 코란이나 탈무드 같은 성전을 배우는 학생들은 수세대에 걸친 선대의 가르침에 갇혀 있으면서 그들 자신의 (그리고 가족의) 야심에 이끌리는 삶을 산다. 사관학교 같은 교육기관에 다니는 학생들은 학교의 엄격한 훈육시스템을 받아들이고 그 속에서 스스로를 단련한다. 설사 학생들만 교사를 싫어하는 게 아니라 교사도 그 못지않게 학생들을 싫어한다 해도 말이다.

하지만 그 외 거의 모든 배움터에서는 학생들이 다음과 같이 느낄 필요가 있다. '교사는 우리를 돕고 싶어하고, 우리가 더 나아지기를 바라며, 우리의 성장에 관심이 있고, 우리가 저지른 실수에 대해서는 슬퍼하고 우리가 이룩한 성공에 대해서는 기뻐하며, 우리의 부족함에 대해서는 동정심을 가진다.' 뭔가 가치 있는 것을 배우기는 어렵다. 어떤 사람들은 그것을 고통스러워하기까지 한다. 피곤하기도 하다. 훌륭한 교사의 자애로움만이 그 일의 어려움, 고통, 피로를 덜어준다.

그런데 교사의 자애로움은 반드시 진실한 것이어야 한다. 철부지 어린 아이에서부터 열심히 공부를 파는 대학원생에 이르기까지 모든 연령대의 학생들은 자기들을 싫어하는 교사는 귀신같이 알아낸다. 마치 자기를 무서워하는 사람을 대번에 알아보는 개처럼 말이다. 학생들을 진짜로 좋아하지는 않으면서 마치 좋아하는 듯이 행세하는 것은 전혀 통하지 않는다.

그렇다고 그들에 대한 사랑을 꼭 어깨를 두드려주거나 고개를 주억거리거나 환하게 미소 짓는 식으로 드러낼 필요는 없다. 학생의 이름을 호명하는 경우란 좀체 없고 오직 자신의 교과를 좀더 명료하고 기억하기 좋게 전달하는 데에만 골몰해 있는 심각한 표정의 교사도 가르치는 일에 진정으로 관심이 있고 학생의 복지를 염려하는 좋은 선생님으로 남을 수 있다.

교사라면 교과에 관심을 가지는 것만으론 부족하다. 교과에 관심은 있으되 남에게 그 교과를 가르치고 싶어하지는 않는 이들도 수두룩하니까. 하지만 교과를 훨씬 더 잘 전달하고 좀더 정확하게 이해하도록 만드는 데 관심이 있다면, 그리고 처음 한 번 가르친 것으로 모든 학생이 그 교과의 기본원리를 죄다 파악하리라고 기대하지 않고 느린 아이들은 도와주고 헷갈려하는 아이들은 바로잡아준다면 그는 틀림없이 자애로운 교사로 간주될 것이다. 설사 얼굴에 철가면을 쓴 것처럼 표정에 아무 미동도 없고 태도가 냉담해 보인다 하더라도 말이다.

어쨌거나 교실에서 자애로움은 꼭 필요하다. 그것은 형이나 누나, 혹은 부모와 같은 자애로움일 수도 있고, 친구와 같은 자애로움일 수도 있다. 이따금은 애향심의 형태를 띠기도 한다. 이 경우 교사는 같은 또래 시민들의 자녀를 잘 자라고 성공하도록 돕고 있다고 느낀다.(이것이 바로 멕시코가 추진한 감탄할 만한 문맹타파 운동의 토대였다. 읽을 줄 아는 사람은 누구라도 지역민 한 명을 붙들고 가르치도록 한 운동이다.)

하지만 만일 교사가 이런 감정들, 혹은 그 비슷한 감정을 전혀 느끼지 못한다면, 그리고 학생을 필요악쯤으로 간주한다면, 그는 자신의 일을 해내기가 훨씬 벅차고 아이들은 훨씬 고통스러울 것이다. 그는 변변치 못한 교사가 될 수밖에 없다. 교사라 해도 싫은 학생들은 있게 마련이다. 짙은 화장을 하고 다니는 여학생, 비열하고 상스러운 남학생은 아무래도 역겹다. 보란 듯이 그러고 다녀서 더욱 역겹다. 하지만 모든 학생들이 다 싫다면, 그런 교사는 성격을 바꾸든가, 그게 잘 안 되거든 아예 직업을 바꾸든가 해야 한다.

제3장 훌륭한 교사의 교수법

우리는 지금까지 훌륭한 교사의 특성에 대해서 논의했다. 이제부터는 훌륭한 교사가 사용하는 가르침의 방법을 살펴보겠다.

교사는 가르칠 때 세 단계를 거친다. 첫째, 교과를 준비한다. 둘째, 그 교과를 학생들에게 전달한다. 셋째, 학생들이 틀림없이 잘 배웠는지 확인한다.

1단계: 준비

계획

대개 수업준비는 작은 차원에서는 잘 되지만 큰 차원에서는 잘 되지 않는다. 교사들은 코앞에 닥친 다음 날이나 다음 주의 수업을 준비하는 데 급급할 뿐 한 학기나 일 년 동안 할 일 전체를 계획하는 데는 소홀한 경향이 있다. 다가오는 금요일에는 뭘 다뤄야 할지 정확하게 알고 있지만, 그 부분이 일 년의 계획과 어떻게 연관되는지에 대해서는 분명하게 그리지 못한다. 학업을 계획하고 목표한 시간 내에 어떻게든 그것을 끝내는 것은 오로지 선견지명과 결단력이 있는 교사들만이 해낼 수 있는 일이다. 우리는 대부분 시험을 2주 정도 남겨놓고서야 도입 부분에서 시간을 너무 많이 끌어서 진도를 마치려면 서둘러야 한다는 사실을 깨닫곤 한다. 이 점에 관한 한 대학교수들은 대체로 초·중등학교 교사들보다 훨씬 더 형편이 없다. 주제에서 벗어날 수 있는 자유가 더 많고, 외부적으로 시행되는 시험이라는 형태의 제약이 훨씬 덜하기 때문이다.

관련한 예를 한 가지 들어보자. 수년 동안 컬럼비아 대학의 총장을 지낸

니콜라스 머리 버틀러 Nicholas Murray Butler의 회고록에 나오는 이야기이다. 그는 1870년대에 컬럼비아 대학에 다녔다.

> 그리스어 교수 드리슬러는 시시콜콜한 문법에 심하다 싶게 얽매였다. 우리는 그저 강의실 바닥을 멍하니 바라보았을 뿐, 우리가 다루고 있는 그 위대하다는 문학의 아름다움이나 의미를 어렴풋하게도 깨닫지 못했다. 2학년 1학기에 그와 함께 에우리피데스의 『메데아』를 함께 읽은 기억이 난다. 학기가 거의 끝나갈 무렵이었는데도 우리는 고작 246행까지밖에 나가지 못했다. 그러니까 우리는 『메데아』가 어떤 의미가 있는 작품인지, 어떤 문학적인 특성이 있는지는 고사하고 그것이 대체 무엇에 관해 쓴 책인지도 알지 못했다.[10]

이것은 심한 공격이다. 특히나 고전문학을 좋아했고 배움에 헌신한 사람이 한 말이라는 점에서 더욱 그렇다. 좀 우습게 들리기도 한다. 매번 2막에서 살해당한 뒤 집에 돌아오는 바람에 오페라가 어떻게 끝나는지 전혀 모른다는 바리톤가수의 이야기가 떠오르니 말이다. 드리슬러의 학생들은 최소한 번역본으로나마 미처 못 읽은 『메데아』의 나머지 부분을 마저 읽었을 것이다. 어쨌거나 그들이 교수에게 치를 떨었으리라는 것만큼은 보지 않아도 훤하다.

잠시 드리슬러의 계획성에 대해 한번 생각해보자. 『메데아』는 대략 1,400행으로 이루어져 있다.[11] 미국의 학제에 따르면 한 학기는 대략 14주로 구성된다. 도입 부분과 강의 종료에 시간을 좀더 할애한다 치면 일주일에 100행 남짓 읽어야 한다는 것은 너무나 쉽게 나오는 계산이다. 그런데 그는 일주일에 고작 17행 정도밖에 읽지 못했다. 강의가 일주일에 한 번 밖에 없었다 해도 너무 느리고 조심스러운 속도이고, 일주일에 세 번이었다면 살얼음판을 설설 기는 듯한 견딜 수 없는 속도이다.

그는 어째서 시침이 움직이는 것 같은 답답하기 짝이 없는 속도로 그 비극을 읽느라 1,000행이 넘는 내용은 손도 못 대고 남겨뒀을까? 버틀러의 학급이 유독 이해가 더뎌서였을까? 그랬을 리는 없다. 드리슬러가 맡았던 다른 학급들도 진도를 마치지 못한 사정은 매일반이었으니까. 그렇다면 그가 번역하는 데에는 거의 시간을 쓰지 않고 설명하느라 너무 시간을 끌어서였을까? 그것도 아니다. 버틀러에 따르면, 드리슬러 교수는 그 신화의 의미나 비극 시인으로서 에우리피데스의 성취에 관해 전혀 논의하지 않았다.

그것은 다름 아니라 드리슬러가 진짜 관심이 있었던 것은 문법과 구문론이었기 때문이다. 그로서는 문법과 구문론만 가르칠 수 있다면 다른 것은 아무래도 상관없었다. 고대의 신화나 불멸의 비극, 그리스의 위대한 자산, 구조의 의미(신전이든 철학적인 대화든 꽃병이든 연극이든 간에 모든 위대한 예술작품은 조화를 이룬 부분들이 모여 완벽한 전체를 이룬다) 따위를 따져보는 일은 뒷전이었던 것이다.

만일에 누군가가 그리스어 연구에서 정작 중요한 것들을 분명하게 다루지 않았다고 드리슬러를 비판한다면 그는 아마도 깜짝 놀라거나 충격을 받을 것이다. 자신이 말하고 싶었던 것을 다 담아내려 했다면 그나마 246행도 못 나갔을 거라고 항변하면서 말이다. 만일에 당신이 드리슬러 교수에게 이렇게 제안한다면 그는 어떻게 반응할까? 학생들에게 비극의 개요를 들려주고, 그들에게 학기가 끝날 때까지 그 비극을 다 마쳤으면 한다고 말하고, 가장 중요한 구절(필요하다면 다해서 246행이 되도록)을 발췌해 읽고 토론하고, 나머지는 각자 읽어보라고 격려하는 식으로 그 극을 전체적으로 다루면 좋지 않느냐고. 모르긴 해도 그는 그 같은 제안을 학문적 기준에 관한 터무니없는 곡해라고 몰아붙일 것이다. 아니 자신이 실은 그 비극 전체를 다 읽은 거나 마찬가지라고 철석같이 믿고 있을지도 모르겠다.

특히나 문학을 가르치는 교사들은 이런 잘못을 쉽게 저지른다. 어떤 지엽적인 부분을 너무 좋아한 나머지 전체를 아우르려고 길을 서두르기보다 그 지점에 마냥 머물러 있기 때문이다. 이러한 익애溺愛는 악덕이기보다 미덕이다. 학생들은 교사의 열정을 느낄 수 있는 주제는 늘 기꺼이 받아들인다. 내 마음에 가장 와닿은 말은 대개 선생님들이 준비 없이 즉흥적으로 들려준 것들이다. 강의록을 내려놓고 진지하고 간절한 눈길로 우리를 바라보면서 자신이 마음속으로 가장 귀중하게 여기는 바에 대해 들려준 것들 말이다. 그들은 어쩌다가 그 주제를 그토록 사랑하게 되었는지 우리에게 들려줌으로써 우리 역시 그 주제를 사랑하지 않을 수 없게 만들었다.

학생들과 적극적인 공감대를 형성하면 학생들이 당신 말을 의미 있게 받아들이고, 당신이 인용하는 모든 것을 귀담아들으며, 생각하는 과정에 함께 동참하고 있다는 것을 느낄 수 있다. 그럴 때면 완급과 강약을 나름대로 조절해도 된다. 하지만 다음 날, 혹은 다음 주가 되면 진도를 재조정해야 한다. 당신이 빼먹은 부분에 대해 지적하고 간단히 요약해주라. 당신이 지금 어느 단계에 와 있는지 학생들에게 설명하고, 학생들이 잘 따라오고 있는지 확인하라. 당신은 안내자이지 뒤도 안 돌아보고 냅다 줄행랑치는 도망자가 아니다.

배움의 가장 큰 목적은 전체를 꿰뚫어보는 구조적 능력을 기르는 것이다. 구조적 능력은 지적 영역에서는 통찰력이나 조정 능력을, 예술 영역에서는 조화를 이해하는 능력과 예술을 탄생시키는 능력을 부여해준다. 교사는 가르치는 일을 준비할 때 이 모든 것을 고려해야 한다. 앞날에 대한 고민 없이 그저 하루하루 살아서는 곤란하고 미래를 계획하며 차근차근 삶을 쌓아가야 한다는 것을 학생들에게 알려주어야 한다.

그러자면 학급이 할 일을 하나도 빼놓지 않고 계획하고, 학생들에게 그 계획에 대해 들려주고, 그 계획을 반드시 염두에 두도록 주지시키고, 그리고 학업을 모두 마친 뒤 돌아보고 정리하는 게 최선이다. 학생들은 장기적인 계획을 잘 세우지 못한다. 그들은 미래에 대한 계획 없이 하루하루를 보내거나, 잘해야 일주일 단위로 계획하면서 살아간다. 교사들 역시 때론 이런 습성에 젖어 있다. 계획을 짜는 번거로움을 피하고 정해진 계획대로 실천해야 하는 부담에서 벗어나려는 것이다. 그들은 더러 한 학기에 하나의 교과서를 떼는 데 주력하면서, 어느 지엽적인 부분을 파고들거나, 오직 역사적인 사건의 흐름이나 교과서에 나온 장章의 순서에 따라 그냥저냥 흘러간다. 이렇게 하면 한결 손쉽긴 하겠지만 학생들에게는(교사들 자신에게도) 너무나 따분한 노릇이다. 교사라면 누구라도 다음과 같은 울적한 대화를 엿들은 일이 있을 것이다.

"너희 내일은 뭐 배워?"

"어, 트렘릿의 『19세기』 30쪽. 너희는?"

"우린 괴테의 『파우스트』 50행. 잘 가."

"그래 잘 가."

깊은 한숨과 함께 내뱉는 인사말이다. 들판을 내닫거나 숲길을 달리는 게 아니라 덜 깬 잠을 털고 일어나 움직이지 않는 축에 매인 무거운 맷돌의 손잡이를 돌리면서 같은 원을 수십 번, 수백 번, 아니 수천 번 맴도는 말이 뿜어내는 것 같은 한숨이다.

물론 학생들은 자기가 겪는 고통을 과장하는 버릇이 있어서 할 일이 분명하게 계획되어 있을 적에도 이렇게 말하곤 한다. 하지만 마음속에 목적의식이 있다면 그들은 훨씬 더 효과적으로, 훨씬 더 열심히 공부할 수 있다. 만일 『19세기』의 30쪽이 그들이 지금 살아가는 세상을 있게 한 중요한 사건을 다루고 있음을 안다면, 그리고 어렴풋하게나마 『파우스트』의 50행이 그들이 이미 공부한 바 있거나 앞으로 공부하게 될 에피소드와 연관된다는 것을 안다면 그들은 맷돌을 돌리는 말보다는 좀더 의욕적으로 그 내용을 만날 것이다. 학생들은 공부를 시작하기 전에 앞으로 다룰 내용에 대해 개괄적인 설명을 들을 필요가 있다.

인문학(예술·문학·언어·철학·역사·정치학)의 경우, 공부할 분량을 일주일치씩 엄밀하게 구획하기란 쉽지 않다. 이들 교과의 경우에는 교사와 학생들이 시간표에 얽매이지 않고 토론을 전개할 수 있도록 허용하는 편이 낫다. 미리 준비해서 학생들에게 알려주어야 할 사항은 바로 학업의 논리적인 구조이다. 반면 과학·법학·의학의 경우에는 다소 엄밀한 시간 계획을 짜는 쪽이 좋다.

흰토끼 White Rabbit*가 하트 잭에 대한 재판에서 증거를 제시하며 왕에게 방침을 내려달라고 청했다. 왕이 진지하게 대꾸했다. "처음부터 시작해서 끝날 때까지 계속해. 그리고 멈춰." [12] 이것은 이야기꾼들에게야 나무랄 데 없는 조언이지만, 교사들에게는 형편없는 충고다.

당신이 어느 시골지역에 대해서 알아보고 싶다 치자. 그런데 만일 차에 올라탄 뒤 그 지역의 한쪽 끝에서 다른 쪽 끝까지 내리 차를 몰고간 뒤 다 되었다는 듯이 휙 돌아서서 떠나버린다면 어떨까? 그 지역을 알아내는 방법치고 이보다 더 허술한 방법을 떠올리긴 어려울 것이다. 하지만 이게 바로 숱한 교사들이 까다로운 주제를 다루는 방식이다. 사실 학생들은 갈피

―――――――――
*『이상한 나라의 엘리스』에 나오는 말하는 토끼

를 못 잡고 어리둥절해한다. 그들은 자신들이 어디로 가고 있는지, 무엇을 보리라고 기대해야 할지, 까다로운 고비는 어디일지, 어느 곳의 경관이 가장 아름다운지, 저편 끝에 다다르면 무엇을 만나게 될지 그저 감감할 따름이다. 그들이 알고 있는 거라곤 차가 매주 금요일에 정차해서 이틀 동안 쉰다는 사실뿐이다. 출발하기 전에 그들에게 그 지역에 대해 간략하게 들려주고 지도를 살펴볼 수 있게 해준다면, 그들이 여행기간 동안 한두 번 휴식을 취하고 다시 방향을 재조정할 수 있게 해준다면, 그리고 그들에게 가장 경관 좋은 지점의 사진을 보여주거나 여행의 막바지에 다다랐을 때 그 지도를 한 번 더 확인하게 해준다면, 그들은 그 지역을 훨씬 더 잘 배울 수 있다.

많은 교과서가 앞서 말한 왕의 잘못을 되풀이하고 있다. 교과서들은 독자들에게 무엇을 배우게 될지 명확하게 들려주지 않는다. 또한 교과서를 배우는 동안 만나게 될 부분들이 전체와 어떻게 연관되는지도 보여주지 않는다. 그리고 어떠한 합리적인 결론도 없이, 얼핏이나마 앞의 내용을 돌아보지도 않은 채 느닷없이, 아니 무례하다 싶게 끝나곤 한다. 내가 최초로 읽은 호메로스에 관한 책이 기억난다. 볼품없는 갈색 책이었다. 그것을 쓴 학자는 매 행마다 주석을 달았다. 주로 매혹적인 주제인 호메로스풍의 문법에 관한 것이었다. 하지만 정작 내가 알고 싶었던 다음과 같은 것들은 아예 건드리지도 않았다.

─호메로스는 어떤 사람인가?
─그는 언제 어디에서 살았는가?
─『일리아드』는 어떤 책인가?
─『일리아드』 책1권이란 대체 무슨 뜻인가?(나는 어떻게 한 권의 책 안에 여러

권의 책이 들어 있다는 것인지 이해하지 못했다. 파피루스 두루마리에 대해 알게 된 연후에야 비로소 그 의미를 깨달았다.)

—서사시의 일반적인 구도라는 게 있는가? 만일 그런 게 있다면 『일리아드』 책 1권은 거기에 어떻게 들어맞는가?

그 책의 저자는 이것들뿐 아니라 내 머릿속에 떠오른 오만가지 궁금증에 대해서도 속 시원한 답변을 들려주지 않았다. 그는 그저 1행에 대해 이야기하는 것에서 시작해 정확히 611행에 대해 이야기하는 것에서 멈추었고, 그리고는 홀연히 종적을 감추었다.

이것은 흔해빠진 일이었고, 지금도 사정은 크게 달라지지 않았다. 결국 훌륭한 선생이 되었으며, 문학을 더없이 사랑했던 윌리엄 라이언 펠프스 William Lyon Phelps가 쓴 나쁜 가르침의 예를 한 가지 더 들어보자.

그는 1883년에 예일 대학에 입학했을 때, '교수들에게는 저주가, 가르침의 기술에는 파멸의 그림자가' 드리워져 있음을 발견했다. 그는 1년 동안 일주일에 세 시간씩 진행되는 호메로스에 관한 강의를 들었다. 만일에 지금 당신이 그런 기회를 얻는다면 교수가 응당 그 빼어난 시를 속속들이 이해하도록 학생들을 이끌어주었으리라고 기대할 것이다. 성격 묘사, 줄거리 구조, 풍부한 언어, 대단히 음악적인 운율에 대해 설명하고, 호메로스가 살던 시대에 관해 들려주고, 다른 시대 사람들은 호메로스를 어떻게 해석했는지 토론하고, 그를 비극의 창시자, 그리스의 교육자이자 그리스가 배출한 인류의 스승으로 묘사하면서 말이다.

하지만 유감스럽게도 펠프스는 그런 것들을 눈곱만큼도 맛보지 못했다.

교수님은 단조롭기 짝이 없는 교수법을 일 년 내내 고집스럽게 고수했다. 결코 말하는 법이 없었으며, 오로지 학생을 호명해서 암송하거나 운율에 맞게 읽도록 시키고, "그만하면 됐어"라고 소리친 다음 점수를 기입할 따름이었다. 좀이 쑤시던 1년의 수업을 모두 마친 6월 어느 날 나는 그가 역시나 아무런 음조의 변화 없이 이렇게 선언하는 것을 듣고 경악하지 않을 수 없었다.

"호메로스의 서사시는 우리 인간의 손으로 쓰인 작품들 가운데 가장 위대한 걸작이다. 이것으로 수업을 모두 마친다."

우리는 멍하니 햇볕 속으로 걸어나왔다.[13]

그 교수가 1년 내내 그 공부를 한 이유에 대해 유일하게 들려준 말임이 분명하다. 하기야 위대한 문학을 배우는 데 무슨 구구한 이유가 필요한가, 하고 되묻는 사람도 있을 수 있겠다. 물론 어른들에게야 맞는 말이다. 하지만 학생들은 다르다. 그들은 배워야 할 이유를 모르고선 잘 배울 수가 없다. 심지어 문학을 꼭 배워야 하는지에 대해서조차 확신하지 못하고 있다. 또한 호메로스의 서사시를 직접 읽어보지 않고서는 그것이 위대한 문학인지 어떤지 알 길이 없다. 그들은 문학이 위대하다는 게 대체 어떤 의미인지를 그저 막연하고 직관적으로 이해하고 있을 뿐이다. 훌륭한 주제를 꼭 찬양할 필요는 없다. 하지만 그것에 대해 충분히 설명하고, 그 장점을 드러내고, 적절한 배경 설명을 곁들여주긴 해야 한다.

당신이 한 무리의 학생들에게 음악감상법을 가르쳐주고 싶다 치자. 그런데 그들에게 베토벤 교향곡의 악보를 몽땅 읽으라고, 그리고 1년 동안 일주일에 세 차례씩 그 가운데 두세 쪽을 조옮김 하라고 명령을 내리고, "그만하면 됐어"라고 냅다 소리를 지른다면 어떻게 되겠는가? 각 교향곡의 주제가 무엇인지, 교향곡에 대한 베토벤의 생각은 어떻게 발전했는지, 그의 관현악 편성법은 또 어떻게 달라졌는지, 그의 작품에 투영된 그의 삶과 그가 살던 시대는 어떠했는지, 그가 이전 시대 혹은 이후 시대의 음악가들과 어떻게 관련을 맺고 있는지, 각각의 교향곡과 그 교향곡에서 만나게 되는 개별 악장이 지닌 아름다움과 미덕 따위에 관한 탐구는 뒷전으로 밀어둔 채 말이다. 만일 당신이 그렇게 한다 해도 일부 학생들은 음악을 알게 될 것이다. 하지만 대부분의 학생들은 조옮김 하는 기능을 얼마간 익히고 베토벤의 작품을 단편적으로 기억할 뿐, 남은 생애 내내 음악이라면 치를 떨 것이다.

그렇다면 이처럼 긴 강좌는 과연 어떻게 계획하는 게 좋을까? 학급 규모에 따라 대처 양상이 크게 달라지긴 하겠지만, 주제가 호메로스나 밀턴이냐 베토벤이냐 단테냐는 강의계획에 큰 영향을 미치지 않는다. 가장 중요한 것은 단조로운 읽기와 운율분석은 줄이고 작품을 해석하는 강의와 토론의 양을 늘리는 것이다. 다음으로 중요한 것은 가르치는 방법을 다채롭게 변화시키는 것이다. 학생들이 지레 그 밥에 그 나물일 거라고 시큰둥하게 여기지 않도록 말이다. 세 번째로 중요한 것은 강좌의 주제를, 읽거나 번역하거나 분석해야 하는 외국어들의 조합이 아니라 다양한 부분으로 이루어진 지적이고 미적인 완결체로 바라보는 것이다.

강좌는 질문과 토론을 곁들인 두세 차례의 강의로 시작될 수 있다. 그 강의를 통해 교사는 학생들에게 1년 동안 강좌에서 다룰 작품을 개괄적으로 설명한다. 학생들에게 필요한 책이 무엇인지, 더불어 읽으면 좋을 참고문헌에는 어떤 것들이 있는지 알려주고, 공부법에 대해서도 조언해준다. 그런 다음 호메로스가 쓴 두 서사시를 소개한다. 그 작품들의 배경이 된 역사, 특징과 양식, 언어, 간략한 줄거리 따위를. 그런 다음 『오디세이』의 본문을 실제로 연구하기 시작한다. 왜 『오디세이』가 먼저인가 하면 『일리아드』로 시작하는 게 그동안의 관례이긴 하지만, 『오디세이』가 한결 쉽고 읽는 속도도 더 빠르기 때문이다. 교사는 『오디세이』의 줄거리와 등장인물에 대해 충분하게 요약하고, 전체를 쉽게 검토해볼 수 있는 부분들로 나눈 다음 학생들과 함께 그것을 통독해나간다. 때로는 그 자신이 직접 본문을 번역하거나 학생들에게 번역하도록 시키고, 때로는 학생들이 정확하게 이해하고 있는지 확인하기 위해 '간단한 테스트'를 치르고, 때로는 유명한 번역본에서 따온 구절을 읽어주며 번역의 정확성이나 아름다움에 대해 평가해보도록 요청한다. 시 전체를 다 다룰 시간이 없다면 단조롭거나 반복되는 구절은 그냥 넘어간다. 그렇더라도 생략한 부분을 요약해주고, 학생들에게 번역본으로라도 꼭 읽어보도록 당부한다. 『오디세이』의 막바지에 접어들면 시 전체를 다시 한 번 돌아보면서 정리하는 시간을 갖는다.

그런 다음 『오디세이』와 『일리아드』를 한꺼번에 묶어서 강의한다. 그러면서 두 작품이 진짜로 같은 사람이 쓴 것인지, 아니면 같은 시학파에 속한 사람들이 쓴 것인지 따져보고, 두 작품의 수많은 유사성과 상이성을 지적하고, 비평가들이 그 작품들에 대해 내놓은 훌륭한 평론을 일부 인용한다.(롱기누스는 『오디세이』에 대해 '저무는 해처럼 힘없이 장엄하다'고 평가했다.)[14] 이어 『일리아드』를 요약해주고 『오디세이』 때와 마찬가지로 그 작품의 번역을 계속한다. 역시 그 작품의 말미(특히나 장엄한 마지막 네 권은 지금껏 서구사회가 거둔 최고수준의 시적 성취로 꼽힌다)에 이르렀을 때는 그 서사시 전체를 돌아보고, 두 작품에 대해 질문하라고 요구한다.

강의를 마무리하면서는 그 작품들과 관련한 역사, 그 작품이 그리스와 로마에서 누리고 있는 다양한 명성에 대해 개괄적으로 설명해준다. 그러니까 그리스와 로마에서 두 작품은 그리스어 교재로 널리 쓰이고 있다고, 플라톤을 필두로 한 많은 철학자들은 두 작품을 부도덕하고 잘못된 것이라고 공격했다고, 두 작품은 문학비평의 기술을 낳는 데 기여했다고, 이곳에서 후대사람들은 두 작품을 싫어하기도 하고 찬미하기도 하지만 어쨌거나 언제든 각별한 관심을 보이며 풍자적으로 개작하거나 모방한다고 말이다.

그의 이야기는 이렇게 이어진다. 그리스 자체가 서유럽 역사에서 거의 잊혀진 중세에는 그 작품들 역시 깊은 망각 속에 잠들어 있었다. 하지만 르네상스 초기에 페트라르카와 보카치오 같은 이들에 의해 재발견되면서 르네상스 문학, 가령 『트로일러스와 크레시다』, 『실낙원』 같은 작품에 크게 영향을 미쳤다. 그 후 품위를 높이 샀던 17세기와 18세기에는 두 작품에 대한 오해가 만연했다. 18세기 말에 이르러서야 그 작품들은 새롭게 진가를 인정받았고, 셸리, 샤토브리앙, 괴테, 키츠에게 영향을 미쳤다. 그 뒤로도 그 작품들은 현대문학에 지속적으로 영향을 끼치고 있다…….

이러한 내용은 제대로 조직되기만 한다면 문학의 한 형태로서 서사시를 논의하는 과정으로 학생들을 이끌어준다. 교사는 호메로스에 대한 광범위한 지식을 학생들에게 들려주고, 학생들이 던지는 질문에 답한다. 그 외 질문되지 않은 많은 문제는 언젠가 학생들의 주의를 끌 수 있도록 마치 반쯤 열린 문처럼 학생들에게 열어놓는다. 그는 '이것으로 수업을 모두 마친다' 같은 무미건조한 선언보다는 좀더 감정을 실은 말로 강좌를 마무리한다.

이런 식의 가르침이 지니는 위험은 너무나 피상적이거나 산만하게 흐를 소지가 있다는 점이다. 하지만 그것은 교사라면 누구도 피하기 어려운 함정이다. 재미있게 수업을 하려면 수업을 피상적으로 전개하는 위험을 무릅써야 한다. 철저하게 파고드는 수업은 자칫 무료해지기 십상이다. 고강도의 지적 노력이 모두 그렇듯 철저한 가르침과 철저한 배움은 고달프다. 고달프다고 해서 반드시 무료한 것은 아니지만 말이다.

버틀러나 펠프스 같은 이들이 불평한 것은 수업이 고달팠기 때문이 아니다. 그건 바로 어떤 주제의 한 가지 측면만 죽어라 파고들면서 진절머리 나게 반복하는 데 따른 불만이었다. 기실 어떤 유의 토론이나 논평 없이 시종일관 자구번역과 운율분석에만 매달린 호메로스의 서사시 수업은 반드시 필요한 과정인 본문연구에 강의·요약·토론을 곁들인 수업보다 피상적이라는 점에서 더했으면 더했지 결코 덜하지 않다. 하지만 두 가지 수업에 내포된 위험을 충분히 인식하는 훌륭한 교사라면 둘 다를 피해갈 수 있다.

펠프스를 가르친 교수는 어째서 그토록 따분하게 수업을 진행했을까? 비단 수업이 피상적으로 흐르지 않도록 경계하고자 함이었을까? 무슨 다른 이유는 없었을까? 그가 그 주제를 싫어했다고 단정하긴 어렵다.(그랬을 가능성도 배제하긴 어렵지만.) 어쨌거나 그의 진짜 관심은 호메로스보다는 산스크리트어의 어원에 있었다고 보아야 한다.

자신의 일을 계획하지 않는 교사들은 대개 일종의 직업병을 앓고 있는 거라고 나는 생각한다. 성격상 서둘러 이익을 내거나 즉각적인 결과를 얻어내는 것과는 거리가 먼 직업이어서 그들은 치밀하지 못한 경향이 있다. 때로 그들은 자신의 일은 고사하고 자신의 삶마저도 제대로 계획하지 못한다. 대개의 다른 직업들은 개인적인 추진력과 동기, 투입과 산출의 균형 같은 것을 좀더 확연하게 요구한다. 의사는 의무기록을 꼼꼼하게 적어야 하며, 급성 외과환자를 받으면 여섯 시간에 한 번씩 그를 들여다보아야 한다. 그런가 하면 변호사는 소송일정에 매여 살며, 맡은 소송에 대비해 전략을 치밀하게 짜야 한다. 기업인은 매달 수지를 맞춰야 하고, 매년 연말 결산을 해야 한다. 그는 주주총회, 이사회에 참석해서 실적을 보고하고 미래에 대한 청사진을 제시해야 한다. 하지만 교사나 교수들 가운데에는 자신의 수업을 어느 방향으로 끌고 갈지 정하지도 노를 배에 단단히 붙들어

매지도 않은 채 그저 바람이 불면 부는 대로 물결이 치면 치는 대로 한 달 한 달, 한 해 한 해 부유하는 이들이 천지다.

아래는 월터 헤들럼Walter Headlam의 친구이자 동료인 E. F. 벤슨 Benson이 딱해하면서 헤들럼에 대해 묘사한 내용이다.[15] 헤들럼은 케임브리지 대학의 교수로, 그리스어와 라틴어에 조예가 깊은 학자였다. 실제로 그가 학생이나 독자에게 보여준 것보다 그의 학문은 훨씬 더 심오했다. 아래 표현된 그의 면면을 보면, 그런데 왜 그가 자신이 아는 것만큼 학생과 독자에게 전달해주지 못했는지 알 수 있다.

어느 날 아침이었다. 면도용 물이 따끈하지 않아서 그는 아침을 먹은 뒤 물을 끓이려고 알코올램프 위에 작은 주전자를 올려놓았다. 물이 끓기를 기다리는 동안 그는 안락의자에 앉아서 공부를 했다. 그러다 우연히 전날 밤에 적어둔 메모를 보게 되었다. 헤론다스를 읽다가 발견한 단어에 관한 메모다. 사전에는 안 나오지만 아리스토파네스에 관한 주석서에서 언젠가 본 적이 있는 단어였다. 그런데 그 주석서가 어디 있었더라? 그의 방은 책장으로 가득 차 있고, 그가 앉은 의자 주위로 책이 흩어져 있어서 바닥에 빈틈이 보이지 않을 정도다. 책상 위에도 책들이 수북하다. 찾으려는 책이 쌓인 책들 밑에 보이기에 그는 그 책을 쑥 잡아 뺐다. 그 바람에 위에 쌓여 있던 책들이 바닥으로 떨어졌다. 책상 가장자리에 파이프를 내려놓았다. 책장을 넘기던 그는 자신이 찾으려던 단어는 잊고, 어제 알고자 했던 다른 어떤 것을 발견했다. 그는 종이를 한 장 꺼내서 그것에 대해 메모한 뒤 파이프를 집어들었다. 파이프 불이 꺼져 있었다. 가까이 성냥이 없었다. 그래서 막 메모한 종이를 구겨 알코올램프에 집어넣어 파이프에 다시 불을 붙였다. 그런 다음 원래 찾으려던 구절을 발견했다. 대단히 흥미롭게도 그 단어는 점잖은 말이 아니라 BC 5세기에 고린도 지방에서 고급 매춘부들이 쓰던 속어였다. 그 여인들은 그들만의 은어를 사용했던 것 같다. 그는 거기에서 같은 유의 다른 단어들도 몇 가지 찾아냈다. 그는 그 일에 푹 빠졌고, 파이프에 다시 불을 붙인 것만 해도 벌써 여러 차례였다.

금속 타는 냄새가 나서 퍼뜩 정신이 들었다. 면도용 물이 끓다 못해 죄다 증발해 버린 것이다. 그래서 그는 알코올램프를 꺼버렸다. 좀 있다가 하인이 점심을 어떻게 하겠느냐고 물으러 왔다. 그는 빵하고 버터, 치즈, 그리고 맥주 한 잔이면 되겠다고 대답했다. 점심은 옆방에 준비되어 있었고, 그는 한두 시간 정도 더 자신이 하던 일에 깊이 몰두했다. 음식을 보고도 전혀 식욕이 동하지 않아서 맥주만 한 모금 마시고 그 컵을 들고 돌아와 책상에 놓인 책들 옆에 놔두었다. 맥주 컵 주위로 더 많은 책들이 쌓였다. 그는 아무 생각 없이 컵 위에 공책을 올려놓았다. 그리고 맥주에 대한 생각은 까맣게 잊어버렸다. 책장에서 좀더 많은 책들을 꺼냈다. 그러는 도중에 파이프를 밟아서 몸통이 깨져버렸다. 다른 일에 빠져 있었기 때문에 파이프가 깨지는 것쯤은 아랑곳하지 않았다. 하지만 그는 그 일로 신경이 흩어지는 바람에 자신이 지금 뭘 하고 있었는지 까먹어버렸다. 그는 이렇게 혼자 중얼거렸다.

'고린도 지방의 매춘굴에서 유행하던 속어에 관해 논문을 써봐야겠어.'

해가 짧아지기 시작한 가을 오후라 이내 어둠이 깔리기 시작했다. 당시만 해도 전구가 없을 때였다. 그래서 그는 초를 몇 개 가져와서 책상 가장자리에 세워놓았다. 그는 그제서야 허기를 느꼈고, 빵과 치즈를 우적우적 먹었다. 손목시계가 죽어 있어서 몇 시쯤 되었는지 궁금했다. 궁금하기는 맥주도 매한가지였다. 분명히 맥주를 좀 가져다달라고 부탁하긴 한 것 같은데, 대체 맥주가 어디로 갔단 말인가? 맥주는 빵이랑 치즈와 함께 분명히 탁자에 놓여 있어야 하지 않은가? 그는 맥주잔을 구석구석 찾아다녔다. 혹시 몰라서 침실에도 가보았다. 하지만 맥주잔은 그 어디에도 보이지 않았다.

경대에 놓인 면도날을 보고서야 그는 아직껏 면도를 하지 않았다는 것을 깨달았다. 여전히 따끈한 물은 없었지만, 찬물로 하면 또 어떤가. 날이 빠르게 어두워지고 있었지만 그는 아직도 초에 불을 붙일 성냥을 찾지 못했다. 그러나 그는 어두움 속에서도 능히 수염은 깎을 수 있다고 생각했다. 아리스토텔레스가 말한 대로, 습관적으로 되풀이하는 행동은 본능적인 과정이 되기 때문이다. 자신이 과연 어둠 속에서도 그 일을 잘 해낼 수 있을지 알아보는 것도 재미있을 것 같았다. 그는 무시할 수 있을 만한 상처를 몇 군데 냈을 뿐 그 일을 무사히 해냈다. 그러는 중에 자신의 호주머니에 성냥 한 통이 내내 들어 있었다는 사실을 발견했다. 그는 초에 불을 붙이고, 고린도의 여인들 문제로 돌아갔다.

하인이 와서 저녁을 식당에 나와서 먹겠는지 그냥 방에서 먹겠는지 물었다. 그는 방에서 몇 조각의 고기를 먹겠노라고 했다. 그건 그렇고 점심 때 주문한 맥주는 대체 어디로 갔단 말인가? 하인은 틀림없이 맥주를 가져다준 것 같은데, 아무런 흔적이 없는 걸로 보아 아마도 자신이 착각을 했나 보다 하면서 머리를 긁적였다. 그래서 고기와 함께 맥주를 다시 한 잔 가져왔다. 월터 헤들럼은 이튿날 새벽녘까지 고린도 여인들을 붙들고 씨름했다. 잃어버린 맥주잔은 다음날에서야 책들 틈에서 나왔다.(내가 세세하게 묘사한 내용은 결코 꾸며낸 게 아니며 모두 실제로 있었던 일이다.)

매혹적이다, 안 그런가? 헤들럼의 무아지경, 폭넓은 흥미, 지식 그 자체를 향한 열정, 끊임없는 지적 관심이야말로 그가 따뜻하고 너그러운 심성, 섬세하고 헌신적인 정신, 행복한 인성의 소유자임을 말해준다. 그의 칠칠치 못한 모습이 도리어 인간적으로 보이기까지 한다. 하지만 그가 자신의 흥미를 제대로 선택하고 조직하지 못하는 점, 나날의 삶은 관두고 그토록 빠져 있는 자신의 일조차 제대로 계획하지 못하는 점은 그의 의지력이 박약함을 보여주는 증거가 아닐 수 없다. 학자들에게 흔히 나타나는 특징이지만 교사라면 반드시 경계해야 할 심각한 결격사유다. 빼어난 학자들 상당수가 이런 경향에 빠져서 자기 전공에 관한 제대로 된 저서 한 권 출간해내지 못하는 사례도 비일비재하다.

 음악을 전공한 어떤 학자는 푸가(둔주곡)의 기원과 발전에 대해 해박하대서 수십 년 동안 널리 추앙받았다. 그렇다고 친구들이 그로 하여금 둔주곡에 관한 책을 집필하도록 만들 수 있을까? 천만에 말씀이다. 오직 그 자신만이 그 일을 해낼 수 있다. 그는 더러 푸가에 관한 강의를 하기도 한다. 그러면서도 그의 강의내용을 한 권의 저서로 엮는 일만큼은 극구 꺼린다. 자신이 책에 담아낸 내용을 뒤에 후회하게라도 되면 곤란하기 때문이다. 그는 바흐의 『푸가의 기법 Art of the Fugue』에 관해 훌륭한 세미나를 진행하고 있으며, 그 세미나는 해를 거듭할수록 한층 나아지고 있다. 대위선율에 관한 신간이 출간되면 그는 그 책들을 검토한다. 그는 지난 30년 동안 팔레스트리나*의 카논(전칙곡)이 초창기 푸가와 어떤 관련이 있는지 따지며 밀라노에 사는 라이벌과 신랄한 논쟁을 벌여왔다. 그의 친구들은 그도 좀 자극을 받아서 저서를 한 권 쓸 수 있도록 그의 라이벌이 푸가에 관한 책을 한 권 출간해주길 바라기도 했다. 하지만 실은 그도 그의 라이벌도 뭔가 족적을 남기기엔 이미 너무 늦은 때였다. 그들에게 부족한 것은 충분한 지식도 시간도 아니었다. 바로 책을 완성하기까지 몰입할 수 있는 의지력, 그리고 피하기 어려운 비판에 의연히 맞설 수 있는 용기였다.

 맡은 강좌를 준비하고 일단 정한 계획을 착실하게 밀고나가려면 의지력이 필요하다. 더불어 학생들과 공감할 수 있는 능력도 요청된다. 교사는 계획을 짤 때 스스로에게 이렇게 묻지 않을 수 없다. '이것이 학생들에게 유익할까?', '실제로 증명해보이지 않아도 그들에게 명료하게 다가갈까?',

---

*16세기에 활약한 이탈리아의 교회음악 작곡가

'그들은 이것을 터득할 수 있을 것인가?' 그런 다음 거기에 맞춰 자신의 강좌를 준비한다.

교사에게는 미적 감각도 요청된다. 가르침을 가장 잘 계획하는 교사는 대체로 예민한 미적 감수성을 지니고 있다. 그들은 하나의 문장을 말하더라도 아름답게 표현하려고 애쓴다. 학생들 앞에서 머뭇거리거나 버벅이는 일도 없고, 말이 앞뒤가 맞지 않는 경우도 없으며, 뭘 말하려던 것이었는지 까먹는 일도 없다. 그들이 구사하는 문장들은 자연스럽게 구문으로, 구문들은 다시 이야기로 이어진다. 백과사전에 서술된 내용처럼 정확하게, 대화를 나누는 것처럼 자연스럽게, 출간된 논문처럼 논리정연하게 말이다. 그들의 강좌는 막 그 학문에 첫발을 내디딘 학생들에게도 상당한 수준에 이른 해박한 학생들에게도 이롭다.

이것이 강좌를 가장 훌륭하게 조직하는 길이다. 교실에 들어와서 아무런 사전적인 소개도 없이 다짜고짜 수업을 진행하는 교사, 학생들에게 자신이 다룰 주제를 하나의 전체로, 즉 저마다 다른 접근법이 필요한 부분들로 이뤄진 하나의 전체로 제시하지 않은 채 그 주제에 접어드는 교사. 그런 교사는 마치 뉴스거리가 도착한 순서대로 지면을 배치하고, 곡물가격에 대한 기사, 만화 한 컷, 사설, 화재 소식, 주식시장의 종장시세, 미용정보, 해외단신 따위를 기계적으로 늘어놓는 신문편집자나 다를 바 없다. 그런 신문편집자들도 독자를 이끌어가는 논조에는 약간씩 차이를 두게 마련이다. 하지만 중요할 것도 없는 긴 간이역 목록을 하염없이 읽어내려가는 철도안내원처럼 늘 거기서 거기인 단조롭고 따분한 어조로 진도를 나가는 교사들도 적지 않다.

복잡한 교과를, 본질적인 구조를 분명하게 드러내주는 다채로운 방법으로 조직하지 않은 채 그저 낱낱의 사실로 쪼개 가르치거나, 본디 예술의 가장 중요한 속성이랄 수 있는 질서와 조화를 보여주지 못한 채 미학적인 교과를 토론하면 어떻게 될까? 교과를 훨씬 더 훌륭하고 중요한 어떤 것, 즉 온전한 총체로 가르치지 못하는 교사는 학생들이 그 교과의 진정한 아름다움을 보지 못하게 막고, 결국 그 교과를 시큰둥하게 여기도록 만든다.

새로운 문헌의 탐구

강좌를 계획하고 강의록을 마련하는 것 같은 초기 준비과정을 마친 다음에는 무슨 일을 해야 할까? 한 해가 끝나면 강의록을 단정하게 갈무리해 뒀다가 이듬해에 다시 꺼내 수업 전날 한번 쭉 훑어보고 아주 조금만 손봐서 새로 맞는 학생들에게 써먹기를 해마다 거듭해도 괜찮을까? 안 될 말이다. 결단코 그래선 안 된다. 더러 그러는 교사들도 없지는 않을 것이다. 하지만 그것은 훌륭한 교사가 걸어갈 길은 아니다.

교직에 종사하지 않는 사람 아무나 붙들고 교사들의 가장 큰 약점이 뭐라고 생각하는지 한번 물어보라. 아마도 두 가지를 꼽을 것이다. 첫째는 너무 이론적이라는 지적이다. 두 번째는 똑같은 내용을 해마다 우려먹는다는 지적이다. 두 번째 결점이 첫 번째보다 훨씬 더 나쁜 것으로, 훌륭한 교사라면 어떻게든 피하려고 애쓰는 점이다.

사람들은 다른 직업에 내재된 단조로움은 심각하게 여기지 않지만 가르침에서만큼은 단조로움을 문제 삼는다. 그럴 수밖에 없는 것이 세상은 변하고 변화하는 세상에 맞추어 학자정신도 덩달아 변해야 하기 때문이다. 너무나 정태적이라 해를 거듭해도 거의 변하지 않는 교과를 찾아보긴 어렵다. 역사·법학·언어·문학·응용과학·지리학·음악·미술·철학 같은 거의 모든 교과에서는 새로운 쟁점과 새로운 견해가 끊임없이 쏟아지고 있다. 훌륭한 교사라면 응당 자신이 담당하는 교과에 영향을 미치는 중요한 발견이나 논쟁을 빠짐없이 고려해야 한다. 훌륭한 교사는 이미 결론 났거나 더 이상 흥미로울 게 없다 싶었던 주제를 다룬 어떤 에세이가 기왕의 생각을 통째로 뒤흔들면서 완전히 새로운 시각을 제시해준다는 사실을 깨닫곤 한다. 전혀 풀 수 없다고 제쳐둔 문제에 실마리를 제공하고, 자신으로서는 도저히 떠올리지 못했던 아이디어의 단초를 마련해주면서 말이다. 아마도 수학이나 순수과학 정도만이 기초에 충실할 수 있는 교과일 것이다. 이들 교과의 하부토대 몇 겹만이 해마다 변하지 않은 채 확고하게 서 있다. 하지만 그 밖의 교과는 세월과 더불어 끊임없이 변화·발전하고 있다. 이것은 그 교과가 살아 있는 유기체임을 말해준다. 셰익스피어가 마지막 10년 동안 쓴 문학작품을 읽지 않고 셰익스피어를 논하는 것은 마치 의사가 1850년대 기술과 장비를 가지고 수술하는 것처럼 무분별한 짓이다.

그렇다면 새로운 중요한 문헌을 어떻게 소화하면 좋을까?

그것은 전적으로 교사 자신이 결정할 문제이다. 어쨌거나 새로운 중요한 문헌을 어떻게든 소화할 수 있고, 소화해야 한다는 사실만큼은 꼭 받아들여야 한다. 그러면 교사는 그렇게 하는 데 필요한 시간과 노력을 투자할 것이다. 어떤 교사는 해마다 여름 한 달을 따로 떼어놨다가 그해에 출간된 책을 읽고 발췌하는 데 쓴다. 또 어떤 교사는 토요일마다 가까운 도서관에 가서 지난주에 나온 정기간행물을 뒤적인다. 이러한 조치들은 교사의 여가를 진정으로 의미 있게 만들어준다. 책을 읽을 때는 충분한 여유시간, 그리고 메모할 수 있는 널찍한 공간, 그리고 편안함이 갖춰져 있어야 한다.

단행본이나 정기간행물은 그저 눈으로 대충 훑어보아서는 안 되기에 구입하거나 구독할 필요가 있다. 대개는 그럴 만한 가치가 있다. 르네상스 시대의 한 위대한 사상가는 이렇게 말했다.

> 어떤 책은 맛만 보면 되고 어떤 책은 그냥 통째로 집어삼켜도 된다. 하지만 드물게 꼭꼭 씹어서 소화시켜야 하는 책도 있다. 말하자면, 어떤 책은 그저 필요한 부분만 골라 읽으면 되고, 어떤 책은 다 읽되 주의 깊게 읽지 않아도 된다. 하지만 극소수이긴 하나 전체를 꼼꼼하게 집중해서 읽어야 하는 책도 있다.[16]

새로운 책이나 논문이나 기사는 머릿속에서 충분히 소화시킬 수 있다 하더라도 나중에 참고하기 위해 메모하면서 보는 게 좋다. 가치 있어 보이는 내용에 관한 메모는 교사가 작성한 강의록에 활용될 수도 있고, 그가 이끌어가는 토론의 개요가 될 수도 있다. 교사들은 가르침에 도움이 될 만한 내용 혹은 교과와 관련한 새로운 정보나 관점을 눈에 띄는 대로 메모해야 한다. 교과에서 그 부분을 다루게 되거나 관련수업을 준비할 때면 그는 새로운 자료를 확보해 연구하는 데 별도의 시간을 쓸 것이다. 구체적인 주제에 따른 접근법이 전반적으로 변화하기 때문이다. 가끔은 혜안이 담긴 새 책에 대해 언급하거나, 한 학생에게 그 책을 읽어보고 발표하도록 시키는 것으로도 충분하다. 그게 아니라면 그 정보를 유보해뒀다가 확실한 논쟁거리로 부각시키거나 평상시 하는 토론에 변화를 주는 거리로 활용할 수도 있다.

어떻게 하든 간에 효과는 마찬가지다. 그는 시대에 뒤떨어진 내용을 해마다 똑같이 가르치지 않고, 지식을 쉼 없이 늘여가고, 자신의 가르침을 살아 있고 역동적인 것으로 만들고, 권위와 나이라는 병에 걸려 정체의 늪에서 허우적거리지 않도록 경계할 것이다.

다른 뾰족한 수는 없다. 삶은 끊임없이 변화하는 과정이다. 누구도 어떤 교과를 2년 연달아 똑같은 방식으로 가르칠 수는 없다. 설령 그가 똑같은 교재를 사용하고 똑같은 사실과 결론을 가르친다 해도 말이다. 선택할 수 있는 길은 오직 두 가지뿐이다. 당신의 가르침을 화석이 되도록 방치하거나 아니면 독서를 통해 얻은 흥미와 새로운 활력을 도입함으로써 끊임없이 새롭게 하거나. 둘 가운데 어떤 길을 걸어야 할지는 너무나 분명하다. 나이를 먹어간다는 것이 주는 한 가지 위안은 몸은 점점 쇠약해지지만 정신만은 더욱 강인하고 풍요로워진다는 점이다.

원전 새롭게 읽기

준비와 관련해서 마지막으로 당부할 사항은 늘 원전을 읽으라는 것이다. 이것은 말년의 레어스가 100년 전에 설파한 학자를 위한 계명 가운데 하나이다.[17] 오늘날 그 계명들 가운데 일부는 폐기되었다. 산스크리트어를 향한 문헌학자들의 열정처럼 당대의 유행을 언급하고 있는 것들이다. 그 외 몇 가지 계명은 오로지 대학교수에게나 해당되는 것이다. 다만 그 가운데 두어 개는 빼어나다. 원전을 읽으라는 것이 그중 하나다. '언제나 원전을 읽으라. 모든 것이 그로부터 자연적으로 흘러나오리라.'

너무나 당연해서 굳이 교사나 학자들에게 강조할 필요도 없는 말처럼 들린다. 그것을 새삼스럽게 들먹인다는 게 도리어 모욕적으로 여겨질 지경이다. 하지만 그 점을 다시 강조하는 것은 여전히 의미가 있다. 막 교직에 입문한 풋내기 교사들은 그것이 그렇게 당연한 소리인지 모를 수도 있다. 그래서 나는 왜 원전을 읽으라는 것인지, 그 점을 좀더 자세하게 설명하고자 한다.

모든 교사들은 교과와 관련한 교재와 참고서를 잘 알아야만 한다. 또한 새로운 문헌이 쏟아지는 족족 부지런히 따라잡아야 한다. 하지만 사고의 중심은 언제나 원전에 놓아야 한다. 만일에 그가 역사를 가르친다면 가령 로빈슨이 저술한 교과서 혹은 심슨이 저술한 교과서에 나오는 베르사유 조약에 대한 설명을 아는 것으로는 충분치 않다. 그는 베르사유 조약 자체에 대해서도 알아야 한다. 만일에 영문학을 가르친다면 셰익스피어의 비극에 대한 통찰력을 얻기 위해서 오로지 브래들리Bradley나 윌슨 나이트Wilson Knight에만 의존해서는 곤란하다. 매달 하나씩 셰익스피어의 비극을 직접 읽고 그 작품에 대해 생각해보아야 한다. 그러면 브래들리나 윌슨 나이트가 말해줄 수 있는 것보다 더 많은 것을 발견하게 된다. 그렇지 않다 해도 교사가 스스로 발견한 것은 2차적으로 학습한 것보다 가르침을 훨씬 더 실감나게 만들어준다.

이 점은 초·중등학교 교사에게도 그렇지만, 대학교수에게는 훨씬 더 중요하다. 내 친구는 최근에 어려운 주제에 관한 묵직한 책을 한 권 집필했다. 몇 년 동안 그를 괴롭혀온 주제였다. 그는 그 주제에 관해 엄청나게 쏟아지는 문헌을 읽느라 몇 해 동안 여름방학을 온통 투자했다. 겨울에는 그것을 다룬 주요 저서를 분석하고 수집하고 해부하고 논박하는 데 시간을 썼다. 하지만 막상 집필에 착수했을 때 학자로서 뭔가 벽에 부딪친 듯한 느낌을 받았다. 2차 자료를 너무 많이 읽어서 거기에 뭔가 새로운 내용을 추가할 수 있을 것 같지 않았다. 3개월가량 꼼짝할 수 없는 무력감에 빠져 있었다. 자신이 적어둔 메모를 다시 꺼내 읽었다. 소용없었다. 선배들이 쓴 책을 다시 뒤적거렸다. 역시 도움이 되지 않았다. 그는 절박한 심정으로 마치 처음 보기라도 하듯 원전을 찾아 읽기 시작했다. 그러자 전에는 어렴풋하게 이해한 것들이 한 줄 한 줄 너무도 선명한 의미로 다가왔다.

한 달 뒤에는 책 뒤표지가 떨어져 나갔다. 중간까지 간 그는 다시 한 번 처음과 같은 벽에 부딪치는 느낌을 받았다. 하지만 선배들과 경쟁자들에게서 벗어나 다시 원전으로 돌아오자 그런 느낌은 이내 달아났다. 오직 그럴 때에만 그는 자기 일이 진정 무엇을 위한 것인지 분명하게 볼 수 있었다.

이 조언은 교사라면 누구라도 교과와 관련해 새롭게 쏟아지는 문헌을 샅샅이 살펴보고 연구해야 한다는 바로 앞의 제안과 얼핏 모순되는 것처럼 보인다. 하지만 실제로 그 둘은 한꺼번에 지향해야 하는 측면이다. 만일에 당신이 에스파냐어를 가르친다고 하자. 세르반테스에 관한 중요한 신간이 출간되었다. 에스파냐어를 배우는 목적 가운데 큰 부분을 차지하는 게 바로 세르반테스를 읽으려는 것이다. 그래서 당신은 그 책을 구입하고 읽어나갔다. 책에서 마음에 와닿는 생각이나 사실을 만나는 대로 메모했다. 하지만 그런 다음에는 다시 『돈키호테』를 새롭게 읽어야 한다. 당신은 세르반테스에 관한 그 책을 읽기 전의 당신과 달라져 있기 때문에 다시 『돈키호테』를 읽으면 새로운 것을 발견할 수 있다. 당신의 정신은 한층 풍요로워지고 가르침은 새로운 활기를 얻는다. 만일 당신이 그런 노력을 멈추지 않는다면 자기 분야에서 계속 성장할 것이다. 흥미를 끄는 몇몇 저자에 관한 새로운 논문을 읽고, 새삼스러운 눈길로 그들의 저작을 읽고, 그 저작에 대한 견해를 재정립하노라면(새로운 문헌을 살펴보고 이미 낯익은 명작을 새롭게 읽는 일을 동시에 병행하노라면) 당신의 정신은 생생하게 살아 있고 고도로 충만해진다. 그러면 힘들이지 않고 가르칠 수 있는 경지에 이른다. 당신은 도리어 가르치는 일을 통해 마음의 안식을 얻으며 스스로와 학생들에게 진정한 즐거움을 안겨준다.

물론 많은 교사들은 이미 이 두 가지를 잘 병행하고 있다. 그 점이 바로 그들의 성공비결이기도 하다. 하지만 모든 교사들이 다 그런 것은 아니다.

(그다지 심각하게 생각해보지도 않고) 인간의 정신은 신체와 더불어 서서히 성장을 멈춘다고 여기는 탓이다. 그들은 대체로 10대 말이나 20대 초에 성인으로 살아갈 준비를 마친다. 그 기간 동안 그들의 신체는 최고조로 성장한 후 어느 순간부터 성장을 그친다. 그들은 두뇌 역시 그 같은 경로를 밟는다고 생각한다. 스물다섯 살을 전후할 때까지 급속도로 성장하고 그때부터 사망에 이르기까지는 잘해봐야 제자리걸음이라고 말이다. 이러한 가정은 무의식적이긴 하나 뇌의 이미지를 마치 어떤 물건을 담는 막힌 상자쯤으로 그리는 데에서 비롯된다. 하지만 그런 그림은 옳지 않다. 막힌 상자 가정은 잘못일 뿐 아니라 위험하기까지 하다.

우리가 아는 한 성인학습은 뇌의 크기가 커지기보다는 뇌 안에 저장되는 정보의 밀도가 더욱 촘촘해지고 그들의 관련성이 한층 명료하고 복잡해지는 과정이다. 뇌를 대단히 정교한 기계에 비유하는 것도 생각해볼 수 있다. 극도로 정교한 기계는 그것을 조작하는 기사가 그 기계에 대해 속속들이 알고 있을 때 더 원활하게 작동한다. 정신력을 책 읽는 데 사용하면 피로하거나 무리될 게 없다. 뇌는 온전히 그 본연의 목적에 쓰이고 있는 것이다. 만일 무리가 되어 뇌가 터져버릴까 봐 신문이나 잡지, 가십 따위로만 뇌를 채운다면 그것은 마치 눈이 피로해질까 봐 온종일 눈을 감고 있는 거나 마찬가지이다.

2단계: 지식의 전수

교사가 자신의 교과를 준비한 다음에는 그 교과에 관한 지식을 학생들에게 전달해주어야 한다. 그 일을 잘해내지 못하면 그는 실패한 교사이다. 그렇더라도 여전히 몇몇 학생에게는 영감을 불어넣어줄 수 있다. 학문에 대해 사심 없는 열정을 품고 있으며 그의 됨됨이가 마음을 끄는 구석이 있기 때문이다. 그래도 가장 결정적인 부분에서의 실패가 메워지는 것은 아니다.

하지만 비록 출중한 학자는 아니더라도 학생에게 지식을 전달하는 능력이 있다면 훌륭한 교사가 될 수 있다. 한 사람이 다른 사람에게 자신의 생각을 전달하는 능력, 즉 의사소통 능력이야말로 인간의 중요한 활동 가운데 하나이다. 이것은 일종의 기술이다. 어떤 이들은 이 점에서 의미심장한 성공을 거두기도 하고 어떤 이들은 놀라운 패배를 경험하기도 한다. 또한 이것은 예술이기도 하다. 만일 의사소통 과정이 없다면 천재도 별 볼일 없어질 테고, 권력은 방향과 목표를 잃은 잔혹함으로 전락할 것이며, 인류는 하찮은 일로 서로 아등바등하는 종족들의 집결체가 되고 말 것이다. 의사소통은 문명의 가장 핵심적인 기능이다. 가르침은 그 문명을 이루는 수많은 분야들 가운데 하나다.

   교사가 학생들에게 지식을 전수하는 방법에는 크게 세 가지가 있다. 그들 각각에 대해 자세히 논의하겠지만 우선 그 세 가지를 개괄적으로 살펴보기로 하자.

   지식을 전수하는 첫 번째 방법은 강의lecturing이다. 강의를 할 때 교사는 학생들에게 쉬지 않고 말을 한다. 학생들은 주로 듣고, 기억해야 할 가치가 있다 싶은 생각이나 사실을 메모하고, 나중에 거기에 대해 생각한다. 하지만 강의에서는 학생들이 교사와 대화를 나누지 않는다. 몇 가지 질문을 던질 수는 있지만, 그 질문이란 들은 내용을 분명하게 확인하려는 것일 뿐 토론을 위한 게 아니다. 이런 가르침의 본질이자 목적은 교사가 학생에게 정보를 착실하게 제공해주는 것이다.

   대학 강의는 대체로 이런 식으로 이루진다. 고등학교 수업도 대개 이런 식이다. 어떤 수술기법을 실제로 실연해보이는 외과의사, 설명에 도움이 되는 방정식과 연구모델을 동원해 은하구조에 관한 이론을 펼치는 천체물리학자, 최근에 법정이 내린 판결에 대해 설명하는 법학자, 암석의 종류를 구분하는 지질학자……. 그들이 하고 있는 것이 바로 강의이다. 거의 모든 라디오나 텔레비전 해설가들도 강의기법을 이용한다. 좀더 높은 차원에서 보자면 이것은 종교인들의 설교나 마찬가지이다. 서방세계에서 가장 잘 알려진 설교인 산상수훈은 예수가 조용히 귀 기울이고 있는 제자들과 주위에 모여든 군중들에게 한 것이다.

   두 번째 방법은 소크라테스가 창안한 개인교습tutorial system이다. 여기에서는 교사가 말을 하지 않는다. 그는 여러 가지 질문을 던지고 학생이 말을 한다. 하지만 질문은 학생 자신이 얼마나 무지한지 깨닫고, 좀더 심오한 진리에 도달하도록 이끌고자 치밀하게 고안된 것이다. 학생은 훨씬 더 확고하게 진리를 깨달을 수 있다. 진리가 무슨 기성품처럼 주어지는 게 아니라 스승과 그 자신의 줄탁동시를 통해 그의 마음속에서 도출되는 까닭이다. 토론을 하려면 얼마간의 기초가 있어야 한다. 그래서 학생들은 미리 공부를 하고, 교사는 그것을 검토·비판하고, 건설적인 질문을 통해 그 내용을 좀더 심화시킨다.

세 번째 방법은 수업recitation이다. 여기에서는 학생들이 미리 규정된 교육내용을 배운다. 교사는 학생들에게 그것을 좀더 소상하고 분명하게 설명해준다. 그리고 학생들이 틀림없이 그것을 소화했는지 확인한다. 학생들은 대개 소화시키지 못하게 마련이다. 이는 언어·문학·역사·지리학·식물학 같은 학문을 가르치는 데에서 표준적인 방법이다. 앞에서 예로 든, 단조롭기 짝이 없는 방식으로 윌리엄 라이언 펠프스에게 호메로스를 가르친 선생은 이 방법을 '잘못' 활용한 경우이다. 유대인 학교 저학년에서도 이 방법을 쓴다. 학생들은 성전의 본문을 달달 왼 뒤 한 자도 빼먹지 않고 모두 암송함으로써 그것을 모두 익혔음을 증명한다. 유대인 학교 고학년에서는 교사가 학생들에게 끊임없이 그 말의 의미를 여러 갈래로 해석해보라고 요구한다. 이 방법은 성문화된 텍스트가 (달달 외워야 할 정도로) 받아들일 만한 가치가 있다고 여기고, 거기에 담긴 뜻을 파헤치며, 학생들이 과연 그것을 이해했는지 확인하는 데에까지 나아간다는 점에서 다른 방법들과 구분된다.

당신은 당연히 이 가운데 어느 게 가장 좋은 방법이냐고 묻고 싶을 것이다. 그러나 가장 좋은 방법이 따로 있는 건 아니다. 세 가지 방법은 저마다 목적이 다르며 똑같이 좋은 방법이다. 훌륭한 교사는 이 모든 방법을 학생들에게 고루 선보인다. 이들은 각각 나름의 난점과 결점을 가지고 있다. 또한 고유한 이점도 있다. 그러므로 오직 하나의 방식만 고집하는 교사는 학생들에게 오직 하나의 기술만 키워주는 위험을 안고 있다. 교육자로서 자신이 가진 능력의 오직 일부만 전수해주고 있는 것이다. 단 하나의 학습방법밖에 모르는 학생은 머릿속에 아직 사용하지 않고 남아 있는 가능성이 얼마나 많은지 헤아리기 어렵다. 이 방법들은 각각 어떤 목적에는 유용하고 어떤 목적에는 해롭다. 어쨌거나 하나같이 가치 있다.

자, 이제 세 가지 방법을 교사의 관점에서 자세히 들여다보자.

강의

첫 번째는 강의이다. 훌륭한 웅변가에게 대중을 상대로 연설할 때 가장 중요한 점을 세 가지만 꼽아달라고 하면 그는 아마 이렇게 답할 것이다. '첫째도 전달, 둘째도 전달, 셋째도 전달'이라고. 대중연설에서는 이것이 틀림없는 사실이다. 그러나 강의에서는 전달이 그 정도로까지 강조될 필요는 없다. 하지만 강의에서도 가장 중요한 점을 대라면 여전히 전달이 꼽힌다.

전달

전달은 목소리와 몸짓에 달려 있다. 물론 목소리가 몸짓보다 훨씬 더 중요하다. 목소리는 당연히 또렷해야 한다. 알아들을 수 없게 말하는 교사는 사실 많지 않다. 하지만 따라잡기 힘들 정도로 지나치게 빨리 말을 쏟아내는 교사들은 흔히 볼 수 있다. 다른 소음들 속에서 교사의 말을 알아들으려 애쓰다 지쳐버린 학생들은 그들 역시 나름의 소음을 보탬으로써 교사의 말을 더 알아듣기 어렵게 훼방 놓는 식으로 보복한다. 만일에 당신이 사투리를 쓰거나 어떤 특정 발음을 하는 데 문제가 있거나 야릇한 말버릇이 있다면, 학생들 눈을 유심히 들여다보라. 그러면 그들이 당신 말을 이해하려고는 않고, 엉뚱하게 당신이 말할 때마다 드러나곤 하는 특징이나 버릇에 주목하면서 그것을 들춰내는 재미에 빠져 있음을 바로 알아차릴 수 있다.

당신이 다소 긴장하고 있거나 학생들 수가 많은 경우에는, 주저하지 말고 잘 들리지 않으면 말해달라는 식으로 그들의 협조를 구하라. 그러면 그들은 당신의 강의가 성공하도록 거드는 데 관심을 기울이고, 학생과 교사의 틈을 메우는 데 도움을 줄 것이다. 스코틀랜드의 대학에서는 강사와 청중들의 양방향 의사소통이 활발하다. 학생들은 마음에 드는 구절이나 생각을 만나면 발을 쾅쾅거리면서 박수를 친다. 얌전하게 표현하는 학생은 찾아볼 수 없다. 혹 중요한 대목을 놓친 학생들은 발을 질질 끌면서 그것을 다시 되풀이해달라고 표현한다. 이상하게 들릴 수도 있지만, 이것은 강연자들에게 큰 도움이 된다. 그리고 그들로 하여금 받는 돈에 값할 만큼 가치 있는 존재가 되려고 끊임없이 노력하게 만든다.

교사라면 누구나 나이 들어가면서 목소리도 점점 힘을 잃는다는 사실을 기억해야 한다. 그러지 않으면 자기도 모르게 학생들 앞에서 점점 더 기력 없는 모습을 보이게 된다. 수가 많든 적든 누군가를 앞에 두고 이야기하려면 육체적인 노력이 필요하다. 수줍음을 타지도 공연히 거드름을 피우지도 않는 젊은 교사는 대체로 그러한 노력을 마다하지 않는다. 하지만 교사들은 점차 교과에 익숙해지고 평범한 학생들의 무지와 게으름을 깨달아가면서 서서히 달라진다. 어떤 상황에서도 귀 기울여 듣는 똑똑한 학생들만 챙기면서 힘을 아끼는 것이다. 어느 훌륭한 교사는 "귀 있는 자는 들을 지어다"라고 말했지만,[18] 그건 어디까지나 성인학생에게나 해당되는 말이다. 귀가 없는 학생이야 없겠지만, 우리는 그들이 잘 알아들을 수 있게 말해야 한다.

노련한 교사들 가운데는 마치 배우처럼 절제된 연기의 가치를 아는 이들도 있다. 당신을 향해 시종 고함치듯 말하는 사람의 이야기를 들어내는 것은 정말이지 피곤한 일이다. 그렇게 되면 그의 말에 주의하기가 어려워진다. 알프레드 런트나 제임스 메이슨 같은 명배우는 더러 대사를 저음으로 내뱉곤 한다. 중요한 대목을 대수롭지 않은 듯 낮은 어조로 읊조리면 도리어 그 대목을 강조하는 효과가 난다. 까다롭고 논쟁적인 주제를 다루는 교사들은 그들 자신뿐 아니라 학생들도 차분하고 냉정하게 문제를 분석하는 게 중요하다는 것을 알고 있고, 일부러 조근조근한 말투를 쓴다. 그렇다고 들리지도 않을 정도면 곤란하겠지만, 그런 의도적인 말투는 매우 유용하다. 특히 철학자들은 조용조용 말하는 경향이 있다. 지극히 중요하고 존엄한 주제를 생각하는 데 평생을 바쳐온 그들은 들뜬 상태로 주제를 논하면 도움이 되지 않는다는 사실을 잘 알고 있다.

철학자들도 도무지 풀리지 않는 문제와 씨름하면서 평생을 지내노라면 때로 맥이 풀리기도 한다. 나는 그런 시들해진 철학자와 이야기를 나눠본 적이 있었다. 그는 자신의 일이 너무 지겹고 환멸스러운 나머지 마치 우리가 탈옥을 모의하는 죄수들이라도 되는 양 해야 할 말을 절반은 낮은 음조로 후다닥 해치우고, 나머지 절반은 담뱃진에 절은 커다란 파이프의 젖은 주둥이 속으로 어물어물 내뱉었다.

이런 버릇은 미국인 교사들보다는 영국인 교사들에게서 더 흔히 발견된다. 프랑스나 독일의 교사 가운데에는 거의 찾아볼 수 없다. 그들은 대체로 거의 웅변조에 가까울 정도로 말을 또박또박 한다. 내가 어렸을 적에 즐겨 읽었던 공상소설에서 코난 도일(아일랜드인)은 어떤 중요한 회의를 주재한 좌장을 이렇게 묘사했다.

> 머리 교수는 영국인들이 흔히 그렇듯 그가 말을 잘 알아듣지 못하게 한다는 나의 지적을 수긍할 것이다. 들어줄 가치가 있는 내용을 알고 있는 이들이 그것을 알아듣게 말하는 기술을 익히는 데에는 왜 그토록 소홀한가. 이것은 참으로 풀기 어려운 수수께끼이다. 어떤 중요한 것을 전달하려는 사람은 마땅히 어떤 전달방법이 합리적일지에 대해서도 깊이 고민해야 한다. 머리 교수는 자신이 매고 있는 흰 넥타이와 탁자에 놓인 물병에게 심오한 말을 몇 마디 건넸고, 청중들로서는 도무지 알아들을 길 없는 모기만한 목소리로 오른쪽에 놓인 은촛대에게 재기발랄한 유머를 들려주었다.[19]

꾸며낸 인물이긴 하나 머리 교수는 교사의 평판을 떨어뜨리는 데 일조하는 전형적인 유형을 대표한다. 알아들을 수 없게 말하는 교사는 정견 없는 정치인이나 연장이 박살난 일꾼만큼 쓸모가 없다.

학생들에게 이야기할 때 문제가 되는 것은 목소리의 크기만이 아니다. 교사는 말하는 속도에도 주의를 기울여야 한다. 너무 빨리 말하면 학생들은 당신의 주장을 따라올 수 없다. 또 너무 느리게 말하면 그들은 꾸벅꾸벅 졸기 시작한다. 내가 관찰한 바에 따르면, 교사들은 대체로 느리게 말한다. 그러면 힘이 덜 들기 때문이다. 정치인들의 연설방식에 영향을 받아서일 수도 있다. 정치인들은 한편으로 군중들이 잘 들을 수 있도록 하려고, 또 한편으로 너무 영악해 보이지 않도록 하려고 일부러 말을 천천히 하는 경향이 있다.

내가 이때까지 살아오면서 만난 최악의 연설가는 고故 스탠리 볼드윈 Stanley Baldwin이었다. 그는 느리고 무게 잡고 잘난 체하는 말투로 연설했다. 문장마다 논리적으로 쉬어주어야 할 대목에서만이 아니라 서너 단어마다 한 번씩 연설을 멈추었다. 가령 이런 식이었다.

>존경하는 의장님. 신사. 그리고 숙녀 여러분. 오늘밤. 제가 여기 이 자리에. 섰습니다. 유권자를 대변하는. 내 친구의. 요청으로요. 내 친구. 블룹 대령. 그를 만나서. 기쁘군요. 우리들과 함께. 이 자리에서요.

이 연설이 진행되는 30분 동안 모든 사람들이 잠들었다. 그가 정치적으로 활약하던 몇 년 동안은 온 나라가 잠들었다.

그렇다. 엉뚱한 곳에서 자꾸만 멈추는 것은 그가 형편없는 연설가임을 여지없이 드러내준다. 거듭해서 연설이 끊기는 것은 더러 그 자신이 말하려는 문장을 채 만들어내지 못했음을 의미하기도 한다. 때로 그가 청중을 주의가 산만한 반편이 취급하고 있음을 뜻하기도 한다. 정신적인. 소화불량을. 피하려거든. 한 번에. 서너 개의 단어만! 그러나 실제로 연설을 자꾸만 작은 단위로 쪼개면 그 연설은 이해하기가 더 어려워진다. 켜졌다 꺼졌다 하는 불빛 아래에서는 책 읽기가 더 어려운 것처럼 말이다.

무분별하게 자꾸만 이야기를 끊는 것보다 더 나쁜 버릇은 어, 어 하면서 문장마다 머뭇거리는 것이다. 어쩌다 한 번씩 머뭇거리는 거야 상관없지만 문장마다 그래서는 절대로 안 된다. 연사들은 청중들이 그런 말을 들으면 얼마나 짜증나는지 잘 인식하지 못한다. 이것은 교사라면 반드시 경계해야 하는 너무나 나쁜 버릇이다. 우리들 가운데 일부는 무언가 외운 것을 그저 되풀이한다거나 강의록을 줄줄 읽는 게 아니라 신중하다는 인상을 주려고 일부러 그러기도 한다. 그렇게 말하면, 어, 약간 솔직하기도 하고, 어, 뭐랄까, 어, 진실한 것처럼, 어, 들리기도 할 것 같다.

그렇게 생각하기 쉽지만, 실제로 그렇게 말하면 얼간이 같거나 잔소리꾼처럼 들린다.

나는 언젠가 대기업 회장이 그렇게 말하는 것을 들은 적이 있다. 보나마나 정직하다는 인상을 주고 싶어서 그랬을 것 같은데, 그는 어, 어, 하는 발어사와 상투적인 표현을 골고루 섞어서 구사했다. 이것은 그의 이야기를 듣는 사람들에게 따뜻한 한 잔의 우유와 수면제 두 알을 먹인 것과 똑같은 효과를 거두었다. 그는 주저주저하면서 말했는데, 듣는 사람들은 그가 뭔가 기발한 표현을 찾느라 그러는 건지, 아니면 하려던 말을 까먹어서 그러는 건지 종잡을 수 없었다. 그는 전쟁기간에 거둔 성과에 대해서 이렇게 말했다.

 하지만 그 시기 이후에, 어,
 많은 물이, 어, 어,
 다리('댐'이라고 말하려던 것이었나?) 밑으로, 어,
 흘러갔다.

물론 연사는 청중들이 그의 이야기를 받아들일 수 있도록, 그리고 목소리 울림이 가라앉을 수 있도록 반드시 적절한 순간에 호흡을 끊어주어야 한다. 하지만 잠시 멈출 때는 반드시 그 자체로 이해나 검토의 대상이 될 만큼 충분한 덩어리의 생각을 말한 후에 그래야 한다. 서너 단어마다 말을 끊는 것은 너무도 어리석은 짓이다. 말할 때 쉬기를 마치 글 쓸 때 구두점 찍듯 하라. 만일에 당신이 말하려는 주제의 논리적 구조를 완전하게 장악한 훌륭한 연설가라면 노련한 기자는 연설 전체를 그대로 받아적고, 그것을 문장으로, 문단으로, 절節로 나누고, 각 절마다 소제목을 붙일 수도 있다. 기자는 당신이 말한 대로 그 연설을 이해할 수 있기 때문에 당신의 도움 없이도 그 일을 해낸다.

하지만 노련한 기자 말고는 아무도 당신이 하는 말을 그대로 받아적을 수 없다는 사실을 기억하라. 그러니 학생들이 당신 말을 받아적도록 하려고 말을 천천히 하는 것은 쓸데없는 짓이다. 느려터지게 말하는 습성이야말로 다른 어떤 것보다 강의를 형편없게 만든다.

느리게 말하는 것은 중세까지 거슬러가는 오랜 역사를 지닌 전통이다. 당시에는 책이 귀했고 위대한 서적에 관한 주석서도 드물었다. 정교한 문화가 꽃피던 그리스 로마 시대 이후 서구문명은 암흑기에 접어들었다. 갓 설립된 중세대학에서는 텍스트도, 그것을 해석해주는 주석서도 몹시 귀했다. 학생들은 제 소유의 주석서를 무슨 보물단지 취급하듯 했다. 학생들은 텍스트를 설명하는 교사의 이야기를 들으면 한 자 한 자 받아적었다. 강좌를 모두 마치면 직접 받아쓴 공책이 한 권 생기는데, 그것은 오늘날 우리가 흔히 보는 주석서와 아주 유사했다. 학생들은 그 공책을 보면서 단어 하나하나를 깊이 곱씹고 연구했다. 만일 교수가 되었다면 그는 자기 강의에서도 그것을 하나하나 들려줄 테고, 학생들은 다시 한 번 한 자 한 자 받아쓸 것이다.

이러한 가르침 방법은 중세시대 전으로 훨씬 더 거슬러가 기독교를 통해 서구문화에 유입된 유대인의 전통 속에서도 만날 수 있다. 유대인 학습에 관한 가장 중요한 자료는 미시나Mishnah라 불리는 것인데, 미시나는 '반복에 의한 학습'이라는 의미이다.[20] 유대인 학교에 다니는 학생들은 스승이 하는 말을 고스란히 되풀이할 수 있을 때까지 외고 또 외었다.

유대인의 교육제도에서 따온 것이고, 중세시대에 확립된 것이라는 사실이 그러한 교육방식을 버려야 할 이유는 되지 못한다. 하지만 그것이 오늘날에도 훌륭한 역할을 해낼 수 있는지는 면밀하게 따져보아야 한다. 강의를 할 때 학생들이 받아적어야 하는 시간은 어느 정도가 알맞은가? 강의 내용을 모두 받아적어야 하는가, 하나도 안 받아적어도 되는가?

대체로 그것은 강연자와 주제에 따라 달라진다. 저명한 학자는 너무나 학식이 깊어서(거기다 금상첨화로 수업준비까지 철저히 한다면) 사실상 모든 말을 일일이 받아적을 가치가 있다. 어떤 책에서도 볼 수 없는 값진 것들이기 때문이다. 그의 말은 하나같이 지혜로 가득 차 있어서 학생들은 백날 연구한다 해도 그를 도저히 따라갈 수 없다. 아인슈타인이 중력과 전기의 관계에 대해 강의하도록 요청받았다 치자. 그러면 그의 말을 영구히 남기기 위해 강의를 녹음기나 필름에 담을 가치가 있을 것이다. 만일 여의치 않으면 사람이 기계 노릇을 대신해야 한다. 아주 중요한 주제일 경우 거기에서 취급하는 사실과 논쟁은 따라가기가 너무 벅차서 고스란히 공책에 받아적지 않으면 나중에 전혀 기억해내지 못할 것이다. 예컨대 철학을 강의하는 강연자는 신의 존재를 증명하는 세 가지 논거[21]에 관해 논의할 것이다. 하나같이 분석하기 어렵고 지극히 중요한 것들이다. 이 주제를 처음 접하고 사전에 예비독서를 전혀 해본 일이 없는 학생은 (나중에 그 문제에 대해 깊이 생각해볼 수 있도록) 세 가지 쟁점을 한 자 한 자 그대로 받아적으라는, 그게 여의치 않으면 될수록 많이 받아적으라는 충고를 듣는다.

강연자 입장에서 질문을 약간 바꿔보자. 강연자의 임무는 무엇인가? 강연자는 학생들에게 얼마만큼 받아쓰게 해야 할 것인가?

이 질문에는 상식적으로 답할 수 있다. 평범한 교사는 누구도 학생들이 그의 말을 일일이 받아적도록 기대할 수 없다. 그보다 학생들이 중요한 사실이나 논쟁거리를 메모하고, 그리고 개인적으로 흥미로운 부분을 정리해두길 기대할 것이다. 따라서 그는 필기해야 할 정도로 충분히 중요하다고 판단되는 것은 분명하게 학생들이 받아쓰도록 하고, 나머지는 논평하거나 논의하거나 논쟁하거나 설명하는 식으로 슬슬 들려줄 것이다.

이것은 그가 목소리에 다양하게 변화를 주어야 한다는 것을 뜻한다. 받아적을 가치가 있다 싶은 대목에서는 강조하듯 천천히 말해야 한다. 그러지 않은 대목에서는 보통 대화할 때와 같은 속도로 말하면 된다. 학생들은 이내 영구히 기록으로 남겨야 할 부분과 그저 관심을 끄는 내용을 선택적으로 취하면 되는 부분을 분간할 수 있다.

하지만 이것은 강연자 입장에서는 훨씬 더 세심하게 강의를 준비해야 함을 의미한다. 이게 바로 훌륭한 강의를 하기가 상당히 어려운 이유이자 나쁜 강연자가 그렇게 흔한 이유이다. 최근에 한 저명한 학자가 진행하는 강의를 들은 일이 있다. 나는 그 학자가 쓴 책과 논문을 더러 읽었고 그때마다 그의 학식에 감탄하곤 했다. 그는 넓은 대학강당에서 강연했다. 100여 명의 학자와 1,000명에 가까운 학생들이 그의 명성에 한껏 기대감을 품고 (아니면 꼭 들어보라는 주위의 권유로) 그의 이야기를 경청하러 몰려들었다. 하지만 그의 강의는 형편없었다. 그가 다루려던 주제에 대해 약간 알고 있었던 나는 그 강의를 절대 놓치고 싶지 않았다. 하지만 20분 정도 참고 있다가 더 듣기를 포기했다. 학생들 틈에 끼여 있던 나는 별 어려움 없이 그들의 모습을 살필 수 있었다. 그들은 예절 발랐고 의무적으로 강의를 경청했지만 아무것도 얻은 게 없었다. 내 주위에 앉아 있던 학생들은 연사가 강연을 시작하자 뭔가 받아적기 시작했다. 제목만큼은 확실하게 적었고, 처음 몇 문단의 주제와 몇몇 이름을 적을 수 있었다. 하지만 그들의 필기는 점점 엉망이 되어갔다. 강연자는 모든 말을 한결같이 밋밋한 어조로 들려주었고, 학생들은 그 모든 것을 다 받아적을 수 없었다. 그는 말의 강세에 변화를 주거나 중요한 대목에서 쉬거나 어떤 몸짓을 통해 뭔가 강조하는 법이 전혀 없었다. 그저 말들의 끊임없는 연속이라 학생들로서는 골라내서 적을 수 있는 게 아무것도 없었다. 얼마쯤 지나자 학생들은 강의의 전반적인 개요를 따라가려는 노력을 그만두었다. 극소수 학생들만이 가까스로 그 일을 해냈다.

나중에 회의실에서 그 강연자를 만났다. 나는 그가 왜 그렇게 청중을 실망시키고 지치게 만들었는지 그 이유를 금방 알아냈다. 그는 그들에게 말하지 않았다. 그저 그가 집필하고 있는 책의 한 장을 줄줄 읽었을 따름이다. 물론 결과는 참담한 실패였다. 학식 있는 책들은 읽기 어렵고, 때로 단조롭기까지 하다. 하지만 그 책들은 만일 독자들이 어떤 쟁점을 곰곰이 생각해보고 싶거나 어떤 사실을 알고 싶을 때면 그때마다 되풀이해 들춰볼 수 있다는 이점이 있다. 하지만 소리 내어 읽으면 그런 이점이 사라진다. 책을 읽을 때는 문단·절節·장章이라는 책의 시각적 질서를 통해 구조에 대한 감각을 얻을 수 있는데, 말로 하면 그런 감각이 살지 않기 때문이다. 강의에서 책 내용에 준하는 내용을 내리 읽으면 강연자를 바라보는 사소한 재미 말고는 얻는 게 아무것도 없다. 책은 학생 혼자서도 얼마든지 읽을 수 있다. 강연이 산문투에 따분하기 짝이 없다고, 차라리 강의록을 그대로 복사해서 나눠주는 편이 낫겠다고 비아냥거리며 시간을 아까워하는 이들을 우리는 흔히 볼 수 있다.

훌륭한 강연자는 강의내용을 절대 줄줄이 읽지 않는다. 그는 듣는 이들이 기록하고 기억해주었으면 하는 부분과 설명하거나 예를 들거나 부가적으로 논의하면서 상대적으로 빠르게 넘어갈 부분을 확실하게 구분한다. 그 차이는 목소리·태도·몸짓 따위로 드러낸다. 강의를 준비하고, 강의에 앞서 자신의 강의를 검토할 때 그는 완급을 어떻게 조절할지 미리 염두에 둔다.

강의록의 활용

이제 강의나 강연에서 강의록을 활용하는 법에 대해 논의하려고 한다. 우리는 다음과 같은 일반적인 주장으로부터 시작할 수 있다. '준비 없이 강의를 할 수는 없다.'

당신은 당장 이렇게 묻고 싶을 것이다.

'저녁식사 후에 예고 없이 연설을 부탁받고, 아무 원고도 없이 몇십 분 동안이나 좌중을 웃음바다로 만드는 명망 있는 재담꾼도 있지 않은가? 누군가가 요청하면 어느 때든 즉석에서 연설을 하는 정치인들은 또 어떤가?'

이 같은 질문에는 이렇게 대답할 수 있겠다. 그런 유의 연사들은 자신이 무슨 이야기를 할지 밤낮 준비하고 다닌다고 말이다. 저녁식사 후에 연설한 재담꾼은 그의 명성이 그렇게 탄탄해져서 아무 사전예고 없이 연단에 불려나가게 되기까지 비슷한 연설을 수없이 반복해왔다. 무수한 연설을 통해 시행착오를 거듭한 그는 여남은 가지 개회사를, 진행자, 음식과 와인, 하객들, 그리고 그 자신에 관한 수십 가지 익살스러운 표현을, 그리고 주제를 넌지시 내비치는 여러 가지 방식을, 거의 모든 종류의 상황에 저마다 어울리는 수백 가지 일화를 줄줄이 꿰고 있다. 그는 저녁식사 자리에 앉아 있을 때 머릿속으로 그 모든 것을 일별한 뒤 상황에 가장 적합하다 싶은 것을 재빠르게 추려낸다. 여성들이 모인 자리고, 모임을 이끌어가는 좌장은 주교이고, 취재진은 없다. 다만 하객 가운데 두 명의 편집인이 보인다……. 그는 좌장이 끌어내기 전에 사실상 상황판단을 모두 마치고 거기에 가장 적합한 연설 준비를 완료한 상태다.

정치인이라면 어떨까? 그들은 순회강연을 시작하기 한참 전부터, 고문들과 수십 차례 토의를 거쳐 국가적·국제적 현안에 관한 공식견해를 철저히 검토하고 준비한다. 그래서 누군가 발언을 요청하기 전부터 이미 러시아에 대해, 혹은 높은 물가에 대해 어떻게 이야기할지 구체적으로 마련해놓고 있다.

이 점과 관련해 히틀러는 단연 눈에 띄는 예이다. 그는 좀처럼 말을 하지 않았다. 심지어 친구들에게도 말하는 법이 없었다. 그는 언제나 연설을 했다. 한두 명의 친구에게도, 심지어 그 자신에게도 그랬다. 그의 책, 『나의 투쟁 Mein Kampf』은 그가 란츠베르그 감옥에서 헤스에게 들려준 연설을 헤스가 정리한 것이다. 사적인 대화를 어려워한 그는 늘 청중에게 연설을 했고 그들을 제압하려 애썼다. 연설을 거듭하는 과정에서 그의 생각은 더욱 굳건하고 정교해졌다. 태도도 용모도 그다지 끌리지 않고 교육도 제대로 못 받았으며 거부감을 불러일으키는 말투를 썼던 그는 쉴 새 없는 성찰과 끊임없는 연습을 통해서 그처럼 빼어난 웅변가가 될 수 있었다.

하지만 천하의 히틀러도 지나치게 흥분하거나 서두를 때면 더러 조리에 맞지 않거나 두서없는 연설을 하기도 했다. 대체로 연사는 준비가 제대로 안 되어 있을 때 횡설수설하거나 말을 더듬는다. 대중 앞에서 연설하는 것은 그들 앞에서 노래나 연기를 하는 것만큼이나 진땀나는 일이다. 그러므로 필히 신중한 예행연습을 거쳐야 한다. 아니 노래를 부르거나 연기를 할 때보다 더 신중하게 예행연습을 해야 한다. 대중연설가들이 노리는 목적에는 미리 준비하거나 연습한 티가 나지 않도록 하는 것도 들어 있기 때문이다.

그리스 로마 시대의 명연설가들은 마치 오늘날의 오페라가수들이 자신의 배역을 연구하듯 꼼꼼하게 연설을 준비했다. 그들은 연설 원고를 몇 번이고 손질한 후 믿을 만한 친구들, 비평가들, 개인교사에게 보여주었다. 그렇게 해서 얻은 최종 원고를 완벽하게 외는 것은 물론 그때그때 알맞은 몸짓까지 빠짐없이 몸에 익혔다. 하지만 정작 연설을 할 때면 그 순간 느끼는 감정을 자연스럽게 토해내는 것으로 비친다. 고도로 치밀하게 준비한 흔적은 어디서도 찾아볼 수 없다.

키케로가 최초로 카틸리나를 반박하는 연설을 했을 때, 그는 자신이 무슨 말을 하고 무슨 행동을 해야 할지 낱낱이 꿰고 있었다. 느닷없는 공포와 망설임을 드러내는 몸짓까지도 미리 치밀하게 준비한 것이다. 그것은 마치 큐 사인을 받기 전의 노련한 배우가 언제 등장하고, 언제 퇴장할지, 맡은 대사는 어떤 것인지 하나도 빼놓지 않고 기억하는 것이나 마찬가지였다. 그것이 바로 우리가 아직까지도 키케로 같은 이들의 명연설을 연구하는 이유이다. 그들의 연설문은 단 한 쪽에만도 오늘날의 연설가들이 평생 전달할 수 있는 것보다 더 고도로 집약된 생각, 더 극적인 경험, 더 복잡한 심리학적 지식, 더 정련된 언어를 담고 있다. 그것은 마치 뒤러의 회화작품 한 점과 숱한 광고로 가득 찬 잡지, 혹은 베토벤 교향곡 한 악장과 어느 날 저녁에 듣는 여러 곡의 댄스음악을 비교하는 것과 같다.

이렇듯, 준비 없이 강의하는 것은 불가능하다. 강연자는 반드시 청중에게 말하고자 하는 바가 무엇인지, 그것을 어떤 순서로, 어디에 초점을 두면서 전달할 것인지 꼼꼼하게 그리고 있어야 한다. 그저 읽어야 할 쪽 숫자들만이 아니라 고도로 정교한 사고의 구조물로 말이다. 그것은 마치 지질학자가 우리 눈에 보이는 풍경 속에 감춰진 여러 층의 지질구조를 훤히 들여다보거나, 건축가가 건물의 겉모양 속에 박힌 철근 구조물을 떠올릴 수 있는 것과 같다.

그러므로 강연자는 강의록을 준비하지 않으면 안 된다. 그는 한 번의 강의를 별개의 완성된 구조이자 그가 전달하려는 전체 강좌의 일부로 계획한다. 그런데 많은 강연자들이 이 지점에서 두 가지 중대한 실수 가운데 하나를 저지른다. 그들은 달랑 한 장의 종이에 즉흥적으로 강의와 관련한 메모를 휘갈기거나, 아니면 자신이 전달하려는 내용을 거의 책과 같은 완벽한 형태로 만든다. 첫 번째 경우, 강의가 아무래도 두서없어져 학생들이 당혹스러워하게 마련이고, 강의 원고를 큰 소리로 무미건조하게 읽게 되기 십상인 두 번째 경우, 학생들은 지겨운 나머지 몸을 비비 틀 것이다.

유능한 강연자라면 강의록에 별 구애를 받지 않는다. 이 점을 잘 보여주는 J.T. 셰퍼드Sheppard 교수를 예로 들어보자. 그는 케임브리지 킹스 칼리지의 교수로 매력적이고 학식이 풍부한 괴짜였다. 그가 『일리아드』의 미학적 구도에 관해 강연하고 있을 때였다. 그처럼 위대한 책의 구도를 찾아내고 설명하는 것은 언제나 까다로운 일이다. 특히나 그것이 그리스어의 미묘함 속에 가려져 있을 때는 더더욱 그렇다. 그렇지만 셰퍼드 교수는 열정적으로 24권 속에서 전투와 논쟁들을 살살이 추적한 끝에 결국 강력한 유형을 알아냈다. 수세대에 걸친 사람들로 하여금 왜 그런지도 확실히 모른 채 『일리아드』를 위대한 예술작품으로 꼽게 만든 이유를 설명해주는 유형 말이다. 그가 세 번째 강의를 마쳤을 때 진지한 여학생이 다가와서 말했다.

"셰퍼드 선생님. 저는 선생님 강의가 정말로 대단하다고 생각합니다. 비록 선생님이 말씀하신 것을 다 알아듣지는 못했지만 강의에서 정말 많은 것을 얻었어요. 가능한 한 선생님 말씀을 많이 받아적으려고 노력했어요. 그래서 말씀인데, 저, 선생님 강의록을 좀 빌려주실 수 없을까요? 다 베끼는 대로 즉시 돌려드리겠다고 약속할게요."

셰퍼드 교수가 기꺼이 대답했다.

"그러렴."

한 시간 동안 학생들을 자극한 멋진 강의를 한 그가 그녀에게 종이를 한

장 건네주며 말했다.
"이게 바로 내 강의록이란다."
거기에는 이렇게 덩그러니 세 단어가 쓰여 있었다.

    제우스
    아가멤논
    제우스

하지만 나는 그의 강의가 치밀한 추론과 빛나는 상상력으로 가득 차 있었으리라는 것을, 서론·본론·결론으로 잘 짜였으며 완벽하고 균형 잡힌 내적 구조를 지녔으리라는 것을, 하나도 버리지 않고 그대로 받아적어도 훌륭한 글이 되었으리라는 것을 의심하지 않는다. 경륜이 있으며 명민하고 비판적인 정신의 소유자인 셰퍼드 교수는 그런 간단한 메모만으로도 너끈히 빛나는 강의를 해낼 수 있다. 하지만 우리들 대다수에게는 그것이 위험천만한 일이다.

반대편 극단도 이점이 있긴 하지만 위험하기는 매한가지이다. 만일 강연자가 그대로 인쇄해도 좋을 정도로 완벽한 원고를 준비했다면, 그는 몹시 지루한 강의를 할 가능성이 농후하다. 최소한 일관되지 않은 수업을 하거나 수업을 엉망으로 망쳐놓치는 않겠지만 말이다. 그렇긴 해도 그런 강의란 얼마나 따분하겠는가?

내가 학생이었을 적에 X교수는 연달아 이틀 동안 같은 학생들에게 똑같은 강의를 한 적이 있었다. 그는 자신이 직접 정성껏 타자 친 원고를 오래오래 읽었다. 그게 수업이었다. 그러느라 청중은 아예 관심 밖이었다. 전날에 이어 150쪽부터 읽어야 했던 어느 날 그는 어찌된 영문인지 140쪽부터 읽기 시작했다. 우리는 몇 번인가 발을 동동 굴렸지만, 그는 안경 너머로 우리를 힐끗 넘겨다보았을 뿐 이내 전날 읽은 부분을 다시 읽는 일로 되돌아갔다. 참다못한 나는 빨간색 파란색 펜으로 공책에 낙서를 하기 시작했고, 뒤에 앉은 네 명의 학생은 브리지 게임을 했다.

강의록에 적힌 내용을 한 자도 빠뜨리지 않고 다 읽는 방법이 지니는 진짜 위험은 청중과의 접점을 잃어버린다는 데 있다. 옥스퍼드에서 내가 처음으로 철학 강의를 들은 교수는 마르고 신경이 날카로운 젊은 교수였다. 그는 면도날처럼 예리한 정신의 소유자이고 빼어난 개인교사이기도 했다. 하지만 강의실에서 학생들에게 강의하는 일에 관한 한 도통 신경을 쓰지 않았다. 그는 정성껏 타자치거나 손으로 적은 두툼한 강의록을 들고 강의실에 나타났다. 그 공책은 그가 발표하려고 준비중인 논문들이었다. 우리는 그가 그것을 출판사에 넘기기 전에 들어주는 존재에 지나지 않았다.

독서대에 강의록을 놓고 선 그는 50명의 대학생이 앉아 있는 강의실을 힐끗 바라보았고, 대놓고 싫은 내색을 하면서 강의록을 마냥 읽어내려갔다. 마치 덜 잠긴 수도꼭지에서 떨어지는 물방울 소리처럼 낮고 일정한 톤으로 말이다. 그러다가 자신의 원고에서 '색깔의 인지'와 관련해 뭔가 흥미로운 점을 발견한 그는 읽기에 더욱 열중하게 되었다. 자신이 어디에 있는지, 지금 뭘 하고 있는지도 잊은 듯했다. 안경 속에서 그의 눈알이 반짝거렸다. 그는 "칸트는 너무 대담했어", "우리는 비트겐슈타인을 반박할 수 있어" 같은 말을 뇌까렸다. 그의 뇌가 너무 과열된 나머지 두개골에서 서서히 촛농이 흘러내려 볼을 타고 흘러내리기 시작했다. 하지만 그는 결코 우리를, 즉 자신을 보고 있는 청중을 바라보지 않았다. 비트겐슈타인이 누구인지 한 번도 들어본 일이 없고, 칸트를 그저 진지하고 고루한 사람쯤으로 알고 있는 우리들 가운데 몇이 걱정스럽다는 듯이 그를 쳐다보았다. 그는 화난 사람처럼 안경과 강의록 사이 어디쯤인가를 노려보았다. 잔뜩 우거지상을 한 그는 틀림없이 저능아들과 이단자들, 브래들리와 버클리, 헤겔과 슐레겔의 얼굴을 보고 있었을 것이다.

그의 강의는 여전히 귀에 들리긴 했지만 더 이상 조리에 닿지 않고 종잡을 수 없었다. 그 자신 말고는 아무도 그를 이해할 수 없었다. 우리에게 현상과 실재라는 문제는 막연했다. 모든 것은 우리 수준에 맞게 천천히, 자상하게 설명될 필요가 있었다. 하지만 우리가 인지에 관해 제기될 법한 모든 질문에 나름대로 답을 찾았다고 여긴 교수는 그가 형이상학의 선두주자들과 벌이는 결투에서 그를 지지하는 역할을 우리에게 맡겼다. 우리들은 그들이 어떤 이론을 주장했는가는 고사하고 그들의 이름조차 제대로 들어본 일이 없는데 말이다. 그는 날마다 읽는 일을 계속했다. 처음에는 그의 논문 원고를, 그 다음에는 그의 적수 쿡 윌슨Cook Wilson에게 따온 논쟁적인 문단을, 그 다음에는 단어 하나하나 개념 하나하나를 걸고넘어지는 길고 난해한 논박문을 읽었다. 그리고 마지막으로 이렇게 승리감에 들떠서 외쳤다. "나는 쿡 윌슨을 반박할 수 있는 논리를 발견하고 그것을 증명했노라!" 제아무리 점잖 빼고 있던 축들도 박수갈채를 보내지 않고는 못 배길 감격적인 광경이었다. 하지만 실은 당시 우리 가운데 아무도 그가 대체 무슨 말을 하고 있는지 알아듣지 못했다.

강약의 조절

지금까지 강의는 문서화된 강의록에 바탕을 두고 진행해야 하지만, 그것을 고스란히 읽어선 안 된다고 말했다. 강연자는 자신의 강좌 전체를 계획하고 각 부분을 문서화한 뒤, 강의를 면밀히 검토하고 다음의 두 가지 사항을 구분해야 한다.

a) 집중할 대목 : 천천히 강조하면서 전달할 부분이다. 학생들이 원한다면 문자 그대로 받아쓸 수 있도록 하려는 것이다.
b) 부수적인 논의들 : a)보다 개괄적으로 빠르게, 대화할 때와 같은 어조로 전달할 부분이다. 하지만 학생들이 잘 알아듣지 못하거나 그 가운데 어떤 것에 특별한 관심을 보이면 좀더 시간을 들일 여지는 남겨둔다.

훌륭한 강연자와 엉터리 강연자를 가르는 것이 바로 한 강의 속에 이 두 부분을 적절하게 대비시키는 능력이다. 엉터리 강연자는 그저 중간속도로 읽을 때 할당된 시간에 맞을 만큼 원고량을 준비한 뒤 그것을 읽는 것으로 자기 일이 끝났다고 생각한다. 하지만 훌륭한 강연자는 그 내용을 청중들에게 확실히 전달하는 게 자신의 임무임을 유념한다. 그래서 기본적인 정보를 준비하고 나서 설명하거나 예시함으로써, 어려운 쟁점에 대해 논의함으로써, 무난히 수용될 수 있는 개념은 빨리빨리 넘어감으로써, 중요한 구절을 인용하거나 새로운 증거를 제시함으로써 학생들이 그 정보를 받아들이고 삼킬 뿐 아니라 씹어서 소화시킬 수 있도록 돕는다.

이러한 일을 체계적으로 해낸 최초의 강연자가 바로 현대교육의 창시자 가운데 한 사람인 아리스토텔레스이다. 그가 한 것으로 알려진 일은 많지만 아리스토텔레스가 직접 저술한 책은 한 권도 없다. 그와 관련된 책은 거의 다가 제자들이 그의 강연을 기록하거나 그의 공책을 보고 소화한 내용들이다. 아리스토텔레스를 읽을 때면 우리는 글 속에 메아리치는 그의 목소리, 그의 제자들이 던진 물음, 서로를 자극하는 활발한 토론의 열기를 느낄 수 있다.

학생들과 진정으로 래포를 형성한 스승은 그들에게 이야기하는 데 지나치게 관심을 기울인 나머지 자칫 그가 한 말을 학생들이 기억하도록 만들지 못할 위험이 있다. 학생들 마음속에 오래 지속되는 흔적을 남겨주지 못하는 강의란 그저 강연자가 퍼포먼스를 한 데 지나지 않는다. 물론 학생들은 강의를 통해서 재미를 느껴야 한다. 하지만 그와 더불어 반드시 뭔가 배운 게, 즉 남는 게 있어야 한다.

그러므로 강연자는 강연을 시작하기에 앞서 학생들에게 반드시 주지시켜야 할 내용이 무엇인지를 염두에 두어야 한다. 그리고 수업을 진행하는 동안 다른 것은 다 관두더라도 그 내용만큼은 무슨 일이 있어도 심어주려고 애써야 한다. 그는 자신이 전개하는 논거에 어떤 단계들이 있는지, 그 논쟁이 지니는 강점과 약점은 무엇인지, 관련된 주장 가운데 논쟁적이거나 의심스러운 것은 무엇인지, 그리고 기억할 만한 가치가 있는 내용은 어떤 것인지 잘 알고 있다. 하지만 막상 강의가 진행되면 청중은 그저 연속되는 말을 계속 들을 따름이다. 따라서 강연자는 학생들이 수업내용을 그의 머릿속에 정리되어 있는 기왕의 지식과 연관 짓도록 도와주어야 한다. 그렇게 하는 데 가장 좋은 방법은 수업내용의 논리적 구조를 확실하게 짜는 것이다. 학생들이 그 구조를 파악하지 못하는 일이 생기지 않도록 '확실하게' 말이다. 논거의 각 단계에 번호를 붙이고, 몸짓으로 그 번호를 세는 것은 웅변에서 가장 오랫동안 사용되어 온 안전한 장치이다. 이것은 자칫 과장되어 보이지만, 신중하게 사용하면 말할 수 없이 값지다.

강의를 통해 가르치면 학생들이 그저 수동적인 위치에 머물 위험이 있다. 그러므로 강연자는 학생들이 잘 듣고 있는지, 적극적으로 동참하고 있는지 수시로 확인하는 게 좋다. 이렇게 물어보는 것이다. "지금까지 배운 것 가운데 잘 모르겠는 거 있나요? 여러분은 지금까지 두 가지 점에 대해 배웠어요. 그게 분명하지 않으면 다시 한 번 복습해볼까요?"(만일 이렇게 물으면 학생들은 백이면 백 "아니오!" 하고 외칠 것이다.)

목소리의 조절

강의를 잘할 수 있는 또 하나의 방법은 목소리의 강약을 조절하는 것이다. 논의를 전개할 때면 적절한 대목에서 잠시 쉬어라. 그러면 학생들은 당신이 하나의 사고단위를 마쳤음을 알게 된다. 고성보다 더 많은 것을 말해주는 게 바로 침묵이다. 전달하려는 내용에 어울리게끔 강연의 속도와 강약을 조절하라. 강의할 때면 마치 일상생활에서 말할 때처럼 목소리에 다양하게 변화를 주어야 한다. 목소리의 높낮이가 전혀 없고, 말하는 속도에 한 치도 변화가 없고, 눈빛과 표정에 어떠한 감정 변화도 실리지 않은 사람과 말하는 것처럼 나른한 일은 없다. 밋밋하게 전달되는 강연을 듣는 것 역시 재미있을 리 만무하다. 강연에는 표정이 담겨야 자연스럽다. 경직되고 단조로운 강연은 억지스럽다.

하지만 강연은 일방적인 독백이 아니다. 그것은 어느 면에서는 듣는 사람을 염두에 둔 연설이다. 그러므로 그냥 말하듯 해서는 안 된다. 빼어난 역사가 아놀드 토인비는 탄복할 만큼 생생하고 다양하고 정교한 책을 썼다. 하지만 강연할 때만큼은 열심히 귀 기울이는 수많은 청중들에게 자신의 대담하기 그지없는 이론을 대화하듯 가볍게 들려주었다. 1947년 겨울에 컬럼비아 대학에서 토인비의 강연을 들은 청중은 그가 많은 이야기를 들려주었다고, 그의 강연에서 배운 게 많다고 느꼈다. 하지만 개중에는 그가 별 준비 없이 즉흥적으로 강연했다고 느낀 이들도 있었다. 그의 명저 『역사의 연구 Study of History』에 담긴 포괄적인 개념이나 장기적인 전망 같은 것을 애매하고 종잡을 수 없는 수다로 전락시켰다는 것이다.

그는 그렇게 하는 게 청중에 대한 예의라고 생각했을지도 모른다. 강연자는 청중의 수준에 맞추어 이야기하는 게 옳다고, 무릇 대화란 대등한 존재들 사이에서만 이루어질 수 있다고 말이다. 그는 자신의 개인적인 생각을 일방적으로 들려주는 권위자로 행세하는 게 내키지 않았고, 진리를 탐구하고 발견하는 과정에서 청중과 함께 하는 또 한 사람의 학생이 되고자 했다. 그는 아마도 거대한 개념은 일시에 삼키기 어렵고 서서히 되씹어 소화해야 한다, 그래서 저자가 청중에게 그것을 조심스럽게 소개해주되 소화하는 것은 청중의 몫으로 남겨두는 게 바람직하다고 생각했으리라. 그의 생각도 맞다. 하지만 비전문가인 청중은 지도를 받아야 하고, 그들로서는 짐작도 할 수 없는 깊이를 체험할 필요가 있으며, 강연자에게 적절한 자극을 받음으로써 그 주제를 충분히 이해할 기회를 가져야 한다.

몸짓, 목소리는 강의를 좀더 분명하게 계획할 수 있도록 해준다. 학생들에게는 칠판을 활용하면 좋다. 학생들이 기억하거나 받아적을 수 있도록 까다로운 이름·공식·날짜는 당연히 칠판에 적어줘야 한다. 하지만 초보자들이 그 강의에서 다루는 주요 내용을 따라갈 수 있도록 칠판을 활용하는 것도 좋다. 간단한 문장이나 방정식을 칠판에 적어두는 것이다. 판서 내용은 당신이 그것을 설명하는 동안 칠판에 그대로 남겨둔다. 그리고 나서 다음 내용으로 넘어가기 전에 잠깐 멈춘다. 강의가 끝날 무렵이면 칠판은 강의를 요약한 내용으로 채워져 있을 것이다. 거기에 기록된 구절이나 그림을 보면 당신의 생각이 어떻게 전개되었는지가 분명하게 드러난다. 판서 내용은 학생들이 수업시간 내내 당신 얼굴만 쳐다보아야 하는 지루함을 덜어주기도 할 것이다.

개인교습

개인교습의 출현과 목적

가르침의 두 번째 방법은 소크라테스가 창안한 개인교습 제도이다. 사실 이 제도는 그리스인들의 특징에서 나왔다. 그들은 질문하고 논쟁하는 것이라면 사족을 못 쓰는 이들이었다. 세인트 루크St. Luke[22]가 말한 대로, 그들은 새로운 사상에 대해 듣고 토론하는 것보다 더 좋아하는 일이 없을 정도였다. 하지만 소크라테스는 개인교습이란 완전히 텅 빈 머릿속에 새로운 생각을 퍼붓는 게 아니라 학생이 이미 머릿속에 가지고 있는 보편적인 생각을 끄집어내는 일이라고 생각한 최초의 사람이었다. 그의 가르침은 모두 문답을 통해서 이루어졌다. 그는 그저 질문을 던질 따름이고, 질문받은 이가 대답을 하도록 유도했다. 물론 질문을 받은 사람은 대답하지 않을 수 있었다. 일부는 실제로 대답을 거부하기도 했고 버럭 화를 내면서 토론을 집어치워버리기도 했다. 하지만 젊은이들은 소크라테스의 유쾌함과 친절함에 매력을 느꼈고, 전문가들은 그들만의 고유한 지식을 방어해야 한다고 느꼈으며, 멋모르는 이들은 그가 정말로 아무것도 모르는 사람인 양 행세하는 데 이끌리기도 했고, 더러 진짜 속아넘어가기도 했다.

하지만 소크라테스에게 가르침이란 학생의 무지를 일깨우고 무지한 듯이 구는 그를 올바로 보게 하려는 의도에서 그저 질문을 던지고 마는 게 아니었다. 그것은 소극적인 목적에 지나지 않았다. 그에게는 좀더 적극적인 목적이 있었다. 그는 모든 학생들이 오랫동안 간절하게 찾아 헤맨 진리가 이미 자기 속에 들어 있다는 사실, 즉 모든 권위자의 말이 아닌 스스로의 추론을 통해서만 진리에 도달할 수 있다는 사실을 깨닫길 바랐다. 그는 진리가 어디에 있는지에 대해 확고한 생각을 가지고 있었다. 그의 질문은 항상 학생들 자신도 인식하지 못하는 틈에 서서히 그들을 인도했다. 물론 거기에 이르기까지 뜻한 대로 되지 않거나 옆길로 새거나 갑작스러운 반대에 부딪쳐 중단되는 일도 빈번했지만. 두 가지, 즉 소극적인 목적과 적극적인 목적이 어우러져 개인교습 제도의 근간을 이룬다.

개인교습의 난점

개인교습은 가장 까다롭고, 가장 드물며, 가장 철저한 가르침 방식이다. 가장 까다롭다고 하는 것은 교사에게도 학생에게도 끊임없는 집중력, 변함없는 유머, 대단한 근성, 진리에 대한 철저한 복종을 요구하는 탓이다. 가장 드물다고 하는 것은 돈도 시간도 정력도 많이 들기 때문이다. 소크라테스는 가난했고 주로 학생들이 주는 선물에 의지해 살았다. 하지만 개인교습을 받는 극소수 학생들이 지급하는 돈만으로 살아갈 수 있는 직업적인 교사는 흔치 않다. 교사가 살아가기에 충분한 돈을 기꺼이 지불하려는 학생도 드물었다.(소크라테스가 만일 정신과의사였다면 훨씬 더 부유한 환자들 덕을 많이 보았을 것이다. 끊임없이 질문을 던짐으로써 그들의 약점을 들춰내고 결국 그들 것이긴 하되 미처 깨닫지 못한 그들의 진리에 도달하게 만드는 정신과의사 말이다. 하지만 교사는 정신과의사만큼 시간당 단가를 높게 요구할 수 없다.)

이 제도에서 교사가 들이는 시간과 노력은 엄청나다. 50~60명의 학생에게 한 시간짜리 강연을 두 차례 하는 게 두 시간 동안 1~2명의 제자들에게 개인교습 하는 것보다 훨씬 더 쉽다. 개인교습은 질문하고 반박하고 규명하고 논쟁하고 스스로 방어하고 상대의 비판에 맞서고, 그러면서도 서두르거나 과장하지 않은 채 뚜렷한 목적을 향해 나아가는 지난한 과정이다. 누구라도 그런 개인교습을 하고 나면 완전히 나가떨어질 것이다. 더 이상 다른 누군가를 가르칠 수 없을뿐더러, 한층 더 나쁜 것으로, 그 외 다른 일을 할 기력도 남지 않는다. 정력적이고 초롱초롱한 학생과 함께 열정적인 수업을 마친 뒤, 다시 책을 펼치고 혼자 연구를 계속하는 것은 쉬운 일이 아니다. 수학, 의학, 실험과목 따위를 가르치는 교사들은 더러 그렇게 할 수도 있을 것이다. 그들의 개인교습은 상당히 강도 높은 것이라 하더라도 비교적 지속시간이 짧기 때문이다. 하지만 언어, 문학, 철학, 역사, 인문학을 가르치는 교사들에게는 그게 쉬운 노릇이 아니다. 혼신의 힘을 기울여 이 같은 과목을 개인교습 하는 교사들은 학자로서 또 다른 이력을 관리하는 데 쓸 시간과 여력이 좀처럼 남지 않는다. 때로는 그들 분야의 최신 지식도 간신히 따라잡을 지경이다. 교사가 열심히 성장하고 있는 유망한 학생들 여럿을 개별적으로 상대하고 있다면, 철학이나 문학전문지의 최신호며 중세 말기 국가주의의 발원을 다룬 신간을 읽어낼 재간이 어디 있겠는가? 그것을 읽을 뜻이 없는 건 아니지만, 아마도 학기말 시험이 끝날 때까지, 아니 여름방학이 될 때까지 차일피일 미룰 것이다. 여름방학이 다 지나도록 아예 손을 못 대는 일도 허다할 것이다.

개인교습의 가치

하지만 학생 편에서 보자면 개인교습 제도는 최고의 교육제도이다. 개인교사는 학생을 아주 잘 알 수밖에 없다. 심지어 학생의 부모가 자녀에 대해서 아는 것보다, 때로는 학생이 스스로에 대해서 아는 것보다 더 잘 말이다. 이렇게 친밀한 관계에서는 개인교사가 폭군처럼 군림하거나 쌀쌀맞게 굴 수 없다. 그는 더러 학생의 본보기가 되기도 하고 친구가 되기도 한다. 개인교사는 학생의 약점을 파악한 뒤 온화하고 지긋하게 압력을 가함으로써 그것을 교정해준다. 물론 장점도 잘 알고 있으며 그것은 적극 밀어준다. 학생들은 어려움에 처하면 언제든 그에게 도움을 청할 수 있다. 하지만 교사는 학생이 도움을 청하기 전에도 이미 그들이 무엇을 필요로 하는지 꿰뚫어보고 있다.

여기에서 딱 한 가지 위험이라면 개성이 강한 개인교사가 학생에게 지나치게 영향을 미친 나머지 학생을 마치 자신의 복제품처럼 만들어버릴 가능성이다.(소크라테스도 그런 제자를 여럿 두었다. 그들은 그가 어딜 가나 졸졸 따라다니고 그의 옷차림이나 행동을 따라했다.)23)

하지만 개인교사라면 마땅히 자신의 개성을 내세우지 않고 권력 행사를 자제함으로써 될수록 이런 위험을 줄이려고 힘써야 한다. 대체로 훌륭한 개인교사는 단연 눈에 띄고 결단력 있으며 대담하고 강하고 고지식한 성격이기보다 융통성 있는 성격이어서 학생들 저마다의 기질에 맞춰 변화를 도모할 줄 안다.

훌륭한 교사는 자기를 내세우지 않기 때문에 그의 존재는 잊히기 십상이다. 그의 학생은 자기가 교사에게 얼마나 큰 빚을 지고 있는지조차 미처 깨닫지 못한다. 현대사회에서 가장 제대로 교육받은 이를 꼽으라면 아무래도 미셸 드 몽테뉴Michel de Montaigne를 들 수 있다. 그는 교육에 관해 깊이 고민했고, 기꺼이 거기에 대해 책을 쓰기도 했다. 교육을 다룬 그의 책을 보면 우리는 그가 항상 경제력을 갖춘 사람은 모두 대학단계까지 개인교사에게 교육받으리라고 가정하고 있음을 알 수 있다. 학생을 응석받이로 키우는 게 아니라(때론 부모보다 더 호되게 질책하기도 했다), 유약하고 무지몽매한 어린아이를 완전한 인간으로 만드는 일에 혼신의 힘을 기울이는 개인교사 말이다. 몽테뉴 자신도 그런 개인교사 밑에서 자랐다. 그의 개인교사는 몽테뉴 아버지의 사상을 이어받은 독일인이었는데 몽테뉴가 아주 어릴 적부터 그의 교육을 떠맡았다. 그는 몽테뉴에게 최초의 언어로 라틴어를 가르쳤고, 동년배들보다 5~6년은 빠르게 그에게 문학적 감각을 심어주었다. 몽테뉴는 평생토록 그 덕을 톡톡히 보았다. 하지만 몽테뉴는 개인교사의 이름을 결코 들먹이는 법이 없었고, 그에게 각별한 은혜를 입었다고 생각하는 것 같지도 않았으며, 그 개인교사에게 펜싱선생에게보다 더 깊은 감사를 표시하지도 않았다.

라블레Rabelais도 마찬가지였다.* 나쁜 개인교사 홀로페르네스Holofernes(이 이름은 '폭군'을 의미한다)와 훌륭한 개인교사 포노크라테스Ponocrates(이 이름은 '학업을 통한 힘'이라는 의미이다)는 거인왕자 가르강튀아를 키우는 데 똑같이 중요한 역할을 했다. 하지만 개인교습을 마친 가르강튀아는 그들의 가르침을 우습게 알았고 포노크라테스를 수행원의 한 사람쯤으로 취급했다.

개인교습을 받은 이들 가운데, 로건 피어설 스미스Logan Pearsall Smith가 자서전에서 쓴 대로[24] 개인교사에게 공을 돌리는 이들은 극소수에 지나지 않는다. 그는 "얼마든지 세상에 자기 이름을 날릴 수도 있었을 최고급 두뇌들이 어리버리한 어린아이들의 개인교습이나 하고 앉아 있다니 그거야말로 '참을 수 없는 자원낭비'"라며 딱하게 여겼다. 하지만 그게 바로 개인교습 제도가 성공적임을 증거하는 것이다. 앞서 말한 대로, 개인교습 제도는 교육이란 학생 속에 이미 들어 있는 것을 끄집어내는 기술이라는 원리에 입각해 있기 때문이다. 개인교습은 학생이 잠재적이긴 하지만 이미 그 안에 있던 스스로의 모습을 찾도록 도와준다. 따라서 공부가 모두 끝나면 학생들은 교사가 자신에게 해준 것은 아무것도 없다고, 단지 스스로가 성장했다고 느낀다. '내가 해냈어'라고 느끼는 것이다. 슬기로운 교사

---

*라블레의 소설 『가르강튀아와 팡타그뤼엘 이야기』.

는 학생을 가르치되, 결코 내가 가르쳤노라고 공을 내세우지 않는다.

개인교습의 방법

단 한 명의 학생을 개인교습 하거나 소집단을 개인교습 하는 방법은 가르치는 주제나 개인들에 따라 저마다 다르다. 하지만 근본적인 원리는 거의 언제나 대동소이하다. 학생이 스스로 공부할 거리를 준비한다. 학생은 자신이 준비한 것을 개인교사에게 가져와서 비판받고 수정받는다. 개인교사는 학생이 준비해온 것을 철두철미하게 검토하고 나서 일반적인 개념에서부터 시시콜콜한 세부사항에 이르기까지 모든 것을 낱낱이 비판한다. 학생은 세 가지 활동을 통해서 배운다. 첫째, 혼자 학습하는 과정을 통해서 배운다. 둘째, 자신이 저지른 실수를 깨닫거나 자신이 옳다고 생각하는 논지를 방어하면서 배운다. 셋째, 몇 번이고 수정한 끝에 완성된 내용을 살펴보거나 그것을 자신이 제출한 최초의 원본과 대조하면서 배운다. 세 단계는 각각 창조하는 과정, 비판하는 과정, 총체성을 인식하는 과정이다. 이 각각의 활동이 따로 놀지 않도록 하는 것도 개인교사가 신경 써야 할 몫이다. 이 세 가지 활동은 거시적인 틀 속에 자연스럽게 통합되어야 한다.

예컨대 음악의 경우, 교사는 처음에는 음표를 읽거나 단순한 음정을 익히거나 기본적인 박자를 쳐보는 것 같은 초보적인 활동을 시킨다. 그러다가 시간이 흐르면서 차츰 호흡법이나 음색 조정, 발성법 같은 까다로운 연습으로 넘어간다. 한편 학생이 범하기 쉬운 고약한 버릇, 이를테면 매끄럽지 않은 목소리 떨림이나 헐떡거림 따위를 줄여주려 애쓴다. 먼저 쉬운 노래로 시작해서 점점 길고 어려운 노래로 넘어가기를 수년 간 계속하다 보면 교사는 어느덧 학생에게 라벨의 노래들이나 〈마술피리 *The Magic Flute*〉에 나오는 매우 기교적인 노래를 가르치는 경지에 이른다.(하지만 교사 자신은 콜로라투라 소프라노 가수〔현란한 기교와 최고 음역을 요구하는 노래를 소화하는 소프라노 가수〕는커녕 보통가수도 못 될 수 있다.) 만일 이 일을 성공적으로 해낸다면 그는 훌륭한 교사가 될 것이다. 그는 교사가 안고 있는 가장 어려운 숙제 두 가지, 즉 개인에게 맞는 개별학습을 어떻게 전개할 것인지를 시작부터 끝까지 완벽하게 계획하는 일, 그리고 다시금 기본을 돌아보고 희망적으로 미래를 그려보게 함으로써 불가피하게 찾아오는 슬럼프에서 학생을 건져주는 일을 무난히 해낼 것이다.

학생에게 주어지는 과제들이 꼭 서로 연관되어야 하는 것은 아니다. 과제는 학생의 흥미를 유발하고 그들의 성장을 북돋울 수 있도록 다양하게 제시해야 한다. 카파렐리Caffarelli[25)]에 관해 다음과 같은 유명한 이야기가 전해진다. 바로크 시대에 가장 뛰어난 소프라노 가수 가운데 하나가 된 카스트라토(거세당한 남성가수) 카파렐리는 완벽하지만 혹독한 이탈리아인 스승 포르포라에게 개인교습을 받았다. 포르포라는 단 한 쪽을 무려 5년 동안 연습시킨 뒤에야 그에게 이렇게 선언했다.

"이제 떠나도 좋다. 너는 유럽 최고의 가수야."

불행한 인간 카파렐리가 역사상 가장 뛰어난 가수가 되었다는 것은 틀림없다. 그는 오늘날의 그 어떤 오페라 가수보다 멜로디를 더 순수하고 부드럽게, 어렵고 빠른 부분을 더 유연하고 우아하게 부를 줄 안다. 하지만 그의 교사는 꽤나 위험부담이 큰 일에 승부를 걸었다. 카파렐리가 카스트라토가 아니었다 해도 포르포라는 과연 성공할 수 있었을까? 극소수를 제외한 학생들은 자신들이 확실히 나아지고 있음을 보여주는 증거를 그때그때 스승에게 요구한다. 새로운 과제물, 좀더 도전적인 문제, 아니 하다못해 전과 조금이라도 달라진 어떤 것을 제시해달라고 말이다. 단조로움을 견디는 것은 좋은 훈련법이긴 하나 자칫하면 기계적인 반복으로 전락할 우려가 있다. 기계적인 반복을 통해서는 카드 속임수나 저글링 이상의 것을 배울 수 없다. 특별히 공들인 극히 예외적인 경우에서나 진정한 배움을 기대할 수 있다.

개인교습은 널리 보편화된 방법은 아니다. 그것은 옥스퍼드와 케임브리지 대학에서 성행한다. 하버드 대학에서도 시도되긴 했지만, 시간과 노력이 너무 많이 들어 크게 성공하지는 못했다. 수많은 대학에서 개인교습은 대학원 과정에서 약간 변형된 형태로 존재한다. 세미나라 불리는 소수학생 대상의 수업이 하나의 예일 것이다. 세미나에서 학생은 자신이 택한 특별한 문제에 대해 신중하게 작성한 논문을 읽고, 다른 학생들의 공격에 맞서 자신이 내린 결론을 방어하고, 세미나를 이끌어가는 교수를 비롯해 남들의 제안이나 비판을 반영해 논문을 단행본 길이의 보고서로 다듬는다. 대학원생이 여러 해 동안 매달려서 작성한 논문의 초안을 읽고 거기에 드러난 문제점을 지적하면서 그를 지도하는 교수는 꽤 높은 차원에서 개인교습을 시키고 있는 것이다. 하지만 내가 아는 한 가장 모범적인 개인교습 관계는 오직 옥스퍼드와 케임브리지 대학에서만 찾아볼 수 있다. 바로 미국의 정치인 가필드가 말한 구절, "벤치의 한편에는 마크 홉킨스가 있고 다른 한편에는 학생이 있다"에 잘 표현되어 있는 그런 관계 말이다.

나는 그 과정을 학생으로서도, 개인교사로서도 겪었다. 둘 다가 내 인생 최고의 경험이었다. 학생이었을 때는 이렇게 공부했다. 나는 딕이라는 친구와 단 둘이 같은 강좌를 수강했다. 우리는 매주 화요일과 금요일 오후 5시에 하니쉬 교수의 연구실에서 만났다. 화요일에는 내가 딕과 연구하고 있는 분야 가운데 일부에 관해 에세이를 쓰도록 되어 있었다. 그 에세이는 당시 우리가 듣고 있던 강의들보다 상당히 앞선 것으로, 생각보다 쓰는 데 시간이 많이 걸렸다. 나는 화요일 아침에 세 시간 동안 그 에세이를 완성했고 그날 저녁에 하니쉬 교수 앞에서 그것을 읽었다. 딕은 가만히 듣고 있었다. 담배를 피우면서 눈을 감고 안락의자에 앉아 있던 하니쉬 교수는 관심과 고통과 우려와 희망이 뒤섞인 복잡하고도 괴상한 표정을 지어보였다. 읽기를 다 마치면 그는 아무 말 없이 1~2분 정도 난로를 바라보았다. 늘 마음이 조마조마한 순간이지만, 우리는 그 순간에 많은 것을 배웠다.

그는 이윽고 나에게 에세이에 관해서 쪽마다, 문단마다, 심지어 단어마다 질문을 던지기 시작했다. 첫 쪽에서 연합국the Allies에 대해서 그렇게 기술한 근거가 뭐냐? 맞다, 그 주제를 다룬 책들은 하나같이 그렇게 말하고 있다. 하지만 본래의 근거가 뭐냔 말이다. 그것을 좀더 잘 분석해볼 가치는 없는가? 그것을 다르게 해석할 여지는 없는가? 다른 해석을 내놓은 사람들에 대해서는 알고 있는가? 그들은 최근의 발견에 좀더 주의를 기울였어야 하지 않았을까? 5쪽에 인용한 대목이 나오는데 정확한 출처는 어디인가? 그렇게 옮기는 게 일반적인가? 그렇게 번역한 것을 어떻게 정당화할 수 있는가? 자, 지금부터 그 점을 함께 살펴보자. 이 지점부터 딕이 개입하고, 우리는 3자 논쟁을 시작했다. 3쪽은 터스카Tuskar 이론의 재탕이다, 안 그런가? 그 이론의 진짜 약점은 무엇인가?…… 그런 식으로 에세이 전체가 난도질당하는 과정이 이어졌다.

그러고 나면 하니쉬 교수는 에세이를 전체적으로 훑어보고, 빠진 부분을 지적하면서 그 부분을 추가할 수 있는 방법을 제안해주었다. 그는 그날의 주제, 그리고 애서가협회에서 지난주에 벌인 토론, 그리고 누군가의 신간에 관해서 가볍게 몇 마디 언급했다. 그리고 언젠가 그 신간을 한번 읽어보라고 제안하고, 다음 주에 발표할 에세이 주제를 다시 한 번 확인하면서 수업을 마쳤다. 그런 다음 우리를 매점으로 데리고가서 우리의 당연한 권리라는 듯이 셰리주 한 잔씩을 안겨주었다. 화요일은 그렇게 지나갔다.

금요일이 되면 딕이 에세이를 읽었고 나는 조용히 그가 읽는 에세이와 하니쉬 교수가 나에게와 똑같은 방식으로 그것을 샅샅이 해부하는 과정을 지켜보았다. 다음 주에도 같은 과정이 되풀이되었다. 학기가 끝나갈 무렵 우리는 각각 여덟 편의 에세이를 작성했고, 여덟 편의 에세이를 들었다. 8주는 짧은 기간이지만, 강도 높은 교육을 받고 난 우리는 그 분야에 대해 꽤나 잘 알게 된 기분이었다.

언어와 문학을 공부하던, 그보다 더 초기단계에 우리 학급은 일주일에 두 차례씩 고전을 번역했다. 독일어 산문을 영어로, 영어 산문을 에스파냐어로, 러시아어 시를 영어 시로, 영어 서정시를 라틴어 서정시로. 어느 때는 혼자서, 어느 때는 급우와 함께한 번역문을 개인교사에게 가지고가면 그는 말 그대로 한 자 한 자 검토했다. 그는 우리가 골라 사용한 운율이며 어휘를 비판하고 이상한 문구에 대해서는 다른 표현을 제안하고, 운율을 따져보고, 가끔가다 어이없는 실수가 발견되면 주변 여백에 (!) (?) 따위의 표시를 해놓기도 했다. 마지막으로 전체 번역의 매끄러움과 아름다움에 대해서 들려주었다. 개인교사는 대체로 자신이 그 부분을 직접 번역한 내용을 우리에게 보여주었다. 베끼거나 원하는 대로 발췌해 쓸 수 있도록 하기 위해서였다. 그때마다 우리는 그의 번역 솜씨며 문장의 아름다움에 탄복하지 않을 수 없었다. 이 초기단계에는 일주일에 한 차례 정도 예닐곱 명이 개인교사의 연구실에 모여 구체적인 주제에 관한 짤막한 에세이를 읽었다. 그러면 그는 그 에세이들을 연달아 비평했다. 그보다 좀 나중 단계에서 하니쉬가 하는 것만큼 강도 높은 비평은 아니지만, 좀더 많은 제안을 함으로써 우리의 다양한 관심을 고루 자극해주었다. 당신이 농민전쟁과 루터에 관한 에세이를 쓰고, 다른 친구들이 쓴 다섯 편의 에세이(에라스무스와 종교개혁, 울리히 폰 후텐의 비극적인 삶, 피터 카니시우스와 독일 예수회, 뮌스터의 재세례파, 그리고 황제와 교황의 음모)를 들으면, 독일의 종교개혁에 대해 뭔가 좀 알게 된다.

  물론 전형적인 사례라고 볼 수는 없지만 내 자신의 경험을 한 가지 더 예로 들어보겠다. 나는 그리스어를 가르쳐준 학교선생님 부캐넌에게 큰 은혜를 입었다. 그 선생님은 내가 유일한 학생이어서 거의 내 개인교사나 마찬가지였다. 게다가 그는 그렇게 하려고 점심시간을 반 뚝 잘라 나에게 할애하기까지 했다. 우리는 둘 다 그리스어를 가르치고 배우는 일을 남다르게 여겼다. 나는 괴상하긴 하지만 매력적인 문자로 쓰인 언어를 배운다는 생각에 이끌렸기 때문이고, 그는? 왜 그랬는지 잘 모르겠다. 아무튼 그는 자신이 가꾸는 정원 말고는 아무 데에도 좀처럼 관심과 열의를 보이는 법이 없는 울적하고 과묵한 스코틀랜드인이었다. 모르긴 해도 아마 대학에 진학하려는 나를 도와주고 싶었던 것 같다. 학생이 열의를 보이면 그는 여가시간을 포기할 정도로까지 가르치는 일을 좋아했다. 분명히 그리스 문학도 좋아했을 것이다. 그러지 않고서야 나에게 그토록 혼신의 힘을 기울일 수는 없었을 테니까. 동기야 어찌 되었든 간에 그는 자상하게, 그렇지만 바늘 들어갈 틈도 없이 혹독하게 나를 지도했다.

  나는 그의 책상 옆에 앉아서 날마다 할당받은 하루분 호메로스를 한 줄 한 줄 번역했다. 그러노라면 어느 때는 점심 먹고 나서 축구를 하는 친구들의 왁자지껄한 소란에 정신이 팔리기도 했다. 그는 아주 사소한 부분까지 놓치지 않았다. 그러면서 문자 그대로 직역하는 게 초보자에게는 제일 좋다고 지적했다. 그는 시간보다 미리 끝내도 짐을 챙겨서 가도록 허락하지 않았다. 내가 전혀 준비하지도 보지도 않은 다음 쪽을 해보라고 시켰다. 그는 까다로운 단어가 나오면 더러 도와주기도 했지만 주로는 파이프 담배 연기와 축축한 옷 냄새와 정원 냄새를 맡으면서 엄한 표정으로 가만히 앉아 있었다. 겨우겨우 이해하느라 급급한 어린 소년에게 이게 바로 학자의 길이요 진정한 가르침이라는 것을 보여주면서 말이다.

수업

가르침의 세 번째 방법은 가장 흔히 볼 수 있는 것이다. 바로 교실에서 학업이 이뤄지는 방식이다. 그것을 어떤 하나의 이름으로 지칭하기는 어렵다. '반복'은 너무 기계적으로 들린다. '토론'은 교실에서 흔히 이뤄지는 모습보다 더 자유로운 교류처럼 들린다. 미국에서 전통적으로 쓰는 용어는 '수업 recitation'이다. 교실에서 이뤄지는 수업은 기본적으로 암기에 바탕을 두고는 있지만 암기보다 훨씬 더 많은 것을 포괄한다.

뭐라고 부르든 간에, 이미 말한 대로, 이 방법의 기본은 한 권의 책, 일련의 문서들, 혹은 어떤 특별한 지식분야를 연구하는 것이다. 학생들은 『맥베스』를 읽거나 가슴 해부하는 법을 배운다. 교사는 수업에서 다룰 주제를 부분으로 나누고, 수업시간에 맞춰 각 부분을 준비한다. 학생들과 만날 때 교사가 할 일은 두 가지이다. 하나는 학생들이 알아야 할 것을 설명하는 것이다. 교사는 학생들이 이해할 수 있도록 돕고, 그들이 간과한 것을 지적하고, 더러 연습이나 반복, 혹은 폭넓은 독서를 통해 자신감을 심어주는 식으로 그 일을 한다. 또 하나는 학생들이 틀림없이 배우도록 보장하는 것이다. 첫 번째만큼 중요하지는 않지만, 불행하게도 많은 학교에서는 두 번째 점을 훨씬 더 강조한다. 교사를 육성하고 고용하는 진정한 목적은 학생이 공부를 하도록 '도우라'는 것이다. 그들이 반드시 공부를 하도록 '만들' 필요는 없다.

두 번째가 첫 번째를 압도하게 된 게 정확히 언제부터였는지는 알 길이 없다. 아마도 서구사회에서 보편교육이 실시되면서부터가 아닌가 싶다. 물론 지금껏 제도교육에 대한 저항과 어렵고 따분한 것을 배우는 데 대한 반감은 늘 있어 왔다. 구구단을 재미로 외우는 사람은 거의 없다. 역사를 한참 거슬러가면, 셰익스피어조차도 학창시절에는 달팽이처럼 마지못해 학교를 꾸역꾸역 기어올라갔다는 사실과 만나게 된다. 이렇게 거의 모든 학생들이 학교에 반감을 품게 된 것은 교육이 더 이상 극소수가 추구하는 특권이기를 그치고 모든 이들에게 제공되는 강제사항이 되면서부터였다는 게 내 생각이다. 교육을 16세 이하의 모든 아동과 청소년들에게 베푸는 나라에서는 그것을 국가가 제공하는 (법률·공공보건·국가안보에 버금가는) 값진 선물이라고 생각하는 이들이 거의 없다. 교육이 온통 통제와 훈육으로 뒤범벅되어 있다면 학생들은 그것을 혐오할 수밖에 없다. 반면 교육이 편하고 즐거운 것이라면 학생들은 그것을 심각하게 받아들이지 않는다. 학생들이 매년 '자동적으로 진급하는' 학교에서는 말이다. 이것은 학생들이 1학년 과목을 엉터리로 공부했다 해도 아무 문제없이 2학년으로 올라갈 수 있다는 것을 뜻한다. 그들은 1학년 때 선생님의 영향에서 쉽게 벗어나며, 그들보다 더 똑똑하고 열심히 공부하는 급우들에게 특별히 열등감을 느끼지도 않는다. 나는 개인적으로 이 같은 부진아들은 책과 씨름하는 교육에 적합하지 않다고 선언하고 그들을 직업훈련학교나 CCC 캠프* 같은 옥외학교, 아니면 가정학교로 보내서 성장할 때까지 엄한 훈련자에게 맡기는 적극적 조치 말고는 달리 해법을 떠올릴 수 없다. 교육에 관한 한 이상주의자로서 너무도 온화하고 자애로웠던 몽테뉴조차 답

---

*민간자원보존단(CCC)에서 공원과 숲, 농촌과 황야 같은 곳에 여는 캠프

을 내놓지 못하긴 마찬가지였다. 그는 이렇게 말했다. "개인교사는 배우기를 한사코 거부하고 거기에 별 재능이 없는 것으로 판명 난 학생은 제쳐둘 수밖에 없다. 그런 학생은 제과점의 견습생으로 보내는 편이 한결 낫다."

그렇다면 교사는 과연 어떻게 학생들이 공부를 하게 '만들' 수 있을까?

그것은 상당 정도 교사의 능력과 성격에 달려 있다. 세상에는 잠깐 통화하는 것을 엿들었을 뿐인데도 바로 단조롭고 바보 같은 사람이라는 인상을 심어주는 이들도 있다. 이런 사람들은 결코 훌륭한 교사가 될 수 없다. 방법에 관해서는 어떤 것을 추가할 수 있을까?

시험

학생들이 학업에 충실한지 아닌지 확인하고, 그들이 장차 열심히 공부할 수 있도록 북돋워주는 방법은 질문을 던지는 것이다. 문서화된 질문에 문서화된 답을 하는 것이 바로 '시험'이다. 시험, 참으로 끔찍한 단어다. 이때까지 살면서 무수한 시험을 치렀으니 익숙해질 만도 한데 여전히 그 말만 들으면 머리가 지끈거린다. 한데 나는 그것을 대체할 수 있는 이렇다 할 것을 떠올릴 수 없고, 좋은 아이디어를 가진 사람도 만나본 적이 없다. 교육의 역사를 돌아보면 사람들을 훌륭하게 교육한 시대에는 시험이 하나같이 구두시험이었다는 사실이 흥미롭다. 그리스인과 로마인들은 시험을 치를 때면 시를 암송하거나 연설을 해야 했다. 셰익스피어가 본 시험도 구두시험이었다. 위대한 중세 대학에서, 석사나 박사 학위를 받으려면 논문을 발표하고 거기에 대한 적수들의 비판에 맞서 그 내용을 방어해야 했다.(오늘날의 박사논문 심사에도 남아 있는 전통이다.) 모두들 같은 시험지에 머리를 처박고 인상을 쓰면서 손톱을 물어뜯는 지필시험은 19세기

이후에야 출현했다. 인구수가 급격하게 증가하고 현대 산업기술이 더욱 정교해진 것과 때를 같이 하는 현상이다. 국가고시 지망생으로 가득한 교실에서 정해진 시간 내에 눈을 부라리는 감독의 감시를 받으면서 시험을 치르는 것은 포드 자동차공장의 조립라인과 너무나 흡사한 광경이다.

이것은 교육전문가들이 기계처럼 운영되는 시험제도와 점점 닮아가고 있는 사실이 증명하는 바이다. 그들의 목적은 학생들이 배운 바나 그들의 지적 능력을 객관적으로 테스트하는 시험지를 마련하는 것이다. 이는 큰 병원 실험실에서 저마다 다른 수백 명의 환자를 대상으로 실시하는 혈액검사나 조직검사와 다를 바가 없다. 이때 환자들은 검사자가 누구인지 알지 못하고 오로지 판결만 받을 뿐이다. 시험은 전문가들이 출제한다. 그들은 질문을 만들어내고, 각 문항마다 하나의 정답과 세 가지 오답을 단다. 네 개 가운데 하나는 틀림없이 정답이다. 시험을 보는 이들은 모두 그 사실을 알고 있다. 그들은 네 항목 가운데 하나를 고르면 된다. 교사들은 마치 램프 공장에서 램프를 테스트하는 노동자처럼 숙달된 솜씨로 모범답안에 표시된 정답과 대조하면서 시험지를 채점한다. 만점에서 틀린 수만큼 점수를 깎으면 학생의 성적이 나온다.

교사의 관점에서 이것은 너무나 쉬운 일이다. 암기한 내용을 시험 보는 것은 유용하다. 교사가 학생들의 지식을 좀더 신속하게, 좀더 공식적으로 점검할 수 있는 방법이 있다면, 수고스럽게 학생들을 일일이 찾아다니면서 유럽에서 무슨 혁명이 일어난 연도와 날짜 따위를 물어볼 까닭이 없잖은가.

하지만 암기를 넘어서는 차원에서는, 이러한 시험이 그리 믿을 만한 게 못된다. 신약성서에 대한 시험이라고 해보자. 첫 번째 문제는 가령 이런 식이다.

1. 베드로는 _____(이)다. 빈칸에 알맞은 것을 골라라. (   )

　① 군인

　② 부유한 바리새인

　③ 가난한 어부

　④ 부유한 농부

　4개의 답안 문항은 마치 모두 평등한 것처럼 배치되어 있다. ③번이라고 답한 사람이 맞다. ①번이나 ④번이라고 답한 사람은 베드로에 관해서 뭔가 들은 게 있는 사람이다. 하지만 ②번이라고 적은 사람은 오답을 표기한 것일뿐 아니라 몇 가지 사사로운 견해를 드러내고 있기까지 하다. 우리가 그런 문제를 물으면 '주관적' 요소가 고개를 쳐든다. 교사는 필히 학생이 보여주는 지식과 적용력, 그리고 주제를 전반적으로 이해하는 능력을 평가해야 한다. 가르치는 내용이 단순히 개별적인 요소를 암기하는 것 이상이거나 좀더 거대하고 복잡한 사고유형을 독창적으로 이해하는 것일 때는 더욱 그래야 한다.

　그런데 온통 이런 질문으로 도배된 시험을 보다 보면 학생의 태도는 자연스럽게 거기에 적응된다. 학생은 서로 아무 상관도 없는 사소한 사실들의 집합을 익히는 것이다. 하지만 학생들에게 심어주려고 애써야 하는 것은 바로 구조에 대한 감각이다. 폭넓은 역사적 과정, 광대한 지리적 관련성, 위대한 책의 줄거리나 의미를 이해하는 능력 같은 것 말이다. 학생들이 자꾸만 분절적인 시험에 익숙해질수록 그들의 관심은 광의의 문제에서 진정한 지식이나 진정한 교육 없이도 배울 수 있는 원자화된 사실로 쏠리게 된다.

　하지만 이러한 시험이 학생들에게는 좀더 공정성을 보장하는 장치일 수 있다. 표준화된 시험이 처음 등장한 것은 다음과 같은 관찰에 힘입은 결과였다. 연구자들은 같은 답안지를 보고 성적을 매긴 시험관들의 채점기준이 놀라울 정도로 제각각이라는 사실을 발견했다. 그래서 시험관 A가 채점할 경우 가뿐하게 통과할 수 있는 학생의 답안지를 시험관 B가 채점하면 탈락하는 일이 비일비재했던 것이다. 그뿐 아니다. 연구자들은 같은 A 시험관이라 해도 기분이 상쾌한 아침에 답안지를 채점하느냐, 아니면 피곤에 절은 저녁에 채점하느냐에 따라 결과가 판이해진다는 사실도 발견했다. 그래서 정답이 미리 정해져 있고 기준이 오락가락하지 않는 시험을 고안하기에 이른 것이다. 그러면 답안지를 누가 읽든, 어느 때 읽든 간에 질문에 대한 정답은 언제나 같다.

　지금까지 이야기했듯이 A가 채점하느냐 B가 채점하느냐, 그리고 A가 쌩쌩할 때 채점하느냐 피곤할 때 채점하느냐에 따라 기준이 달라지면 곤란하다. 시험문항을 A가 출제하느냐 B가 출제하느냐, 아니면 올해 A가 출제하느냐 이듬해 A가 출제하느냐에 따라 난이도가 달라진다는 것도 문제이다. 그런데 특히나 유전에서 유전자가 담당하는 역할 같은 거시적인 지식을 평가하는 문제지를 A와 B가 똑같은 난이도로 출제하기란 거의 불가능하다.

　우리는 시험에 대비해서 기계적으로 학습하는 현상이 생길 것이라는 이야기를 듣곤 한다. 제아무리 '새로운 유형'의 시험이라 하더라도 대여섯 차례 치르고 나면 눈치 빠른 교사와 영악한 학생들은 시험범위에서 '시험에 잘 출제되는' 사실 50개를 어김없이 골라낼 수 있다. 최소한 그 가운데 35문항은 실제로 시험에 나올 게 확실하다. 그 문제들은 해마다 거듭 출제된다. 이런 유의 시험에서라면 당신은 최소한 3년에 한 번씩은 베드로가 농부인지 어부인지 물을 것이다. '시레나는 무슨 노래를 불렀는가?',

'아킬레스는 여성들 속에 숨었을 때 무슨 이름을 썼는가?' 하는 식으로 묻던 티베리우스 황제를 흉내 낼 도리밖에 없다.

하지만 깊이 꿰뚫어보아야 하는 복잡한 주제에서는 사지선다형이나 단답형 문제를 출제하는 게 사실상 불가능하다. 나폴레옹의 대륙정책이 지니는 약점은 무엇인가? 혹은 벨리니의 오페라가 지니는 중요성은 무엇인가? 같은 질문에는 수십 가지 답이 가능하다. 뭔가 정해진 답안을 마련하면 그 문제들을 거의 저능아 수준으로 단순화시키는 꼴이 된다. 그렇다면 어떤 해결책이 있겠는가? 어떻게 하면 우리 자신의 사사로운 약점이나 맹목성을 배제한 채 답안지를 공정하게 채점할 수 있을까?

가장 확실한 방법은 답안지를 위원회가 채점하도록 하는 것이다. 두 명의 전문가가 하나의 답안지를 따로따로 읽고(둘은 상대도 답안지를 읽으리라는 것을 알기에 좀더 신중하고 객관적으로 채점한다) 별도로 성적을 매기고 최종적인 성적을 결정하기에 앞서 상의를 거친다면 성적은 꽤나 신빙성 있어진다. 의견차가 좁혀지지 않을 경우 도움을 청할 수 있는 제3의 인물을 확보해두는 것도 좋다. 내가 지금껏 참가했던 가장 엄밀한 시험은 다섯 명의 위원이 채점한 시험이었다. 모든 답안지를 둘 이상의 채점위원이 읽었다. 아리송한 답안지는 서너 명이 달라붙어서 여러 번 되풀이해 읽었다. 일을 모두 마쳤을 때 우리는 인간이 할 수 있는 가장 공정한 채점 결과를 내놓았다고 자부했다.

하지만 한 명의 교사가 여러 학생이 제출한 답안지를 읽어야 할 경우에는 어떻게 공정성을 담보할 수 있을까? 사실 그렇게 하기란 지극히 어렵다. A는 기억력은 좋지만, 읽어내기가 힘들 정도로 답안지를 지저분하게 작성한다. B는 영리하고 재미있는 친구지만, 글을 쓸 때 맞춤법에 영 신경을 쓰지 않는다. C는 잘 나오지도 않는 펜이나 뭉뚝한 연필로 글을 써서 읽으려면 머리가 아프다. D는 키 크고 마른 학생으로 수업시간마다 어깨를 축 늘어뜨리고 기운 없이 앉아 있다. 좀처럼 눈을 들지도 않고 꾸벅꾸벅 조는 일도 흔하다. 그런 학생들의 답안지는 과연 열심히 읽을 가치가 있을까? 하지만 우리는 그들의 흠, 우리의 반감과 선입견을 모두 접어두고, 그들이 작성한 답안지를 냉정하게 읽을 의무가 있다.

  처음 읽을 적에는 그렇게 하기가 어렵다. 그러므로 모든 답안지는 하루의 간격을 두고 적어도 두 번 이상 읽어야 한다. 선입견을 모두 배제하긴 어렵다. 그래서 가능하면 응시자 이름을 보이지 않게 가려야 하고, 제출된 답안지들은 일정한 순서 없이 무작위로 정렬해야 한다. C 다음에 D가 나오는 식의 예상 가능한 순서여선 곤란하다. 답안지 전체가 풍기는 인상을 배제하기도 쉽지 않다. 그러므로 여러 장의 답안지를 채점할 때 (가장 힘들기는 하지만) 가장 좋은 방법은 답안지 한 장을 1번 문제에서 마지막 문제까지 내리 채점하는 게 아니라 문제별로 따로따로 채점하는 것이다. 좀 더 자세히 말하자면, A의 답안지를 모두 읽고 점수를 매긴 뒤 B의 답안지로 넘어가는 게 아니라, A 답안지의 문항 1을 채점하고 점수를 매긴 뒤 다시 B 답안지의 문항 1을 채점하고 점수를 매기는 식의 과정을 학생수만큼 되풀이한다. 문항 1의 채점을 모두 마치면 다시 A 답안지의 문항 2를 채점하고 점수를 매긴 뒤 B 답안지의 문항 2를 채점하고 점수를 매기는 식의 과정을 학생수만큼 되풀이한다. 같은 문제에 대해 저마다 다르게 작성한 답안을 모두 읽어내는 것은 무척 괴로운 일이다. 하지만 그렇게 하면 객관적으로 채점할 수 있다. 만일에 D가 C보다 요지를 더 조리 있게 정리했고 설득력 있게 설명했다면 당연히 C보다 좋은 점수를 받을 것이다. 당신이 같은 문제에 대한 답안을 모아서 읽는다면 대조가 가능하므로 점수를 좀더 공정하게 매길 수 있다.

시험이 다섯 개 문항에 답하도록 되어 있다고 치자. 당신은 출제에 앞서 시험문제를 어떻게 낼지 연구하고 각 문항에 따라 가장 중요한 점 몇 가지를 적어둘 것이다. 아마 어떤 응시자도 당신이 염두에 둔 모범답안을 고루 충족시키지는 못할 것이다. 어떤 응시자는 당신이 모범답안으로 미처 떠올리지 못한 점을 적어낼 수도 있다. 이것이 시험지를 두 번 읽어야 하는 또 하나의 이유이다. 학생들 모두가 당신이 중요한 점이라고 적어둔 내용을 적지 못할 수도 있다. 만일 그렇다면 그것은 당신이 그 부분을 잘 가르치지 못한 소치이다. 그러므로 잘 기억해두었다가 다음 해에는 그 점을 보완해야 한다.

채점을 모두 마친 뒤에는 개인별로 각 문항에 따른 점수를 적을 수 있는 칸 다섯 개, 총점을 기재할 수 있는 칸 하나, 메모할 수 있는 공간, 그리고 문자화된 성적(A, B, C…)을 적을 수 있는 칸 하나로 구성된 성적일람표를 준비한다. 먼저 1번 문제를 모두 채점한 뒤에 1번 문제에 대한 점수를 매기는 칸에 성적을 죽 적어내려간다. 그런 식으로 5번까지 성적을 다 적은 뒤 그 다섯 문항에 따른 성적을 모두 더해서 총점 칸에 최종성적을 적는다. 그러면 당신은 꽤나 객관적인 채점결과를 얻을 수 있고, 깔끔하게 그 일을 해낸 데 대해 흡족함을 느낄 것이다. 똑같은 일을 하루이틀 뒤에 새로운 성적일람표에 해보라. 그리고 두 결과를 비교해보라. 차이가 많이 나게 채점한 답안지는 다시 한 번 손을 보라.

이것은 꽤 신속하게 할 수 있으면서도 무척 공정한 방식이다. 당신은 그 어떤 성적에 대해서도 떳떳하다. 불만을 품은 응시자에게나 당신 자신에게나. 이것은 시험을 배움의 도구로 만들어주기도 한다. 때로는 사후에 시험문제에 대한 모범답안을 들려주는 것도 좋다. 성적을 잘 받은 학생의 답안을 몇 개 골라 읽어주어도 된다. 누가 작성했는지 아무도 모르게 할 수만 있다면 유독 어이없고 엉뚱한 답안을 몇 편 추려서 읽어주는 것도 괜찮다. 그걸 듣는 나머지 학생들은 그래도 나는 저 친구보다는 낫다며 위안을 얻는다. 엉뚱한 답안을 작성한 장본인은 말 같잖은 실수를 저지른 대목마다 터져나오는 친구들의 웃음소리를 들으면서 깨닫는 바가 있을 테고, 익명에 부쳐준 당신에게 고마움을 느낄 것이다. 학생들은 웃고 즐기는 가운데 당신이 공정을 기하느라 최선을 다했음을 알게 되며, 그 주제들을 단지 애먹은 시험문제로가 아니라 진지한 토론거리로 다시금 되새겨볼 수 있다.

질문과 토론

날마다 지필고사를 보는 것은 가능하지도 않거니와 그리 현명한 일도 못 된다. 주에 한 번도 많다. 하지만 날마다 학생들이 향상하고 있는지 어떤지 따져보긴 해야 한다. 교사도 그렇지만 학생들은 결코 제자리걸음을 하는 법이 없다. 항시 진보하거나 퇴보하거나 둘 중의 하나이다. 배움이 보태지지 않으면 아는 것마저 서서히 까먹는 꼴이 된다. 변하지 않으면 차츰 굳어진다. 그러므로 당신은 늘 공들이고 격려하면서 그들의 등을 떠밀어야 한다. 가르침은 학생을 끊임없는 성장과 발전으로 이끄는 과정이다.

  학생의 발전을 도모할 때는 흔히 질문을 던지는 방법을 활용한다. 그런데 형편없는 질문만큼 가르침을 형편없게 만드는 일은 없다. 학생들에게 던지는 질문에는 두 가지 종류가 있다. 하나는 학생들 각자가 예습을 해왔는지 확인하는 질문이다. 다른 하나는 학생들이 예습을 하면서 부딪힌 어려움이 뭔지 알아내는 질문이다. 첫 번째 질문은 학생들이 배우도록 '만드는' 것이고, 두 번째 질문은 학생들이 배우도록 '돕는' 것이다. 두 번째가 첫 번째보다 훨씬 더 중요하지만 그것은 이따금 도외시되곤 한다. 왜 그럴까? 교사는 자기가 가르치는 교과가 무척 쉽다고, 바보가 아닌 다음에야 별다른 도움 없이도 배울 수 있다고, 만일 그러지 못한 학생이 있다면 그거야 그 녀석이 게을러서일 뿐이라고, 미리 예습을 해온 학생에게는 무슨 설명을 덧붙일 필요가 없다고 믿는 경향이 있기 때문이다.

하지만 이는 하나같이 잘못된 가정들이다. 학생들에게 새로운 내용을 설명해주는 것은 거기에 관해 내준 숙제를 검사하는 것보다 더 중요하다. 학생들은 당신이 그저 틀렸다는 것을 까발리고 궁지로 몰면서 자기들을 난처하게 만드는 데에만 골몰해 있는지 그렇지 않은지 곧바로 알아차린다. 만일 당신이 정말로 그렇다면 학생들은 어떻게 하면 질문을 빠져나갈 수 있을지, 어떻게 하면 당신을 골탕 먹일 수 있을지 머리를 싸맬 것이다. 하지만 당신이 그들의 사사로운 약점이 아니라 교과에 더 관심이 있다는 것, 그리고 학생들 모두가 학업을 완수하게 한 다음 그 공을 혼자 차지하려 드는 공사판 감독 같은 존재는 아니라는 것을 깨닫는다면, 학생들은 그들의 배움과 당신의 가르침을 함께 가는 길로 바라본다. 그렇게만 된다면 대부분의 학생들은 전보다 한층 나아진다.

미리 예습한 내용을 묻는 질문은 반드시 긍정적이고 창의적이어야 한다. 이해력을 키워주고, 의미에 주의를 기울이게 만들고, 풀어야 할 문제를 드러내줄 수 있도록 말이다. 학생들에게 지리 교과서 300쪽에서 309쪽까지, 즉 '중동의 지리와 자원'에 대해 미리 예습해오라고 시켰다 치자. 교사는 교과서를 펼친 뒤 머릿속으로 대충 한 쪽당 5분씩 할애해 50분 동안 10쪽에 대한 예습 여부를 확인하는 질문을 던지겠노라 작정하고 교실을 어슬렁거리면서 묻는다.

"바쿠는 어디에 있는가?"

"거기에서 나는 자원에는 어떤 것들이 있는가?"

"홍해에 자리한 주요 항구는 어디어디인가?"

"바레인에서 나는 산물의 이름을 대라."

그러면 학생들은 책에 나오는 문장을 앵무새처럼 반복할 것이다. 이런 수업이라면 어떨까? 교사 자신은 좀 편할는지 몰라도 이것은 아마도 수업을 가장 형편없게 진행하는 방식일 것이다. 예습을 착실하게 해온 학생은 학교를 졸업하고 20년이 지난 후에도 홍해에 있는 주요 항구의 이름을 댈 수 있을 것이다. 건성인 학생도 아마 다음번 시험을 치를 때가 되면 항구 이름을 주워섬길 수 있을 것이다. 하지만 둘 다 중동이라는 독특하고 중대한 지역을 제대로 이해했다고 보긴 어렵다. 그렇게 해서는 중동에 대해 좀 더 연구해보고 싶다는 생각을 막연하게나마 품어볼 수가 없다.

학생들이 교과서에 나오는 개별 사실을 익힌 다음 그것들을 더욱 철저하게 관련짓고 생생하게 만들도록 이끄는 게 좋은 가르침이다. 학생들로서는 자신들의 삶과 아무 연관이 없고, 거시적인 구조에 어떻게 끼워넣어야 할지 잘 모르겠는 낱낱의 정보를 기억하자면 고통스러운 노력이 필요하다. 하지만 선명한 그림은 애써 노력하지 않고도 즐겁게 기억할 수 있다. 학생들이 예습해온 수많은 사실을 한데 엮고 새로운 관점으로 바라볼 수 있게 해주는 주제를 토론한다면 충분히 가능한 일이다. 물론 토론 주제는 학생의 연령대에 따라 달라진다.

열두 살을 전후한 학생들이라면, 지도 그리기를 해볼 수 있다. 학생들이 정정할 수 있도록 가끔가다 일부러 실수를 저지르기도 하고, 어느 곳은 비워둔 채 채우는 일을 도와달라고 부탁한다. 이때는 똑똑한 학생들 몇에게만 치우치지 않도록 유의하라. 학생들이 고루 기여할 수 있도록 신경을 쓰고, 혹시나 학생들이 멍청한 짓을 한다 해도 면박을 주거나 나무라지 않도록 조심하라. 도시나 항구뿐 아니라 송유관이나 사막, 파괴된 도시 같은 다소 까다로운 것도 표시하도록 해보라. 약간만 거들어주면 학생들은 그 일을 너끈히 해낼 것이다.

고등학생들이라면, 좀더 정교한 지도를 제작하고 거기에 관해 토론할 수 있다. 예컨대 당신은 국경과 산맥과 해안이 표시된 중동지역 지도 위에 색깔별로 종교집단을 표시하는 그림을 겹쳐 그릴 수 있다.(가령 흰색은 이슬람교도, 노란색은 유대교도, 파란색은 기독교도, 빨간색은 파시교도를 나타내는 식으로.) 각국의 언어와 경제력에 대해 토론해볼 수도 있다. 언어라면 아마도 이런 질문이 가능할 것이다. 다양한 종족들 가운데 서로 진정으로 이해하는 이들은 누구누구인가? 그들은 어떤 언어를 사용하는가? 각국의 경제력에 대해서는 이런 문제를 토론해볼 수 있다. 석유와 진주 같은 고부가가치 상품이 생산되는 지역은 어디인가? 심하게 가난한 지역은 어디인가? 생활수준이 높은 레바논 같은 지역이 얼마나 되는가? 그 외에도 학생들이 지리 교과서에서 배운 학습과 관련되고 그들의 생각을 키우는 것이라면 무엇이든 토론 주제로 올릴 수 있다.

대학생들은 좀더 까다로운 문제를 토론할 수 있다. 가령 그들에게 중동지역 전체를 경제적으로 고루 발전시키기 위한 50년 장기계획을 구상해보라고 하는 것이다. 그 계획이 지니는 이점은 무엇인가? 풀어야 하는 난점은 무엇인가? 제기될 수 있는 반대에는 어떤 것이 있으며 그것은 어떻게 극복할 수 있는가? 이러한 이상적인 논의를 보완하기 위해 강대국들의 중동전략을 살펴보는 데 별도의 시간을 할애해도 좋다. 강대국들이 강점하거나 파괴하고자 하는 주요 타깃은 무엇인가? 이스라엘·이집트·이란의 입장은 서로 어떻게 다른가? 당신이나 학생들이 그린 지도를 참고하면서 이러한 문제에 대해 두 시간 동안 집중적으로 토론을 벌여보라. 그러면 학생들은 머릿속에서 미리 예습한 내용을 한꺼번에 연관 짓고, 거의 잊혀져가던 사실을 다시금 분명하게 떠올리고, 지금 논의하는 주제를 당장의 삶이나 미래의 삶에 통합할 수 있다.

지도 없이 토론을 전개할 경우에는 칠판을 활용하면 된다. 교실에서 어떤 문제를 토론할 때 가장 어려운 점은 토론을 통제하고 이끄는 것, 즉 모종의 결론에 도달하게 만들거나 그게 아니라면 적어도 토론의 주제를 좀 더 명료하게 만드는 것, 그리고 학생들이 제멋대로 지껄여대는 참새떼처럼 한꺼번에 의견을 쏟아내지 못하도록 막는 것이다. 이 문제는 마샬 포슈 Marshal Foch*가 고안한 기법을 쓰면 무리 없이 해결할 수 있다. 연합군 수뇌부들이 모여 회의를 할 때면 그들은 상당 시간 동안 어떤 결론에도 도달하지 못한 채, 아니 어떤 접점도 찾지 못한 채 서로 설전을 벌였다. 그러면 포슈는 커다란 종이를 펼치고 맨 위에 굵은 글씨로 이렇게 적었다.

문제가 무엇인가?

그러면 몇 분 만에 문제의 가닥이 잡힌다. 보급품 문제가 아니었다. 첩보 문제도 거론되었지만 오직 나중 단계에서였다. 보병이 결부된 문제도 아니었다. 수송이 시급한 관심사였다. 수송과 기술병. 이제 문제는 분명하게 좁혀졌다. 포병대원도 고려대상이었다. 견해가 개진되고 우선순위가 정해졌다. 문제의 범위를 정하고 연관된 것들이 무엇인지 분명히 하자 전에는 막연하고 까다롭게만 느껴지던 문제가 한결 쉬워졌다.

토론할 때면 주제가 뭔지 학생들에게 확실하게 주지시켜야 한다. 일단 문제가 뭔지 칠판에 적으라. 학생들이 해결책을 제안하면 그것을 하나하나 받아적으라. 이때 필요하다면 표현을 다소 가다듬거나 달리해도 된다.

---

*프랑스 군인. 뛰어난 전략가로 제1차 세계대전 당시 연합군 총사령관이 되어 전쟁을 승리로 이끌었다.

문제와 해결책을 한눈에 잘 띄도록 논리적인 틀로 정리하는 데 특별히 유념하라. 가령 이렇게 말이다.

    햄릿은 왜 왕을 죽이지 않는가?

        이유 1)_____
           반대와 수정
        이유 2)_____
           반대와 수정
        이유 3)_____
           반대와 수정

        결론 a)_____
           b)_____

학생들이 공부하는 내용과 끊임없이 연관 지으면서, 될수록 많은 제안과 답변을 이끌어내는 토론을 진행하면 학생들은 그 분야를 한층 깊이 이해할 뿐 아니라 생각을 조직화하는 값진 능력도 기를 수 있다. 그들은 이내 모범이 되는 이들을 보고 배운다. 그래서 자신도 모르는 사이에 에세이를 작성하거나 자기만의 학업계획을 세울 때도 비슷한 논리적 모델을 동원한다. 그들은 암기와 창의적인 사고 사이의 틈을 메울 수 있다.

경쟁심의 활용
경쟁심을 부추기지 않으면서 이런 식으로 학급을 이끌어가긴 어렵다. 교사가 경쟁을 특별히 강조하지 않아도 학생들은 경쟁심을 느끼게 마련이다. 부진한 학생들은 다른 급우들이 다 맞추는 쉬운 문제도 풀지 못하면 쥐구멍이라도 찾고 싶은 심정이다. 더디긴 하나 착실한 학생은 격려해주면 더 열심히 공부한다. 머리는 좋지만 덜렁대는 학생은 도전의식을 심어주는 게 좋다. 경쟁은 학생들이 단지 무형의 군상에 그치지 않도록 해주며, 때론 학생들의 삶을 다채롭게 이끌어준다.

그렇다면 가르침에서는 경쟁심을 어느 정도 활용하는 게 좋을까? 매주 상과 벌을 내리거나 칭찬과 모욕을 퍼부으면서 경쟁심을 부추기는 게 옳은가? 그냥 나 몰라라 하는 게 옳은가? 아니면 될수록 경쟁심을 줄이는 게, 아니 가능하다면 아예 근절하는 게 옳은가?

가르침에 경쟁을 끌어들이는 방식은 나라마다 제각각이다. 어떤 나라의 경우 학업에서 경쟁은 역사가 오래된 뿌리 깊은 전통이다. 또 어떤 나라에서는 경쟁을 업신여기고 경쟁을 뿌리 뽑는 편을 선호한다. 경쟁이 지니는 가치는 지역마다 나이대에 따라 다르다. 하지만 그것과 관련해 일반적으로 지적할 수 있는 사항이 몇 가지 있긴 하다.

먼저, 경쟁은 아이들에게 자연스러운 본능이다. 아이들이 놀이에 빠져 재미있게 같이 놀면서 서로 우겨대고 으스대는 것을 가만히 들여다보라. 그러면 그 모든 것이 협동과 경쟁, 팀워크와 경쟁심으로 온통 버무려져 있음을 깨달을 수 있다. 어른들이 벌이는 그보다 한층 더 심각한 경쟁을 한 번 떠올려보라. 사업 분야나 정치 분야뿐 아니라 인간이 관여한 거의 모든 분야에서는 경쟁상대를 따돌리고 세상에 널리 이름을 날리고자 하는 강력하고도 집요한 욕망이 도사리고 있다. 집, 가구, 옷, 자동차, 그 외 여러 가지 장식품 같은 지극히 사사로운 부분에서의 경쟁 역시 도처에 만연해 있다. 우리가 숱한 시간과 돈을 뿌려가면서 챙겨보는 스포츠야말로 아예 드러내놓고 승부를 다투는 노골적인 경쟁의 장이 아닌가?(흥미롭게도 '무자비하고 살벌한 경쟁의 정신'에 입각해 있다며 자유민주주의를 거세게 공격했던 볼셰비키들도 정작 그들 자신은 경쟁의 가치와 효력을 두둔했다. 그들은 보통사람들보다 훨씬 더 많은 성과를 거둔 러시아의 스타하노프나 독일의 헨넥케 같은 생산자들에게 후한 보상을 내렸다. 공장과 작업장들은 산출을 늘이려고 앞 다투어 경쟁에 나섰다.) 경쟁을 향한 본능은 몹시 강렬해서 완전히 뿌리 뽑을 수 없다. 교육에서는 그것을 건설적으로 활용하지 않으면 안 된다.

경쟁심은 자연스러울 뿐 아니라 틀림없이 값진 덕목으로 승화시킬 수 있다. 인간이 태어나서 성장하는 것은 마치 무에서 유를 창조하는 것과 같다. 당신은 스스로가 어떤 사람인지 분명하게 알 수 없다. 또한 무엇이 되고 싶은지도 정확히 알지 못한다. 자신이 뭐가 될 수 있을지, 혹은 무엇을 할 수 있을지에 대해서도 말하기 어렵다. 당신은 그저 스스로를 남들과 구별 지음으로써 서서히 자신을 만들어간다. 나중에는 질적인 차이로 드러나겠지만 당장은 그저 정도 차이에 불과하다. 당신은 A보다 빨리 달릴 수 있고, B보다 더 높이 뛸 수 있다. 비록 수영은 C가 나보다 더 빠르지만 다이빙에서만큼은 C를 앞지를 수 있다. X는 누구보다 캐리커처를 잘 그리고, Y는 귀신 이야기에 있어서만큼은 누구도 따를 자가 없고, Z는 교장선생님에 대한 웃기는 시를 아주 잘 쓴다.

경쟁심은 자만심·이기심·시기심 같은 부정적인 측면뿐 아니라 용기·결단력·성실성 같은 좋은 점도 키워준다. 그러므로 학교는 경쟁심을 통제하되 적절하게 활용할 필요가 있다. 목적에 합당하게끔 신중하고 알맞게 사용하면 경쟁심은 좋은 점을 형성시키고, 더욱 열심히 배움에 매진하도록 부추겨준다. 경쟁이 지나치게 과열된다 싶으면 제동을 걸어야 한다. 열

네 살 된 학생들이 풋볼 경기에서 상대 고등학교를 무찌르는 것 못지않게 필사적으로 수학경시대회에서 우승하고 싶은 열망에 불탄다면 그것은 위험신호일 수 있다. 프랑스 대학에서 옥스퍼드를 방문한 어떤 교수가 나에게 시험 치른 뒤 자살하는 학생수가 얼마나 되느냐고 물은 일이 있었다. 그의 질문을 받은 나와 내 대답을 들은 그, 둘 가운데 누가 더 놀랐을까?

  16세기와 17세기 서구사회에서 가장 성공적인 교육법을 실행한 예수회 수사들은 경쟁의 정신을 매우 강력하고 다채롭게 써먹었다. 그들은 경쟁심을 학생들이 배우게 '만드는' 방법으로가 아니라, 그들의 숨은 에너지를 끌어냄으로써 그들이 스스로 배우도록 '돕는' 방법으로 활용했다. 그들은 뛰어난 학생들을 서로 경쟁시켰을 뿐 아니라 대중을 이끄는 오늘날의 지도자들에게 친숙한 기법을 쓰기도 했다. 즉 집단과 집단을 맞대결시키고, 학급을 절반으로 갈라 양편을 맞붙이고, 한 팀을 이루는 여섯 명이 서로 경쟁하도록 부추기고, 그리고 마침내는 반 전체를 약간 수준차가 나는 다른 반과 겨루게 만든 것이다. 당시 서로 실력을 다투도록 자극받은 최고의 학생들은 오늘날까지도 우리를 놀라게 만드는 위대한 지적 성취를 일구어냈다. 최고의 학생이 딱 한 번 시 한 쪽을 읽은 뒤 그것을 외워보겠다고 자청한다. 그러면 그에 질세라 또 다른 경쟁자가 두 쪽에 도전한다.(예수회 수사들은 기억력을 개발하는 데 남다른 노력을 기울였다. 심지어 벌을 내릴 때도, 가령 지각을 하거나 학업에 게으른 학생에게는 시 100행을 외게 하는 식으로, 기억력을 키우는 데 역점을 두었다.) 특별히 우수한 학생들은 (역시 예수회의 감독을 받고 있는) 싹수 있는 친구를 중대한 문제에 관한 격론에 끌어들이며, 연설문의 논리를 마련하고 문구를 가다듬고 전달하는 데 몇 주를 보낸다. 사제들은 그 어려움을 부풀리곤 했지만, 그 학생들 가운데 신경쇠약에 걸렸다는 이야기를 들어본 일은 없다. 어쨌거나 그들이 오늘날의 우리들보다 더욱 심하게 경쟁에 내몰린 것만은 틀림없다. 하지만 그 점이 바로 코르네유, 몰리에르, 데카르트, 볼테르, 부르달루, 타쏘를 낳은 기법의 일부였음을 부인하긴 어렵다. 나쁜 교육제도가 어찌 그 같은 천재들을 배출할 수 있었겠는가?

 학생들의 에너지를 이끌어내기 위해 경쟁심을 다양하게 활용하는 것도 교사가 감당해야 할 몫이다. 당나귀에게가 아니고서야 속이 훤히 들여다보이는 당근·채찍 전략은 통하지 않는다. 대단히 복잡한 학생들 머릿속에 감춰진 힘을 끌어내려면 참으로 흥미로운 자극이 필요하다. 저력이 엿보이는 명석한 학생이 일부러 심통을 부리면서 학업을 게을리하는 모습을 보면 안타깝다. 그런데 그가 그렇게 쓸데없는 생각이나 하면서 헛되이 시간을 흘려버리는 것은 주위에 겨눌 만한 상대가 없는 탓이다. 다른 학교에서 그의 적수가 될 만한 학생이 전학 오면 그는 아연 배움에 열띤 의욕을 보이고 삶의 진정한 의미를 되찾는다.

 한편 경쟁이 너무 치열한 상황에서는 자칫 학생들이 지나칠 정도로 거기에 집착하지나 않는지, 상대를 넘어서려는 건전한 바람이 스스로를 괴롭히고 상대를 미워하는 지경으로까지 번지지나 않는지 유심히 살펴야 한다. 어디까지나 상호협력을 바탕으로 하는 선의의 경쟁이어야 하니까.

전통의 활용

이제 전통에 대해 언급할 차례다. 전통은 일부 교사들이 활용할 수 있는 또 하나의 값진 자극이다. 유감스럽게도 대부분의 교사들은 전통을 활용할 수 없다. 없는 전통을 갑자기 만들어낼 수는 없는 노릇이니까. 전통을 옹호하는 사람들 가운데에는 더러 그것이 필수불가결하다고 우기는 이들도 있지만 꼭 그런 건 아니다. 어떨 때는 전통이라는 게 믿을 만한 게 못 된다. 전통을 끌어들이다 보면 생각지도 않은 엉뚱한 결과가 빚어질 수도 있다. 어떤 사람들은 전통이라면 치를 떨면서 완전히 파괴해야 한다고 주장한다. 하지만 세계 여러 나라에서 전통의 중요성은 날로 강조되는 추세다.

전통 있는 학교가 지니는 힘이란 어떤 것일까? 위대한 인물을 배출시켰으며, 아무개가 책을 읽곤 하던 벤치, 아무개의 이름이 새겨진 책상 같은 유물을 고이 간직하면서 그들의 이름을 기리는 수백 년 전통의 유서 깊은 대학을 한번 떠올려보자. 그 학교 도서관은 위인들이 한때 거기 학생이었을 적에 뒤적여보던 책들로 가득하고, 그들이 생을 마감하면서 그 학교에 기증한 책들로 장서가 더욱 풍부해진 상태다. 대학 강의실은 저마다 번호 대신 그 학교가 낳은 위인의 이름을 달고 있다. 놀라울 정도로 명석했던 그들은 세상에 나아가 널리 이름을 날리기 전에 몇 년씩 가난이나 불행감과 싸우면서 스스로를 단련했다.

그런 학교에는 그만의 고유한 정기가 깃들어 있다. 그것은 학교 건물, 어느 특정 시대의 교수진이나 학생을 뛰어넘는 분위기로, 그곳에 몸담은 모든 이들의 정신과 영혼에 막강한 영향을 끼친다. 우리들 대부분이 그랬듯이, 아무런 특별한 전통도 없는 평범한 학교를 다닌 학생들, 혹은 특별난 기억이 거의 없는 신설 대학을 다닌 학생들로서는 수백 년 전통을 지닌 학교에 다니면서 스스로 그 전통의 일부라고 느끼는 학생의 자부심을 헤아릴 도리가 없다. 만일 그 전통이라는 게 마치 귀족가의 일원이 되는 것처럼 배타적이라면 사람들을 옴짝달싹 못하게 옥죌 것이다. 하지만 우리가 주목하는 것은 학생들을 더욱 풍요롭고 성숙하게 이끌어주는 배움의 전통이자 창조적인 기운이다. 그런 전통은 학생들을 구속하는 게 아니라 그들의 정신을 단련해준다.

이런 흐름은 기본적으로 중세 후반에 시작되었으며 그때 이후 점점 더 거세지고 있다. 옥스퍼드 대학, 케임브리지 대학, 파리 대학, 살라망카 대학, 크라쿠프 대학, 프라하 대학 같은 위대한 대학들, 그리고 이튼이나 윈체스터 같은 학교가 세워진 것도 바로 그즈음이다. 물론 그 흐름은 그리스와 로마에 기원을 두고 있지만, 11세기가 되기까지는 암흑기라는 폐허 속에 깊이 잠들어 있었다. 그러다가 르네상스와 더불어 되살아났다. 르네상스 시기에 더 많은 대학이 들어섰고, 그전부터 있던 대학은 더욱 영역을 넓혀나갔다. 17~18세기에 접어들어서면서 그 물살은 한층 거세어졌고, 19세기에 이르러서는 넘쳐나는 지경이 되었다. 도시마다 학교가 생기고 주마다 대학이 들어서면서, 또 대학이 더욱 몸집을 불리고 협력보다는 경쟁을 지향하면서 대학교육을 받는 것은 꿈의 대상이라기보다 실현 가능한 현실이 되었다. 위대한 중세학교들은 말할 것도 없고, 하버드 대학(1636년 개교), 할레 대학(1693년), 차터하우스 스쿨(1611년), 보스턴 퍼블릭 라틴어 학교(1635년)보다 훨씬 더 역사가 짧은 학교와 대학들이 우후죽순처럼 생겨났다.

  하지만 앞서 열거한 유수의 학교들은 여전히 너무나 저명하고 결출한 인물을 많이 배출함으로써 전통의 위력을 유감없이 발휘하고 있다. 프랑스에서 1795년에 설립된 에콜 노르말 쉬페리외르*는 수백 명의 유명 극작가·철학가·과학자·정치인을 양성했다. 일반적인 교육기관, 학교·칼리지·대학 외에 생시르·웨스트포인트·샌드허스트 같은 사관학교, 프린스턴고등연구소 같은 연구기관, 각종 종교학교 등 특수 교육기관도 빼놓을 수 없다. 오래된 학교들 가운데에도 분명 평판이 나쁜 학교가 섞여 있다. 그러나 지난 세기에 인류의 문명을 개선하는 데 공을 세운 이들 만 명

---

*프랑스의 국립 교원양성기관인 고등사범학교

을 꼽는다면, 아마도 우리는 다음과 같은 결론에 도달할 것이다. '개중에는 링컨이나 톨스토이나 피카소같이 만족스러운 교육을 받지 못한 이들도 있고, 개인교사나 부모들로부터 빼어난 교육을 받은 이들도 있지만, 역시 (파스퇴르·루스벨트·니체·바이런을 필두로 하는) 대다수는 전통을 지닌 학교와 대학 출신들이다.' 그들을 그런 모습으로 주조한 데 이바지한 것이 바로 그들 학교의 전통이다.

그렇다면 전통은 사람들에게 어떻게 영향을 미치는가? 전통은 어떻게 해서 평범한 학생을 훌륭한 성인으로 재탄생시키는가?

개략적으로가 아니고서는 대답하기가 난감한 질문이다. 제아무리 면밀하게 참여관찰해도 전통을 만족스럽게 이해할 수는 없다. 하지만 우리는 전통이 인간정신을 개발하는 몇 가지 방법을 파헤쳐볼 수는 있다. 그 방법들의 상대적 중요성은 개인마다 다르고 한 사람의 이력 속에서도 시기에 따라 달라질 수 있지만.

첫 번째는 격려이다. 전도양양한 젊은이들 가운데에도 안절부절못하고 스스로를 불신하는 이들이 수없이 많다. 그들은 자신만만하고 외향적인 친구들에 비해 살면서 부딪치는 문제를 훨씬 더 심각하게 받아들일 뿐 아니라 자신의 능력이 모자란다고 생각한다. 집에 머물러 있거나 작은 지역 학교에서 공부할 때면 그들은 실의에 빠지거나, 기껏해야 자신이 해볼 수 있겠다 싶은 좁고 안전한 영역에 스스로를 가둔 채 전혀 지적인 노력을 기울이지 않는다. 하지만 유명인사들을 배출한 학교나 대학에 합류할 경우, 그들 역시 마음을 넓게 먹고 스스로의 에너지를 최대한도로 활용한다면 훌륭한 선배들처럼 남과 구분되는 이력을 쌓을 수 있음을 깨닫는다. 과거와 비교할 때 상황이 크게 달라지지는 않았지만 다소 개선되긴 했다. 공부하기 더 좋게 도서관의 조명도 한결 밝아지고 강의실도 더 넓어졌다. 과거의 위인들은 더 가난하고 집안형편도 더 어려웠으며 친구들도 더 적었다. 하지만 그들은 강인한 인물로 벼려졌고 원대한 포부를 지녔으며 그 포부를 마침내 이뤄냈다. 새로운 약물을 발견하거나 정부각료가 되거나 당대를 풍미하는 최고의 극작가가 되거나 기후법칙을 알아내거나 전쟁에 이겨 평화를 정착시켰다. '누군가 했다면 나도 할 수 있다'는 멋진 말이 있다. 하지만 젊은이들은 훌륭한 일이 실제로 일어난 바로 그 장소를 찾아가서 주위에 널린 증거를 두 눈으로 똑똑히 확인하지 않고서는 그 말을 실감하지 못한다.

두 번째로, 전통은 학생들에게 각기 어떤 길을 갈 수 있을지 나름의 가능성을 드러내준다. 세상에는 자신이 지닌 재능을 흐지부지 사장하며 살아가는 이들이 허다하다. 대개 철저한 무관심이 빚은 결과이다. 사람들은 자신의 에너지를 대체 어떻게 써야 할지 알지 못한다. 젊은이들은 늘 어렴풋하고 막연한 상태에 놓여 있다. 그들은 세상이 어떻게 돌아가는지는 관두고 자기 스스로에 대해서조차 제대로 모른다. 하고 싶은 일과 할 수 있는 일 사이에서 갈피를 못 잡고 허둥댄다. 그들은 그저 아버지나 형이 선택한 직업이라는 이유로 같은 직업을 선택(하거나 혹은 거부)한다. 그들은 어떤 일을 하면서 평생을 살아갈지 미래지향적으로 신중하게 따져보지 않는다. 훌륭한 본보기가 없으면 잘못되거나 부적절한 선택을 할 수밖에 없다.

하지만 오랜 전통을 지닌 학교나 대학에 입학한 학생은 자기도 모르는 사이에 인류의 스승들이 누구인지 알게 된다. 날마다 떠받들어지는 이름을 듣고 유명한 이들의 초상을 보는 까닭이다. 그는 저마다 다른 방식으로 이름을 날린 이들을 놓고 자기 나름대로 서열을 매긴다. 서열이라고 해서 꼭 전통이 인정하는 순서를 따를 필요는 없다. 그는 인류가 애써 성취해놓은 족적을 개략적으로나마 그려볼 수 있다. 평탄하게 지낸 이들이 있는가 하면 고달프게 산 이들도 있으며, 재빠르게 보상받은 이들이 있는가 하면 분명 한발 앞서 어떤 일인가 이룩해놓고도 그 공을 다른 누군가가 가로채는 바람에 인류의 기억에서 영영 지워지고 만 비운의 존재들도 있다. 또 어떤 이들은 여럿이 협력했고 어떤 이들은 철저히 혼자 이뤄냈다. 선배들의 성취를 곰곰이 따져보고, 더러 그들에 관한 이야기를 듣거나 그들을 직접 만나봄으로써 그는 누구를 닮고 싶은지, 누구의 이상을 내 것으로 삼을지 더욱 분명하게 결정할 수 있다. 정치적 성공이나 예술적 성취에 도달하는 법, 돈을 벌거나 인류에 이바지하는 법, 자신의 고결성을 지키면서도 사람들과 폭넓게 사귀는 법, 한없이 시간을 끄는 연구에 매진하면서도 고립감에 빠지지 않는 법, 이 모든 것을 배운다. 뿐만 아니라 다양한 삶의 유형을 만나고 본보기를 통해 자신이 택한 삶을 실험해볼 수도 있다.

세 번째로, 훌륭한 교육적 전통에 발을 들여놓으면 '질서감각'이 길러진다. 이 점은 설명하기가 다소 까다롭고 자칫하면 오해를 살 수도 있다. 명문 학교나 대학에 다니는 학생들이라고 해서 다들 완고한 보수주의자가 되는 것도 아니고, 자신들의 학교를 장단점 안 가리고 무비판적으로 싸고도는 것도 아니다. 물론 가끔 그러는 이들도 없지는 않지만 그러기로 치자면 세계에 살아가는 대다수 사람들도 마찬가지이다. 중국·아라비아·스웨덴·칠레에 사는 보통사람들은 하나같이 보수적이다. 변화를 지향하기보다 가진 것을 지키는 데 더욱 힘쓴다.

내 말인즉슨 명문학교에 다니는 학생들은 인간의 삶은 체제와 떼려야 뗄 수 없는 관계임을 분명히 인식하게 된다는 뜻이다. 국가, 가정, 예술작품, 종교, 무역, 금융, 교육, 법률, 의학, 농업 및 모든 종류의 생산물, 과학, 건축, 항해, 전쟁과 평화, 외교 등 우리 삶을 이루는 온갖 측면들은 고도로 조직화되어 있다. 하나같이 장기적인 계획을 세울 줄 아는 사람들만이 이끌어갈 수 있는 것들이다. 모종의 제도가 없다면 앞서 열거한 것들은 제멋대로 분출되는 개인주의와 헛수고에 지나지 않을 것이다. 유서 깊은 학교야말로 조직화의 개가라 할 만하며, 인간 삶의 바탕을 이루는 질서에 남다르게 기여한 이들을 쏟아낸 산실이다. 그 학교 졸업생들은 기왕의 체제를 고수하는 보수주의자도 될 수 있고, 반대로 혁명주의자도, 개혁가도, 별난 기인도 될 수 있다. 하지만 자신이 원하든 원하지 않든 간에 인간 조직의 일부분이 될 수밖에 없다는 데 대해서만큼은 다들 동의한다. 따라서 그들은 각자의 입장에 따라 체제를 변화시킬지, 완전히 박살내고 새로 짤지, 서서히 개선할지, 아니면 그저 이용하는 데 머물지 나름대로 결정하지만, 아무도 체제가 없는 듯이 행동하지는 않는다. 체제를 완전히 파괴하거나 무無로 대체하길 바라는 이들은 찾아보기 힘들다.

셸리를 예로 들어보자. 괴짜짓을 일삼던 그는 이튼스쿨에서 고전을 면치 못했고 옥스퍼드 대학에서는 끝내 쫓겨나고 만다. 하지만 그는 두 학교가 그에게 가르쳐준 배움과 배움에 대한 사랑을 고이 간직했다. 철두철미한 혁명론자였던 그는 무신론, 성적 자유, 무정부주의적 혁명에 근접한 신념을 설파했다. 그렇더라도 그가 머릿속에 그린 이상은 모든 것을 혁파하는 게 아니라 새로운 천상, 새로운 지상을 창조하는 것이었다.

하지만 평범한 학교에서는 이 같은 질서감각을 길러주기가 한층 어렵다. 각 세대는 그저 자신들만을 위한 삶에 급급한 것처럼 보인다. 인간 존재에 무척 중요한 틀인 시간의 역사는 거의 존재하지 않는다. 학교라는 조직 자체, 그리고 그것이 소속되어 있는 교육제도 혹은 정치제도 역시 학생들에게 큰 의미가 없다. 그것은 학생들이 더 나은 삶을 살도록 도와주는 도구라기보다 그들이 원하는 삶을 살지 못하도록 구속하는 서툴기 짝이 없는 장치에 그친다. 학교를 다니는 것은 잘해봐야 '직업을 구하는' 데 쓸모가 있을 따름이고, 여차하면 덫이요 함정까지 될 수 있다.

사회적으로 훨씬 더 열악한 환경에서는 학교란 감옥이요 사회란 고문기구라는 의식이 팽배해 있다. 우리가 이때까지 살펴봤던 유서 깊은 학교와 대학의 반대편 극단이다. 이 책 앞에 나오는 러시아 교사가 관찰한 어린 갱스터들이 사는 환경이다. 가장 반항적이고 가장 무식한 집단인 상습범들, 가장 무기력하고 도움이 절실한 이들이 속해 있는 환경이다.

진짜 무정부주의자들은 질서의 불가피성을 깨달을 수 있을 만큼 오랫동안 학교를 다녀본 일이 없는 이들, 혹은 질서란 어느 것을 막론하고 모두 우리네 삶을 망쳐놓는 장치에 불과하다고 여기도록 잘못 교육받은 이들이다. 잘할 수 있는 일정한 직업도 일정한 가정도 없이 떠도는 남성들, 아이를 가질 수 있다는 생각도 없이 아무렇게나 성관계를 맺고, 아이를 키우겠다는 각오도 없이 임신을 하고, 가정을 꾸리고 살림을 할 엄두도 없이 결혼하는 여성들. 이들은 도시를 정처 없이 떠돌아다니거나 불결하고 비참한 지역에 처박혀 살면서 술집과 전당포를 오가는 불행한 삶을 산다. 그들의 얼굴은 삼십대만 되어도 이미 병색이 완연하고 고통으로 심하게 일그러져 있다. 그러면서도 믿기지 않는 끈질긴 생명력으로 갖은 곤경을 견디며 생을 이어간다. 하지만 영혼이 죽은 채 그렇게 연명하는 것은 그 자신에게조차 무의미한 일이다. 어두운 시대, 무너진 사회에서는 슬럼가나 후미진 시골에 인간쓰레기 같은 삶을 사는 이들이 수두룩하다.

교육의 주목적 가운데 하나가 바로 그들의 숫자를 줄이고 그들의 자녀가 합리적이고 질서 있는 삶을 살도록 이끌어주는 것이다. 학교라면 어떻게든 학생들의 정신적 무정부주의를 뿌리 뽑을 수 있다. 학교가 좀더 나아질수록 그 영향력은 더욱 커진다. 유명한 전통을 지닌 오래된 학교도 더러 개혁가나 혁명가를 키워낼 수 있다. 하지만 그들은 무정부주의자들과는 다르다. 그들은 이 세상의 질서를 더욱 개선하는 데 골몰하는 이들이다.

네 번째로, 유서 깊은 명문 학교나 대학은 책임감을 가르침으로써 학생들에게 질서감각을 심어준다. 누구나가 자기 자신만 돌본다면 세상은 제대로 굴러갈 수 없다. 서로 상대편에게 폐를 끼치지 않으려고 조심하고, 남의 밥그릇을 깨지만 않는다면, 세상은 고통스럽긴 하나 그럭저럭 굴러가긴 할 것이다. 하지만 우리에게는 거기서 한발 더 나아간 삶을 사는 이들이 필요하다. 어려움에 처한 동시대인을 돕고, 모두가 좀더 인간답게 살 수 있도록 도와줄 조직을 설립하거나 이끄는 것을 소명으로 삼는 사람들 말이다. 그들은 병원을 운영하고 적십자 기부자를 관리하고, 슬럼가 철거를 주장하고 그에 관해 조언하는 일을 자청하고, 좀더 나은 사회를 건설하고자 하는 최고 정당에서 일한다. 그런 사람들은 흔치 않고 길러내기도 어렵다. 그들을 배출하는 힘은 종교, 지역사회, 학교와 대학이다. 이 가운데 공익에 봉사하는 것을 자기 일로 여기는 이들을 가장 꾸준하게 배출하는 경로는 바로 학교와 대학이다. 그들의 전통이 그 같은 이상을 심어준다.

집에서 가족과 함께 단란하게 살고, 공장처럼 설계된 신설 학교에 다니고, 학교에서 하루에 단 몇 시간만 보내고는 개인적인 일을 보거나 친구를 만나거나 취미생활을 하러 딴 곳을 찾는 학생은 개인주의자가 되기 쉽다. 그는 가족이나 친구 외의 거대집단에 대해서는 불신감을 나타내며, 그런 집단에서 봉사하길 꺼린다. 신생 칼리지와 대학은 다들 비슷한 어려움을 겪고 있다. 일찌감치 자석 노릇을 하는 유명학자를 영입하거나 다른 신입생들이 자랑스럽게 따라올 우수학생을 유치할 수 있다면, 그렇게 본보기를 통해 연대감을 창출할 수 있다면 또 모르지만 말이다. 신생 칼리지와 대학은 마치 갓 지은 깔끔하고 분주한 호텔처럼 기계적으로 운영되는 경향이 있다. 전문직업기관은 더더 그렇게 굴러가도 별 탈 없겠지만, 교육기관은 그 이상의 것을 필요로 한다.

교육기관은 모든 인격체가 총결집하는 마당이다. 그들에게 최상의 자양분을 제공하고 그들을 최고로 단련시키는 학교나 대학이 그저 기술을 전수하거나 지식을 주입하는 데 그치는 곳보다 한결 나음은 두 말할 나위가 없다. 흠잡을 데 없는 인격체라면 으레 사회에 이바지하려는 의지와 능력을 동시에 지니고 있다. 하여 면면히 흐르는 전통을 통해 부지불식간에 그같은 의지와 능력을 심어주는 학교야말로 사회적 책임감을 가르치는 데 소홀하고 그저 깔끔하게 포장된 강좌만 진행하는 학교보다 우대받아 마땅하다.

하지만 내가 이때까지 만난 가장 형편없는 불량품이자 악당들 가운데도 유서 깊은 전통을 자랑하는 학교와 대학 출신들이 이따금 섞여 있다. 누구도 따라하기 힘든 특이한 복장을 빼입고, 바로크풍의 우아함을 뽐내고 서서, 조금도 거만한 티를 내지 않는 온화한 웃음을 띠고, 여러 세대가 절묘하게 어우러져 한꺼번에 공명을 일으키는 듯한 울림이 있는 목소리로 길고도 감동적으로 터무니없는 거짓말을 들려주는 이들이다. 그들은 변종이라기보다 같은 조상이 낳은 흔히 볼 수 있는 아종이다. 그들도 진지한 공익의 봉사자들과 거의 다를 바 없이 진지하게 전통을 표방한다. 당신이 그들에게 수표를 배서해 건네주지만 않는다면 그들을 지켜보는 일은 퍽 유쾌하다. 그런데 대체 어떻게 해서 개혁가나 자선기관의 운영자나 기부자 같은 이들을 낳은 것과 똑같은 전통의 배에서 그런 이들이 탄생할 수 있었을까? 어떻게 해서 그런 일이 가능할까? 우리는 뒤에서 이 문제에 대해 살펴볼 것이다.

학교와 대학이 전통을 통해 힘을 부리는 다섯 번째 방법은 너무나 분명한 것으로, 우리를 이 논의의 처음으로 도로 데려간다. 그것은 바로 도전 정신이다. 당신의 학교에 훌륭한 과학자가 단 한 명도 없었다면 당신 자신이 물리학자가 되기를 꿈꾸어볼 수 있다. 하지만 당신은 열심히 공부하지 않을 가능성이 많거니와 과연 내가 해낼 수 있을까 반신반의하면서 그 길로 매진하기를 주저한다. 반면 영국 왕립학회 회원 대여섯 명이나 프린스턴고등연구소 연구원 몇 명이 같은 실험실에서 같은 지도교수에게 훈련받고 있다면 당신은 어떤 길을 가야할지 분명해질 것이다. 한 번쯤 실패한다 해도 실의에 빠지기보다 그 실패를 통해 자극을 받고 뭔가 배운다. 그들 역시 실패했다. 연구하라. 꼭이 누군가를 본보기로 삼을 필요는 없다. 당신은 어느 누구와도 다른 당신 자신이 될 수 있다. 열심히 연구하라. 그들이 할 수 있었던 거라면 당신도 할 수 있다. 아니 그들보다 더 나은 것도 얼마든지 해낼 수 있다.

이렇게 되면 전통은, 개별적으로 연구할 때보다 경쟁심을 품고 연구하면 훨씬 더 나은 결과를 얻을 수 있는 것과 똑같은 방식으로 작용한다. 과거와 겨루어 성공한 결과가 바로 진보이다. 전통에 대한 존중이 마지못해 따르는 모방으로 전락하면 그건 그 즉시 쓸모없어진다. 다양하고 강력한 창조활동을 끊임없이 자극해줄 때에만 전통은 건강한 추진력이자 지혜로운 안내자가 된다.

처벌

전통과 경쟁은 배우는 학생과 가르치는 교사를 거드는 두 가지 강력한 자극제이다. 거기에 덧붙일 게 하나 더 있다. 전통과 경쟁보다 더 훨씬 더 잘 알려져 있고 한층 흔하게 쓰이는 것이다. 바로 처벌이다. 처벌은 진정으로 유용할까? 유용하다면 언제 유용할까? 어떻게 하면 처벌의 오용을 막을 수 있을까?

가장 단순한 형태의 처벌은 학생이 잘못을 저지르기가 무섭게 떨어지는 꾸지람이다. 컵을 떨어뜨린 아이를 그 즉시 야단치는 경우에서 보듯이, 거의 자동적으로 일어나는 처벌이다. 각진 돌멩이를 찬다고 그때마다 핀잔을 들은 사내아이는 돌을 차기 전에 잠시 멈칫한다. 이 같은 형태의 처벌은 나쁜 습관을 줄이고 좋은 습관이 몸에 배게 해준다.

가장 유용한 처벌은 잘못한 일을 다시 하게 하는 것이다. 솔기를 엉망으로 꿰매놓았다면 뜯고 새로 바느질해야 한다. 산수 문제를 틀리게 풀었다면 맞게 할 때까지 다시 붙들고 있어야 한다. 이러한 처벌은 삶을 완벽하게 준비하기 위한 방편이라는 점에서 소중하다. 학생들은 비슷한 일을 수천 번 되풀이하고, 그것을 제대로 하는 법을 익힌다. 수입세 양식을 작성하고, 마일리지 기록을 착실하게 챙기고, 은행계좌상의 수지를 맞춘다. 또 요리법을 익히고 가계지출을 관리한다. 그 외에도 익혀야 하는 일이 태산 같다. 만일 지금 배우지 않으면 나중에라도 꼭 배워야 할 테고, 그때는 지금보다 훨씬 더 큰 수고가 따른다. 어렸을 적에 이런 식의 훈육을 별로 받지 않고 성장한 어른은 현실감각이 떨어지는 탓에 자신이 꿈꾸는 삶이 현실과 너무 동떨어져 있다는 사실에 끊임없이 고통받는다.

나쁜 행동을 저질렀을 경우 때로 특권을 박탈하는 게 도움이 되기도 한다. 쉰 살이 다 되어가는 내 친구는 자기가 열한 살경에는 유난히 말이 많고 시건방졌다고 회고했다. 조용히 미소 띤 표정에 말을 아끼는 침착한 변호사인 지금의 그를 보면 그가 그랬다는 게 상상이 잘 안 간다. 그렇다면 그의 성격은 언제 바뀌었을까? 그는 자신의 성격이 어느 날 오후에 순식간에 바뀌었다고 회고했다. 누구나 따르고 좋아하는 선생님의 손에 이끌려 반 전체가 관측소를 방문했을 때였다. 선생님은 수준급의 아마추어 천문가였다. 그들은 그곳에서 쏟아져내리는 별똥별, 태양 주위로 다가오는 혜성 같은 특별한 것을 관측했다. 너무나 들뜬 그는 온종일 뭐라 중얼거리고 낄낄거리고 다른 사람 말을 가로채고 소리를 질러댔다. 여러 번 꾸중을 들었지만 아랑곳하지 않았다. 참다못한 선생님은 다른 친구들과 함께 관측할 수 없도록 그에게 금지명령을 내렸다. 다른 친구들까지도 그가 훼방 놓는 통에 제대로 관측을 하지 못한다는 이유에서였다. 그는 '일생일대의 사건이었다'고 당시를 회고했다.

　지금까지 말한 처벌에서는 굳이 부모를 학교에 불러들이지 않아도 된다. 하지만 학교가 부모에게 아이 문제를 알려야 할 경우, 훈육을 강화하는 데 부모의 도움이 필요한 경우, 혹은 구제할 길 없는 잘못을 저지른 학생을 퇴학시킬 경우, 학교는 부모와 연락을 취하지 않을 수 없다. 그런데 질서감각도 책임감도 찾아볼 수 없는 형편없는 집안의 부모들은 어떠한 조치도 취하지 않을뿐더러 도리어 교사한테 대들라고 자녀를 충동질하기까지 한다. 학교교사 가운데에는 박봉에 시달리면서도 노동계급 자녀들에게 열과 성을 다해 제대로 살아가는 데 필요한 기술을 가르쳐주는 이들이 있다. 그런데 흉악무도한 학부모들이 찾아와서 '우리 아들을 계속 괴롭히면 아구창을 날려버리겠다'고 엄포를 놓는 일이 벌어지기도 한다. 또 어떤 부모는 학교교사가 학생에 대해 알리는 편지를 보내 도움을 요청하면 한술 더 떠서 아이에게 한층 가혹한 매질을 하기도 한다. 양쪽 극단 모두 바람직하지 않다. 다른 것들도 다 그렇지만 이 같은 훈육 역시 학부모와 교사가 얼마나 서로 신뢰하고 이해하는가에 따라 효과는 판이해진다.

　한편 잘 배우지 못한다고 해서 때리는 식의 벌을 내려선 절대로 안 된다. 뭔가를 배우는 것은 어려운 일이다. 배움에 대해 두려움까지 품게 만들면 사태는 더욱 꼬이고 만다. 두려움은 결코 학생들을 이끌어주지 못하며, 그저 맹목적으로 치닫게 만들 뿐이다. 두려움은 마음을 얼어붙게 만든다. 두려움은 진정한 교육과 정반대되는 엉뚱한 결과를 낳는다. 겁을 집어먹은 학생은 독창적이 되거나 뭔가에 열의를 품기보다 점점 무기력해지면서 안전하게 따라하려고만 든다. '남학생들은 체벌을 두려워하지 않는다. 도리어 체벌을 우습게 알고 바로 잊어버린다'는 식으로 체벌을 대수롭지 않게 여기면 곤란하다. 대개 잔인한 교사들은 체벌이 너무 심하기 때문에, 대부분의 학생들은 실은 체벌을 두려워하고, 심하면 공포에 떨기도 한다.

체벌은 두려움보다 한층 더 해로운 부작용을 낳는다. 바로 혐오감이다. 『톰 존스 Tom Jones』에서 한 관리는 누군가 호메로스를 언급하자 이렇게 소리쳤다.[26]

"호메로스라면 정말 지긋지긋해. 아직도 내 엉덩이에는 그의 시를 외지 못해서 얻어맞은 매 자국이 선명하게 남아 있어!"

그는 오직 눈물과 고통을 의미할 따름인 책을 불태운 수많은 사람들 가운데 하나에 지나지 않는다. 우리는 책 속에서 그 같은 체벌에 맞서 싸운 가슴 쓰라린 일화를 흔히 접할 수 있다. 머드스톤의 감시를 받으며 산수 문제를 푸는 어린 데이빗 카퍼필드를 예로 들어보자.[27]

낭창낭창한 회초리 끝을 붙잡고 있던 머드스톤은 내가 들어오자 회초리를 풀어 허공에 힘껏 휘둘렀다. 그가 말했다.

"자 데이빗, 오늘은 평상시보다 한층 더 주의해야 돼."

그렇게 말하는 그의 눈 속에서도 회초리가 춤을 추는 모습이 보였다. 그가 다시 한 번 회초리를 휘둘렀다. 만반의 준비를 끝낸 그는 의미심장한 눈길을 보내면서 회초리를 옆에 고이 모셔두고 책을 집어들었다. 어린 내 눈에 그것은 더할 나위 없이 신성한 물건으로 보였다. 나는 배우고 있는 내용이 하나하나, 한 줄 한 줄이 아니라 덩어리째로 뭉텅 빠져나가는 듯한 느낌에 사로잡혔다. 놓치지 않으려고 안간힘을 썼지만 그것은 갈 길이 바쁘다는 듯 한사코 나에게서 멀어져갔다.

그는 심각한 표정을 지으면서 천천히 내 방으로 걸어왔다. 정의를 구현하려고 나를 향해 행진해올 때면 그는 틀림없이 희열에 들떴으리라. 그는 다짜고짜 내 머리통을 팔로 움켜잡고 비틀었다. 나는 울먹이면서 사정했다.

"머드스톤 씨! 제발, 제발 저를 때리지 말아주세요! 저는 한다고 했지만, 당신이 옆에 계시면 배울 수가 없어요. 도저히 배울 수가 없어요!"

머드스톤이 말했다.

"뭐, 도저히 배울 수가 없다고? 아니, 너는 배우게 될 거야."

안경이 깨지는 바람에 눈에 보이는 게 없었던 스티븐 디덜러스Stephen Dedalus[28]를 예로 들어보자. 그가 '학업의 완결체'이자 허가받은 타작꾼인 돌런 신부에게 맞섰다.

스티븐은 눈을 감고 손바닥을 위로 한 채 떨리는 손을 허공으로 내뻗었다. 그는 '학업의 완결체'가 잠시 동안 몽둥이를 가다듬는다는 것을 느꼈고, 그를 내리치려고 몽둥이를 들어올릴 때 법복자락이 쉿- 소리를 내는 것을 들었다. 바로 다음 순간 우지끈 부러지는 나뭇가지처럼 요란한 소리를 내면서 그의 몸으로 몽둥이가 날아들었다. 살이 찢겨나갈 것 같은 얼얼하고 매서운 매질에 허공에서 떨고 있던 그의 손이 불속에 던져진 낙엽처럼 맥없이 허물어졌다.

이 비슷한 일화들은 하도 많아 일일이 다 열거할 수도 없다. 하지만 이런 일화를 소개하는 저자들 가운데, '체벌은 고통스럽긴 하지만 학생들이 공부하도록 이끌어준다'는 식으로 좋게 말하는 사람은 단 한 명도 없다. 그들은 체벌당한 경험을 잔인하고 고통스럽고 몸서리쳐지고 혐오스러운 기억으로 두고두고 떠올렸다.

배울 수 없는 학생은 도와주어야 한다. 배울 수 있는 데도 꾀를 부리는 학생에게는 의무를 다하지 않으면 불편이 따른다는 것을 보여주는 게 좋다. 한사코 배우기를 꺼리는 학생은 부모에게뿐 아니라 사회 전체에도 커다란 골칫거리다. 하지만 나는 학교가 제아무리 그럴싸한 처방을 내놓는다 해도 거기에 아동의 심리를 어루만지는 노력이 담기지 않으면 별반 도움이 되지 않으리라고 본다. 몹시 방황하고 있거나 몹쓸 교우관계에 빠져 허우적거리는 아이들도 조금만 진지하게 격려해주면 '고난의 빵을 먹고 고난의 물을 마시면서' 다시 마음을 잡을 수 있다. 만일 당신이 인내심이 있다면, 그리고 그들에게 진정으로 도와주고 싶다는 것을 보여준다면, 아무리 고집 세고 골치 아픈 학생이라도 서서히 마음을 열고, 결국에는 달라질 것이다.

3단계: 학습내용의 각인

학생에게 필요한 지식을 전수해주었다고 해서 교사의 일이 모두 끝나는 것은 아니다. 학생들의 머리는 지식을 영원히 새겨넣을 수 있는 돌이 아니다. 오히려 주조한 다음 서서히 굳어지는 밀랍에 가깝다. 그들은 학습내용에 대해 올바른 인상을 받지 못할 때도 있다. 제대로 된 인상을 받았다 해도 이내 까먹기 일쑤다. 더 흔한 일로, 잘못되거나 왜곡된 인상을 받기도 한다. 만일 교사가 학생들을 어설프게 배운 채로 그냥 둔다면 그는 형편없는 교사이다. 마치 환자가 위기를 넘기고 체온이 정상으로 내려간 것을 확인하고는 치료를 중단한 의사나 다를 바 없는 것이다. 훌륭한 의사라면 응당 그 지점에서 치료를 그칠 게 아니라 회복되려면 어떻게 해야 하는지 조언하고, 강장제를 처방하고, 또 한 차례 위험한 고비가 남은 것은 아닌지, 재발 가능성이 있는 것은 아닌지 면밀하게 따져본다.

가르침을 최종 마무리하는 사나흘 동안이 강좌 전체의 성패를 좌우한다. 대개 마지막 사나흘은 미처 다하지 못한 실험을 황급히 마무리하거나, 여전히 낑낑대면서 뒷부분 진도를 나가거나, 아니면 '각자 각별히 신경 써서 나머지를 훑어보라'는 허울뿐인 명령을 내리는 데 쓰인다. 그렇게 되면 강좌 말미에 강좌를 돌아보고 인상을 굳히는 데 시간을 할애할 수 없다. 우리가 '준비' 부분에서 이미 다룬 것과 같은 잘못이다. 이 역시 계획을 엉터리로 세워서 빚어진 잘못인 것이다.

강좌를 엉터리로 계획하고, 자신이 어디로 가고 있는지 알지 못하고, 무엇을 배우게 될지 학생들에게 이야기해주지 않는 교사는 어김없이 실패한다. 자신이 다루는 내용을 장악하지 못하는 탓이다. 강좌의 마무리단계에 접어들었을 때 지금까지 배운 내용을 황급히 훑어본 다음 마지막 문단을 마치고 달랑 작별인사 한마디를 건네는 교사는 아이들을 제대로 이해하지 못하는 교사다. 교사는 학습내용 모두가 학생들에게는 얼마나 생소하고 애매한지 깨닫지 못한다. 자신에게는 너무나 분명해 보이는 내용, 혹은 수년 동안 되풀이해서 절로 입에 붙는 이름 따위가 학생의 공책에는 빈칸으로 남아 있거나 물음표가 쳐져 있다는 사실도 미처 깨닫지 못한다. 그는 대충대충 요약해주면 그 내용이 학생들 머릿속에서 얼마나 빨리 잊히는지 이해할 수 없다.

사람들은 이 점을 좋은 가르침과 나쁜 가르침을 가르는 중요한 특징으로 꼽는다. 사람들과 학창시절에 대해 이야기를 나눠보라. 그리고 어떤 교사들이 기억에 남는지, 어떤 과목이 기억에 남는지 물어보라. 그러면 그들은 대개 성미가 괴팍한 선생님이나 괴짜 선생님을 먼저 떠올린다. 지시봉으로 머리를 쿡쿡 처박던 크랩 선생님, 비눗방울을 불곤 하던 피츠 선생님……. 하지만 그 다음으로, 그리고 한층 더 기쁜 마음으로 떠올리는 교사는 어떤 지식인가를 기억 속에 확실하게 심어준 이들이다. 가령 이런 식이다.

"맵 선생님이라는 여선생님이 계셨어요. 지리를 가르치셨죠. 그때 배운 것이 아직까지도 기억나요. 저는 미국의 주도州都를 모두 외울 수 있고, 세계의 주요 강 이름을 기억하죠."

맵 선생님에 대해 말하는 그의 목소리에는 존경심이 어려 있다. 그녀는 자신이 가르친 것을 학생들 기억 속에 오래 남도록 만들었다. 학생들 시간을 값어치 있게 해준 것이다.

예수회 수사들도 배운 내용을 다지는 게 무척 중요하다는 것을 알고 있었다. 이것은 그들이 암기를 강조하는 방향과도 맞아떨어졌다. 그들은 무조건 외우는 게 아니라 이해를 바탕으로 한 암기에 주력했다. 그들이 사용한 가르침 지침서들은 지칠 줄 모르고 '반복, 반복, 또 반복하라'고 강조한다. 그리고 스승은 주의 깊게 관찰하고, 이 같은 반복이 기계적이 되지 않도록 질문을 다양하게 던지라는 내용을 곁들인다.

복습하기

막 가르침을 마친 학생의 머릿속에 배운 내용을 각인하는 데 도움을 주는 방법은 크게 세 가지이다. 첫째, 가장 중요한 것으로, 가르친 모든 내용을 복습하는 것이다.

복습의 이점은 강좌를 시작하기 전에 이뤄져야 하는 계획에 대해 논의할 때 언뜻 언급한 바 있다. 애초의 계획과 마지막 복습, 이 두 가지는 서로 맞물리고 보완되어야 한다. 학생들이 여행을 출발하기에 앞서 어디로 갈 것인지, 무엇을 보게 될 것인지 들었다면 강좌 막바지에 잠시 쉬면서 그제까지 밟아온 여정을 돌아보는 기회를 기꺼이 반길 것이다. 그들의 관점은 강좌를 거치면서 꽤나 달라져 있다. 당신은 물론 이 점도 간과하지 않을 것이다. 지금껏 배운 내용을 돌아보는 데 주력하는 두어 시간 동안 당신은 아마도 처음 강좌를 시작하며 강조한 지점에서 아주 조심스럽게 벗어날 것이다. 그러지 않으면 너무 익숙해 보일지도 모를 분야를 새롭게 바라보게 하려는 것이다. 윈스턴 처칠은 1차 세계대전에 대해 이야기하면서, 전시내각 최고의 전략 고문은 헨리 윌슨 경이었다고 말했다.[29] 헨리 윌슨은 어느 날 이렇게 입을 열었다.

"수상 각하, 오늘은 제가 보체가 되어 보겠습니다."

그는 연합군의 입장도, 그렇다고 전쟁과는 아무 상관없는 공평무사한 관찰자의 입장도 아닌 독일군 참모의 눈으로 전세를 본 빼어난 보고서를 제출했던 것이다.

양심적인 교사는 자신의 수업이 완벽하지 않을지도 모른다는 점을 늘 우려한다. '학생들이 내가 어떤 이론에 대해 개괄적으로 설명한 것, 혹은 거기에 대해 반박한 것을 제대로 이해했는가?' '수업 초반에 거기에 좀더 시간을 들였어야 하는 건 아닌가?'······ 하지만 학기말에 서너 시간을 비워두고 그제껏 배운 내용을 복습하거나, 이해하지 못한 채 남겨둔 부분을 재확인하거나, 중요한 요점을 다시 한 번 강조하는 데 그 시간을 사용한다면 그 같은 우려는 가시거나 줄어들 수 있다. 마음을 뒤흔드는 열강을 하면서 멋들어지게 강좌를 마치고 싶은 유혹을 떨치기가 어렵기도 하다. 하지만 그런 인상은 곧 잊히게 마련이다. 반면 비교적 짧은 시간 동안 비교적 적은 노력을 기울여 차분한 마음으로 배운 내용 전체를 확실하고 분명하게 복습하면 그 내용은 아이들의 유연한 머릿속에 훨씬 더 깊이, 훨씬 더 오래 각인된다.

질문하기

지금까지의 여정을 돌아보다 보면 학생들에게는 질문할 수 있는 좋은 기회가 생긴다. 당신은 학생들에게 질문하라고 촉구하고 거기에 답한다. 확실치 않은 부분을 분명하게 해주는 다지기성 질문의 의미를 과소평가하지 말라. 수동적으로 정보를 받아들이고, 그 정보가 쏟아질 때만큼이나 빠른 속도로 그 정보가 새어나가도록 두는 학생들은 질문이 나오기 시작하면 아연 생기를 되찾고 적극적인 관심을 보이기도 한다. 하지만 강좌 막바지에 할애한 질문시간은 특히나 성실한 학생들에게 진가를 발휘한다. 머리가 좋고 착실한 학생이 작성한 강의노트를 훑어보면 유익하다. 거기에서 빈 칸으로 남아 있거나 잘못 이해된 부분을 발견하면 당신은 깜짝 놀란다. 이런 학생들은 이해가 안 가서 비워둔 부분에 대해 당신에게 물어보기를 꺼린다. 자신의 수준을 여지없이 드러내고 싶지 않아서이다. 당신이 자신들을 경멸하거나 무시하면 어쩌나 걱정스러워서이기도 하다. 만일에 당신이 그들의 우려대로 정말로 그렇게 한다면 그건 씻을 수 없는 잘못이다. 학생들이 틀린 것을 수정할 수 있는 질문, 제대로 된 이름, 정확한 수치 따위를 주저 없이 물어볼 수 있도록 해주어야 한다. 그들이 도움을 청해올 때까지 손 놓고 기다리지 말고 질문하도록 자꾸만 부추기라.

당신이 언제나 정확하게 말하지는 않았을 수도 있다. 정확하게 말했다 하더라도 외국 이름이나 공식은 제대로 받아적기 어렵다. 하필 기침을 하다가 중요한 문장을 절반쯤 놓치기도 할 것이고, 공항이 가까운 대도시에서라면 한 시간 가운데 최소한 5분 정도는 비행기 소음에 묻혀서 선생님 말이 잘 들리지 않을 것이다. 학생들과 마지막으로 만나는 몇 시간은 진주에 묻은 이 모든 진흙을 걷어낼 수 있는 좋은 기회이다.

나는 대학 때 필기했던 공책을 아직도 죄다 보관하고 있다. 이 책을 집필하기에 앞서 그 공책들을 다시 죽 훑어보았다. 공책들은 쪽마다 의문투성이였다. 어떤 강좌에서는 참고문헌을 뒤적거려 이름을 확인하며 스스로 그런 의문을 풀어보려고 애를 쓰기도 했다. 하지만 또 어떤 강좌에서는 강연자가 어떻게든 나서서 그 문제를 해결해주길 바라는 마음에 공책 가장자리에 커다란 물음표를 달아놓는 데 그치기도 했다. 나는 대담하게 강연자에게 다가가 '당신이 한 그 말이 대체 무슨 의미냐'고 물어본 일이 없다. 요즘 내가 가르치는 주제와 관련한 강좌에서는 별 어려움 없이 모든 의문사항을 풀 수 있었다. 하지만 내 분야가 아닌 강좌에서는 그때 모르던 것이 여전히 모르는 채로 남아 있고 아마도 영원히 그럴 것이다. 하늘나라에 가서 다시 그때 선생님들을 만난다면 또 모를까.

중세시대의 교육방식은 걸핏하면 욕을 얻어먹곤 한다. 그래서 때로 그것이 지닌 좋은 점을 지적하는 것도 즐거운 일이다. 특별히 이 지점에서 중세대학이 이 같은 질문 과정의 가치를 잘 알았음을 지적하는 것도 의미있을 듯하다. 13~14세기에 파리 대학에서 교수들은 쿼들리벳(미묘한 논점)[30]에 대한 질문을 취급하는 특별한 시간을 마련했다. 원칙적으로는 학생들이 어떤 주제에 대해서도 교수들에게 질문할 수 있었다. 하지만 실제로는 질문이 대개 철학적인 주제로 모아졌다. 쿼들리벳에 관한 글을 읽노라면 우리는 학생들이 스승을 당혹스럽게 만들고, 스승이 간과한 문제를 여봐란 듯이 까발리고, 그래서 스승이 일관적이지 못하고 정통도 아니었음을 꼼짝없이 인정하게 만들려고 기를 쓰는 것 같은 인상을 받는다. 하지만 이것은 학생에게도 교수에게도 더할 나위 없이 유익한 방법이다. 우리는 공식적인 제도 뒤에 숨겨진, 대담한 젊은이들이 좀더 노련한 성인들과 끊임없이 맞대결하는 모습을 지켜보면서 즐거움을 맛본다. 그 결투는 학생과 교수의 정신을 더욱 날카롭게 벼려준다. 이것이 교육에서 가장 소중한 부분이다.

앞으로 풀어야 할 과제 언급하기

학생들이 그동안 다룬 내용에 편안해지도록 다시금 그것을 복습하고, 질문하라고 요구하고 분명하게 그 질문에 답하면 모든 일이 끝나는 걸까? 훌륭한 교사는 아마도 거기서 한 걸음 더 나아갈 것이다. 그는 학생들에게 자신이 알고 있는 모든 것을 가르쳐주지 않았고, 학생들이 특정 주제에 관해 배울 수 있는 모든 것을 가르쳐주지도 않았다. 학생들은 그 사실을 잘 알고 있다. 그러므로 교사는 그 사실을 드러내고 거기에 대해 설명함으로써 학생의 흥미를 한층 자극해줄 필요가 있다. 앞으로 풀어야 할 중요한 과제에는 뭐가 있는지 들려주는 것이다.

 이렇게 하면 우수한 학생에게는 도전해보고 싶은 마음이 생긴다. 머리는 좋지만 주체할 길 없는 에너지와 진취적 기상에 도무지 어울리지 않는 따분한 교실 공부에 마음을 못 붙이고 학업을 게을리하는 학생들에게도 마찬가지이다. 학교에서 제일 공부할 맛이 안 날 때는 다 아는 것을 가르친다 싶을 때, 그리고 몽땅 뽑아서 내다버려야 마땅한 죽은 나무 같은 지식을 가르친다 싶을 때이다. 학생들은 선대인들의 복제품이나 되자고 죽으라고 책을 파고들 정도로 그들을 존경하지는 않는다. 차라리 열심히 공부하면 그들을 한발 더 앞지를 수 있다고 생각하는 편이 학생들에게는 더 이롭다. 이런 감정을 심어주는 방법이 바로 최고의 두뇌들조차 풀지 못한 문제를 들려주는 것이다. 학생들 역시 그 문제를 풀지 못할 수도 있다. 그들은 비행기 조종사나 속기사가 되는 길을 택하느라 영영 그 문제들에서 멀어질지도 모른다. 그래도 인간의 지식은 끊임없이 확장하고 있다는 사실에 늘 자극을 받을 것이다.

 미래의 연구자들에게 도전감을 심어주는 문제 유형은 학생의 수준이나 단계에 따라 크게 달라진다. 아주 어린아이는 아예 그런 문제에 대해 들어 볼 일이 없을 것이다. 자라는 아이들에게는 창의력을 키워주는 큰 덩어리의 문제와 꼼꼼함을 키워주는 세세한 문제를 동시에 제시해야 한다. 창의성이 요구되는 천체물리학자나 국제경제학자, 꼼꼼함이 요구되는 외과의사나 통계학자 같은 직업인으로 살아가기 위한 토대는 열두세 살 무렵에 길러진다. 청소년들에게는 현실에서 부딪칠 수 있는 갖은 고난과 곤경을 마주하게 해주어야 한다. 그들이 온갖 상수와 변수를 다 고려해 실현 가능한 해결책을 떠올릴 수 있게 말이다.

마지막으로, 우수한 학생에게는 과목마다 제기되는 중요한 문제를 분명하게 들려주어야 한다. 각 과목의 지식이 어떤 상태에 놓여 있는지 말해주는 것이다. 그러니까 그 분야의 어느 부분이 답보 상태에 놓여 있는지, 어느 부분이 논란이 되고 있는지, 최근에 가장 큰 진척을 본 부분은 어떤 것인지, 아직껏 손도 못 대고 있는 문제, 혹은 부분적으로만 해명된 문제는 무엇인지, 현재 어느 분야가 가장 활발하게 연구되고 있는지……. 학생들은 자기 분야에서 가장 앞서가고 있는 이들에 관한 이야기라면 언제나 귀를 쫑긋한다. 젊은이들은 가끔씩 외롭다고, 길을 잃었다고 느낀다. 훌륭한 가르침은 그들로 하여금 자신들이 더 넓은 세계의 일부라고 느끼게끔 도와준다. 그들은 그 같은 문제에 깊은 관심을 보이고, 과연 어떤 진로를 택해야 할지 판단하는 데 도움을 받는다.

훌륭한 학생을 가르치는 훌륭한 교사라면 구태여 지금껏 인위적으로 분류한 세 가지 방식에 연연하지 않아도 된다. 그저 유화를 완성한 후 색깔이 바래지 않도록 정착액을 바르는 일이 얼마나 중요한지 유념하는 것으로 족하다. 교사가 처음에 자신이 무엇을 하고 있는지 학생들에게 간략하게나마 설명해주었다면, 학생들과 더불어 배운 내용을 무리 없이 검토해 볼 수 있다. 그들이 함께 발견한 특징에 좀더 정통하게 되고, 여행하면서 품게 된 질문을 묻고 답하고, 그리고 봉우리는 여전히 개발중이며 골짜기는 아직껏 개척되지 않은 채 남아 있다는 사실 따위를 일러주면서 말이다. 이게 바로 훌륭한 가르침이다. 이런 경지에 이르면 가르침은 단순히 정보를 전달하는 데 그치는 게 아니라 머리 쓰기 좋아하는 인간들과의 합작사업이 될 것이다.

제4장 위대한 교사와 그의 제자들

인류 역사상 가장 중요한 인물들 가운데에는 교사들도 들어 있다. 인류의 문명이 성큼 진보의 발걸음을 내디딘 것은 대체로 정치인, 발명가, 예술가의 업적이 아닌 바로 교사들의 업적이었다. 이 장에서는 인류의 위대한 스승들, 그리고 그들이 어떻게 가르쳤는지에 대해 살펴보겠다.

소피스트

서구문명에서 현대적 가르침의 기원은 두 부류 교사들에게 찾아볼 수 있다. 그리스 철학자들과 유대 예언자들이다. 유대인 공동체 밖에서는 그리스인들의 영향력이 훨씬 더 폭넓고 더 강력하고 더 다양했다. 예수의 가르침만은 예외지만. 이 책은 '무엇을' 가르치느냐가 아니라 '어떻게' 가르치느냐에 관심이 있다. 하지만 내용적으로 우리의 학교와 대학은 유대인의 전통보다는 그리스인의 전통을 더 많이 좇고 있다. 그리스 교사들은 '이성'이 시키는 대로 따르도록 주장했다. 유대인 예언자들은 자신들이 신의 목소리를 대리하고 있음을 알았다. 우리는 두 부류의 교사를 다 존경하지만 이렇게 생각하는 경향이 있다. 신과 교감하는 사람들은 드물고도 기적적인 개입을 통해 세상을 바꿀 수 있지만, 삶을 굴러가게 하고 젊은이를 교육하려면 이성에 관해 꾸준히 연구할 필요가 있다고 말이다.

서구사회에서 최초로 등장한 전문적인 고등교육 담당자들은 기원전 5세기경에 그리스에서 출현한 명석한 연설가이자 예리한 사상가들 무리였다. 그들은 '소피스트'라고 불렸다.(소피스트는 본래 '직업적인 현자' 비슷한 의미였는데, 돈을 받고 지식을 판다는 인상을 풍기면서 평판이 나빠졌다. 소크라테스 이후 지식인들은 스스로를 '지혜 그 자체를 사랑하는 이'라는 의미의 '철학자'라 부르는 편을 더 좋아했다.) 우리는 소피스트들이 설파한 이념의 상당수가 유효하다고 생각한다. 가령 어떤 절대적인 도덕성의 기준이라는 게 있는지 아니면 도덕이란 그저 인위적인 관습에 불과한지 최초로 논의한 것도 바로 그들이었다. 또한 정의는 변하지 않는 것인지 아니면 그저 지배계급의 의지를 표상하는 것일 뿐인지 최초로 논의한 것도 바로 그들이었다. 그들은 사상가로, 파괴적인 비평가로 눈부시게 활약했다. 하지만 교사로서는 단지 피상적일 뿐이었다.

  그들은 강연에 주력했다. 하나같이 우아하고 섬세한 연설가로 보였다. 특히나 거대 청중들에게는 더욱 그래 보였다. 그런 점에서 그들은 신중하게 준비한 연설을 들려주면서 대도시를 순회하는 오늘날 '권위자'들의 직접적인 선조라고 볼 수 있다.(연설할 때면 이 '권위자'들은 농담과 인상적인 경구를 적절하게 구사하며 개인적인 힘과 매력을 맘껏 발산한다. 하지만 그들의 연설은 기실 거의 변화 없이 되풀이된다.) 요즘의 권위자들과 다를 바 없이 당시의 소피스트들도 거액을 받았으며, 대대적으로 광고되었고, 준비위원회로부터 환영을 받고, 힘깨나 쓰는 주최측의 환대를 받았다. 하지만 오늘날의 권위자들과 달리 대체로 '모든 것'에 대한 권위자인 양 행세하고 다녔다. 그들은 하늘 아래 있는 주제라면 그 어느 것도 강연할 수 있다고 호언장담했다. 기묘하고 까다로운 주제에 관한 강연 요청을 받아도 몸을 사리지 않고 기꺼이 수락했다. 그들은 다른 사람들보다 더 많은 사실을 아는 것처럼 행세하진 않았지만, 확실히 더 잘 사고하고 더 잘 말하는 재주가 있었다. 그런 점에서 그들은 어떠한 새로운 주제가 주어져도 특별한 전문지식 없이도 흥미롭고 명료한 기사를 거침없이 써내려가는 요즘 저널리스트들의 선조라 할 만하다. 오늘날 당시의 소피스트에 비견되는 흠잡을 데 없는 예를 하나 들라면 단연 버나드 쇼Bernard Shaw를 꼽을 수 있다. 소피스트나 버나드 쇼나 아무도 흉내 낼 수 없는 매력으로 아무도 흉내 낼 수 없는 일을 한 것은 같다. 버나드 쇼는 '연설'을 한 게 아니라 글을 썼다는 것만이 그들과 다른 점이리라. 버나드 쇼와 마찬가지로 소피스트들도 사람들에게 뭔가를 적극적으로 설득하지 않으면서도 모든 이를 압도했다. 체계적이지도 공정하지도 않은 주장을 펼쳤지만, 번드르르한 말솜씨로 논리 전개의 허술함을 감추었다. 또한 거의 건설적인 의견을 내놓지 않았지만 전통적인 관념을 받아들이고 그들 스스로가 논리보다는 관습에 기반하고 있음을 보여줌으로써 엄청난 박수갈채를 이끌어냈다. 그리고 놀라운 달변으로 거의 모든 것을 입증할 수 있음을 유감없이 보여주었다. 때로 소피스트들은 마치 널을 뛰듯 오전에는 어떤 문제의 한 측면에 대해 강력한 연설을 한 뒤 오후에는 그 문제의 정반대 측면에 대해 똑같이 강력한 연설을 했다. 버나드 쇼와 마찬가지로 소피스트들 역시 누구도 뭐라고 말참견하면서 끼어들도록 놔두지 않았다.

소피스트들이 가르치는 방식은 나쁜 결과를 낳기도 했고 좋은 결과를 낳기도 했다. 그들은 문명을 분열시키는 데 크게 이바지했다. 수많은 전통적 가치를 과대선전하는 데 기여했으며, 그들이 보여준 명석함에 현혹되어 눈이 먼 제자들은 그들만의 개인적 삶이나 사회적 삶을 일구는 일을 게을리했다. 하지만 그들은 그리스인에게 어떤 다른 지중해 국가도 알려주지 못한 것, 즉 '사고'만으로도 인간의 삶을 얼마든지 달라지게 만들 수 있음을 여실히 보여주었다. 그들이 길러낸 위대한 사상가(소크라테스)에 대한 존경심은 부침을 거듭하면서 오늘날까지 면면히 이어지고 있다.

소크라테스

 소크라테스는 일부 동시대인들에게는 소피스트처럼 비치기도 했다. 하지만 그는 기회가 닿을 때마다 소피스트에 대해 불신감을 표시했고 그들에게 맞섰다. 소피스트들은 그리스 전역을 누비고 다녔다. 하지만 소크라테스는 동포들에게 말을 걸면서 아테네에 눌러 살았다. 소피스트들은 신중하게 준비한 연설을 했지만, 소크라테스는 오직 질문을 던지기만 했다. 소피스트들은 가르침의 대가로 두둑한 사례금을 챙겼다. 하지만 소크라테스는 정기적인 급료를 거부했고, 가난하게 살다 가난하게 죽었다. 소피스트들은 우아하게 잘 차려입었고, 마치 전국 순회에 나선 영화배우처럼 비서와 하인을 우르르 몰고 호화로운 광고와 함께 등장했다. 소크라테스는 일꾼처럼 허름한 옷을 입었고 맨발이었다. 그는 노동계급 출신으로 실제로 석공이자 조각가였다. 소피스트들은 특별히 마련된 강연장에서 연설했지만 소크라테스는 거리나 체육관 같은 데서 만난 사람들에게 말을 걸었다. 체육관에서는 매일 오후에 젊은이들이 운동에 열중했다. 소크라테스는 이따금 자기 스스로를 운동코치에 비유하곤 했다. 직접 달리거나 레슬링을 하진 않지만 어떻게 하면 잘 달릴 수 있는지, 어떻게 하면 레슬링을 더 잘할 수 있는지 가르쳐주는 코치 말이다. 소크라테스는 생각할 수 있도록 사람들을 훈련하는 게 자기 일이라고 말했다. 마지막으로, 소피스트들은 모든 것을 다 알고 있고 그것을 설명할 태세가 되어 있다고 큰소리쳤다. 하지만 소크라테스는 자신은 아무것도 모르며 그저 뭔가 알아내려고 애쓸 따름이라고 말했다.

 소피스트들은 역사상 최초의 강연자들이었고, 소크라테스는 역사상 최초의 개인교사였다. 소크라테스가 고안한 방식은 소피스트들보다 한결 급진적이었다. 소피스트들과 비슷한 연설은 다른 곳에서도 얼마든지 들을 수 있었다. 새로운 민주적 법정도 그런 곳 가운데 하나였다. 그곳에서는 머리 좋은 웅변가들이 새로 개발한 수십 가지 웅변술을 구사하며 배심원을 설득하려고 무진 애를 썼다. 극장 또한 빼놓을 수 없다. 극장에서는 왕, 왕비, 신, 영웅 같은 비극의 주인공들이 서로 물어뜯으면서 불후의 장광설을 늘어놓았다. 군중들이 모인 자리에서는 어떤 시민이 나서서 아테네의 운명을 놓고 핏대를 올렸다. 소피스트 같은 유랑하는 거장들은 다른 분야에도 퍽이나 흔했다. 유랑하는 음악가·화가·조각가, 시모니데스 Simonides 같은 빼어난 시인들은 그들이 방문한 도시에서, '참주들'의 부유한 왕궁에서 대대적인 환영을 받았다. 당시 소피스트들이 하프 연주자 못지않게 멋들어진 연기를 해보이는 것은 그리 드문 일이 아니었다.

 소크라테스가 이룩한 혁신은 대화를 가르침의 방법으로 활용한 점, 그리고 여기저기 떠돌아다닌 게 아니라 아테네에 붙박여 있었다는 점이었다. 그는 심지어 오스카 와일드나 데팡 부인처럼 '대화에 능한 사람'도 못 되었다. 코울리지처럼 즉석에서 유려한 문장을 지어내는 재주도 없거니와 인상적인 경구조차 기억하고 있는 게 없어 보였다. 그의 말은 '아름다운 꽃이나 빛나는 별'로 가득 차 있지 않았다. 그는 자신이 아닌 상대가 그렇게 말하도록 만들었다. 그리고 단지 질문을 던질 따름이었다.

하지만 궁정에서 반대심문하는 모습을 지켜본 일이 있는 사람은 그것이 미리 준비한 연설을 하는 것보다 훨씬 더 힘들다는 것을 알리라. 소크라테스는 학교에 다니는 학생이냐 늙수그레한 자본가냐, 정통적인 중도파 시민이냐 극단주의자냐, 적이냐 친구냐, 자신의 비평가냐 숭배자냐, 명망가냐 이름 없는 사람이냐, 매춘부냐 정치인이냐, 예술가냐 군인이냐, 아테네의 평민이냐 유명한 외국인이냐를 가리지 않고 질문을 던졌다. 그로서는 성격도 생김새도 제각각인 이들에게 자기 자신을 맞추기가 무척 힘들었을 것이다. 하지만 우리는 그가 그 일을 해냈음을 알고 있다.(그의 진정한 후계자 가운데 하나가 바로 예수회를 창립한 성 이냐시오 로욜라St. Ignatius Loyola다. 그는 말 거는 사람에 따라 어법을 달리했고, 상대의 성격에 맞게 관대하게도 심각하게도 유쾌하게도 진지하게도 대하면서 다양하게 변화를 주었다.) 소크라테스는 겉모습이 보잘것없었다. 태도야 나무랄 데가 없었으나 귀족적인 세련미를 풍기진 못했다. 하지만 제아무리 영악하고 거친 사람과도 만나서 이야기를 나눌 수 있었고, 상대가 그보다 더 많은 것을 알고 있지 못하다는 것을 끝내 수긍하도록 만들었다.

소크라테스가 사용한 방법은, 첫째, 그 자신의 무지를 겸허하게 인정하는 것이다. 그렇게 되면 상대는 저 자신도 모르게 우쭐해지면서 이 순진한 질문자에게 설명하고자 하는 의욕에 불탄다. 둘째, 융통성을 발휘하는 것이다. 이로써 그는 모든 이들에게 최선으로 다가갈 수 있었다. 셋째, 변함없는 멋진 유머를 구사하는 것이다. 그는 그 덕분에 늘 대화를 지속할 수 있었고, 혹 상대가 화를 내는 난처한 순간이 와도 위기를 잘 넘길 수 있었다. 문헌에 드러나는 가장 통쾌하고 극적인 장면은 바로 다음과 같은 대화이다. 소크라테스가 한 명석한 광인과 맞섰을 때이다. 상대가 한동안 다른 사람들을 모두 제압하면서 말 세례를 듬뿍 쏟아냈다. 소크라테스가 웃기게도 잔뜩 겁먹은 체하며 나서서 그의 말잔치에 찬물을 끼얹고 진실을 찾아나갔다. 소크라테스의 점잖지만 집요한 질문에 당황한 상대는 결국 자신이 잘못이었다고 물러나면서 속수무책으로 입을 다물었다.

소크라테스와 플라톤

우리는 소크라테스가 훌륭한 제자들을 길러낸 훌륭한 교사임을 알고 있다. 그 가운데 가장 위대한 제자가 바로 플라톤이다. 플라톤은 아카데미라는 이름의 대학을 세우고 소크라테스가 그에게 던진 질문을 토대로 연구에 몰두했다. 플라톤은 제자들을 가르치고 학업에 매진했을 뿐 아니라 평생토록 철학적인 문제를 다룬 책을 집필했다. 제자가 스승에게 바칠 수 있는 헌사로 그보다 더 좋은 것은 이때까지 없었다. 플라톤의 인격과 철학적 이념도 더없이 빼어났지만 그는 자신의 마지막 저서*를 뺀 모든 책에서 그 자신을 항시 소크라테스보다 아래에 두었다. 플라톤은 어느 대화에서도 제 이름을 드러내지 않았으며 자신을 오직 두 차례만 언급했을 따름이다. 그가 정리한 대화는 온통 문답으로 가르치는 소크라테스의 방법론을 되풀이하기 위한 것이었다. 말투조차 스승을 닮았다. 그 대화를 보면 소크라테스가 번지르르하게 포장된 소피스트들에 맞서 그들의 논거를 조목조목 반박하는 젊은이였음을 알 수 있다. 어느 흥겨운 향연에서 소크라테스는 당대 최고의 지성들, 그러니까 떠오르는 시인·과학자·정치인들에게

---

*『법률 The Laws』

둘러싸인 채 그들이 스스로에게서 최상의 것을 끄집어내도록 도와주었다. 체육관에서는 젊은 운동가들이나 그들의 아버지들과 대화를 나누었다. 거리에서는 지나다니는 사람들을 붙들고 질문을 던졌다. 여행 온 명사들과 대화를 나누었으며, 교육받지 못한 어린 노예소년과 기하학을 증명하기도 했다. 일흔 살에 법정에 섰을 때는 자신을 옹호하는 연설을 했으며, 유죄판결을 받으리라 확신하면서도 계속해서 아테네 시민들을 가르쳤다. 처형당하기 몇 시간 전에는 영혼은 영원히 죽지 않는다고 설파했다. 저마다 다른 상황에서 어디에도 굴하지 않는 확고부동한 목표인 진리 추구를 향해가면서 각기 다른 사람들에게 너무도 유연하고 융통성 있게 접근했던 것이다.

하지만 소크라테스의 가르침과 관련해 가장 기이한 점이라면 그가 대체 '무엇을' 가르쳤는지가 확실하지 않다는 것이다. 우리는 다만 그가 '어떻게' 가르쳤는지에 대해서만 알고 있다. 거기에 대해서만큼은 아주 잘 알고 있다. 하지만 그의 제자들이나 그와 대화를 나눈 이들이 그의 질문을 통해 무엇을 배웠는지는 정확히 알 도리가 없다. 그의 제자들이 그에게 배웠다고 한 것은 저마다 제각각이었다. 젊은 크세노폰은 동방으로 가서 운 좋은 군인이 되기 전에 그를 알았고, 훗날 그에 관해 회고록을 썼다. 그는 소크라테스를 호기심 강하고 익살맞고 매력적이지만, 닥치는 대로 모든 것을 물어보고 모든 것을 비판하는 성가신 괴짜로 묘사했다. 또 다른 제자 아리스티포스는 소크라테스가 비판을 통해 모든 도덕적 전통과 영원한 정신적 가치를 깡그리 파괴했고, 관습에 의존하지 않고 오직 쾌락과 본능을 쫓으며 살아가도록 사람들을 격려했다고 믿었다. 플라톤은 소크라테스의 대화를 기록하는 것으로 시작했다. 뭔가에 대해 아는 사람은 아무도 없다는 것, 아니면 기껏해야 '덕이 곧 지식'이라는 것만을 증명했을 따름인 대화 말이다. 소크라테스는 대화를 통해서 전통적인 이론을 혁파한 뒤 그 자신만의 정치한 이론을 확립하는 데에로 나아갔다. 플라톤 역시 그러한 대화의 전통을 따르고 문답 원칙을 고수했지만 상대가 그저 '예', '아니오', 혹은 '계속하세요' 같은 간단한 말만 추임새처럼 넣는 데 그치도록 만들었다. 후대 사람들은 이들 이론 가운데 일부를 플라톤의 것이라고 부른다. 그것은 플라톤의 이론일까? 아니면 소크라테스가 그 이론을 가르친 것일까?

'둘 다' 맞다. 소크라테스는 이론을 그렇게 명시적인 형태로 가르치지 않았다. 하지만 플라톤은 완전히 자기 멋대로 이론을 만들어내지는 않았다. 그 이론은 소크라테스의 가르침이 플라톤의 영혼에 새겨지면서 거둔 결과이다. 우리는 소크라테스처럼 잘 가르치는 이, 혹은 반대심문을 가르침의 방법으로 활용하는 이라면 누구도 절대 아무렇게나 질문을 던지지 않음을 알아야 한다. 소크라테스는 자신의 질문이 바탕하고 있는 일련의 확실한 신념을 가지고 있었다. 설사 그가 그것을 분명하게 드러내거나 설명하지 않았다 해도 명민한 제자들은 그 신념을 재구성할 수 있었을 것이다. 따라서 그의 가르침은 암시의 위력을 가장 잘 보여주는 예라 하겠다. 학생들은 교사가 드러내놓고 하는 말은 건성으로 흘려듣곤 한다. 교사가 학생들로 하여금 스스로 생각해보도록 자극한 게 때로는 훨씬 더 강력한 영향을 미친다.

플라톤

플라톤 자신은 스승 소크라테스보다 더 체계적으로, 더 배타적으로 사고했다. 더 체계적이라고 말하는 것은 그가 거리를 떠돈 게 아니라 대학을 설립했기 때문이다. 그 대학에 들어가려면 입학시험을 치러야 했고 규율도 엄격했다. 그리고 그 대학은 수도원이나 연구자들이 모인 조직처럼 운영되었다. 더 배타적이라고 말하는 것은 그가 아무나 가리지 않고 대화를 나눈 게 아니라 특별히 엄선한 제자를 선호했고, 자생적인 대화보다는 더러 이해하기가 몹시 까다로운 강의를 선택했기 때문이다. 플라톤은 스승 소크라테스처럼 노동계급 출신이 아니었다. 그는 재능을 타고난 부유한 귀족이자 어렸을 적부터 자질을 드러낸 시인이었으며, 평생 신비주의자로 살았다. 모든 이들을 다 가르치는 것이 불가능하다고 여긴 그는 고도로 훈련받고 신중하게 선정된 제자들만을 상대로 자신의 노력을 쏟아부었다. 그는 시험제도를 최초로 만들어낸 인물이기도 했다. 따라서 그의 가르침은 지극히 제한된 영향만을 끼쳤다.

그에게는 형편없는 제자가 하나 있었는데, 바로 시라쿠스의 젊은 왕자 디오니시우스였다. 플라톤은 그를 철인정치를 펼치는 왕으로 만들려고 애썼지만 결국 그는 폭군이 되고 말았다. 반면 단연 눈에 띄는 제자도 하나 있었으니 그가 바로 아리스토텔레스이다. 그는 아마도 인류가 이때까지 배출한 가장 걸출한 인물일 것이다. 하지만 플라톤은 이들 외에도 자신이 집필한 탁월한 걸작을 통해 수백 명의 제자를 길러냈다.

플라톤의 저서에서 우리는 친구나 제자들에게 질문을 던지는 그의 스승 소크라테스의 모습을 본다. 그는 온화하게, 거의 우연적인 것처럼 질문을 던진다. 상대가 대답하면 소크라테스는 그 답변을 간추린 다음 거기에 담긴 모순을 파헤치는 한발 더 나아간 질문을 던진다. 집요하게 캐묻는 과정을 거치면서 비합리적인 판단은 차츰 줄고 피상적인 생각은 폐기된다. 반대의견이 제기되고 주거니 받거니 하면서 논쟁을 전개하노라면 오직 이성의 지도만으로 서서히 미로에서 빠져나와 분명한 결론에 이를 수 있다. 그렇게 해서 손에 넣은 결론은 처음 시작할 때는 결코 예측할 수 없었던 것이고, 냉정한 이론적 토론을 거치지 않고서는 도저히 도달할 수 없는 것이다.

하지만 당신은 소크라테스와 함께 모여 있는 무리로 다가가 거기 끼지는 않은 채 그들의 대화를 엿듣는 이방인과 같은 처지이다. 어느 순간, 어떤 말을 들은 당신은 소크라테스가 순 사기꾼이고 그의 제자들이란 하나같이 스승에게 동의하도록 최면이 걸린 들러리일 따름이라고 생각하며 고개를 돌릴 것이다. '어떤' 사람들은 그렇게 하기도 한다. 아니 실은 '많은' 사람들이 그렇게 한다. 소크라테스를 지나 플라톤에 이르러 그의 저서 『법률』을 읽으면 '모든' 사람들이 그렇게 한다.(『법률』은 조지 오웰이 쓴 『1984년』과 같은 책장에 진열될 불길한 문건이지만 플라톤은 오웰이 나쁘게 묘사한 상황에 도리어 찬사를 보내고 있다.)

플라톤이 가르친 내용은 (정치에 관한 한) 반민주주적이고 편협하고 결국에 가서는 슬프고도 악의에 찬 것이었음에 틀림없다. 하지만 그가 그것을 가르친 '방법'만은 우리의 관심을 끈다. 그는 매력적이고 빼어난 대화를 통해서 가르쳤다. 그 대화를 읽는 독자는 자기를 소크라테스와 동일시하지 않기 때문에 자연스럽게 소크라테스와 대화를 나누고 있는 상대 입장에 놓인다. 따라서 만일 혼자 남아 있었다면 한 번도 생각해볼 일이 없는 명제에 대해 '예' 혹은 '물론이죠' 하고 대답하고 있는 스스로를 발견하게 된다. 정치에서는 이것이 지극히 위험하다. 하지만 형이상학이나 논리, 도덕성을 가르칠 때에는 무척 건전하면서도 유익한 방법이다. 지금껏 인류가 만들어낸 것들 가운데 가장 강력한 방법임에 틀림없다. 플라톤이 저술한 소크라테스의 대화에 관한 문건을 읽기 시작하면 당신은 처음에는 그들이 주고받는 말의 온화함과 주변인물의 매력에 흠뻑 빠진다. 하지만 자신도 모르는 사이에 서서히 2,300년 전에 이미 이 세상을 뜬 한 스승이 암시한 구절을 읽으며 생각에 잠길 것이다.

 가르침의 주제와 가르침의 방법이 이렇게까지 극명하게 구분되는 예는 달리 찾아보기 힘들다. 플라톤이 설파한 이론을 믿고 찬미하는 이들은 거의 없다. 하지만 그가 그 이론을 가르친 '방법'에 대해서만큼은 누구나 칭송을 아끼지 않는다. 플라톤은 스승 소크라테스에게 오직 침착하고 냉정한 추론을 통해서만 충분하게, 영구히 사람들을 교육하고 설득하고 변화시킬 수 있다는 것을 배웠다. 질문을 던지라. 거기에 대한 답변을 탐구하라. 그리고 이성에 비추어 결과가 만족스러울 때까지 토론을 계속하라. 당신이 혼자 스스로 생각할 때면 이성과 대화를 나눌 수 있어야 한다. 마치 당신과 하나도 다를 바 없는 인격체이기라도 한 것처럼 그 이성을 존중하면서 말이다. 당신이 다른 누군가와 논쟁할 때면 그 논쟁은 둘 간의 싸움이 아니라 이성을 추구하는 공동의 노력이 되어야 한다. 그 과정을 통해

둘은 손을 맞잡고 협력하면서 진리를 발견하고 획득하는 길에 함께 나선다. 플라톤의 대화를 읽다 보면 그의 스승 소크라테스가 한 일이 꼭 대화의 최종성과물인 어떤 결론을 설득해내고야 말려는 것은 아니었음을 알게 된다. 그는 가장 강력하고 항구적인 인간의 능력인 이성적으로 논쟁할 수 있는 힘을 사람들에게서 이끌어내고자 했다.

아리스토텔레스

아리스토텔레스(소크라테스-플라톤-아리스토텔레스, 정말 근사한 계보 아닌가?)는 부유한 의사의 아들이었고, 늘 과학적으로 사고하는 습관이 몸에 배여 있었다. 그는 열일곱 살 때 플라톤의 아카데미에 입학했으며 거의 마흔이 다 되어갈 때까지 거기 머물렀다. 그는 플라톤이 사망하자 그곳을 떠났고, 몇 년 동안 여행을 다니고 독자적인 연구를 수행한 끝에 리세움이라는 그 자신의 대학을 설립했다.(아카데미와 리세움은 원래 부근에 있는 작은 개인묘지에서 따온 지명에 불과했지만 이제는 서방세계에 널린 대학의 속명으로 쓰이고 있다. 아카데모스가 다시 살아난다면 왕립 아카데미, 아카데미 프랑세즈, 미국 예술문예 아카데미, 이탈리아 아카데미, 하바나에 새로 생긴 룸바 아카데미 등 자신의 이름이 이렇게 후대까지 면면히 이어지고 있다는 사실에 깜짝 놀랄 것이다.)

아리스토텔레스는 틀림없이 연구와 가르침을 동전의 양면이라고 여긴 것 같다. 그는 가르침을 철저하게 조직했다. 그의 리세움은 오늘날의 연구기관과 흡사했다. 한 무리의 연구생들이 그가 생물학 연구를 위해 세계 곳곳에서 수집한 수많은 동식물 표본을 조사했다. 대가다운 솜씨의 정치논문은 그의 감독 아래 조수들이 만든 수많은 조직에 대한 주요 분석들 가운데 정수만 추린 것이었다.

아리스토텔레스의 가르침은 대부분 오늘날 비슷한 기관에서 수행하는 것 같은 수준 높은 토론이었다. 거기에서는 성취에 대한 높은 기대수준이 이미 확립되어 있었으며 끊임없이 지평을 넓히려는 노력이 계속되었다. 아리스토텔레스는 평범한 시민들에 비해서는 훨씬 더 많은 교육을 받은 셈이나 학생치고는 부진한 축에 속하는 이들에게 다소 낮은 차원의 교육을 실시하기도 했다.

아리스토텔레스의 이름을 걸고 전해지는 작품들 상당수가 실은 그가 직접 쓴 책이 아니라 그의 제자들이 받아적은 강의록 모음이다. 우리는 그 강의록을 통해서 그가 강의와 토론을 혼용했지만 강의에 더 주력했음을 알 수 있다. 그는 하나의 주제를 철저히 조사하려고 서로 연관되는 일련의 소주제들을 설정했다. 그리고 각각의 소주제를 따로따로 들고 나와 무수한 문제들로 쪼갠 다음 그 문제들을 일일이 검토했다. 구체적으로 그가 어떻게 했는지는 확실하게 알 길이 없다. 우리는 강의록을 통해서 쉴 새 없이 이야기하고, 제안을 분석하고, 부족한 부분을 지적하고 그것이 어떤 점에서 부족한지 설명하고, 결국에 가서는 해결책을 얻어내고야 마는 그의 모습을 볼 수 있다. 그러나 그가 학생들에게 제안하라고 요구하고 나서 그들이 각각의 제안을 하나하나 토론하도록 거들어주었는지 아니면 그저 혼자 분석해나갔는지는 알 수 없다. 하지만 우리는 무릇 노련한 강연자라면 으레 그렇듯 그 역시 모범적인 사례들(그의 노트에는 이것들이 요약되어 있다)을 두루 꿰고 있었으며, 교실에 보이는 물건과 사람을 활용하면서 논의를 펼쳐나갔다는 사실만큼은 잘 알고 있다.

아리스토텔레스는 대학 뜰을 산책하면서 제자를 가르치기도 했다고 전해진다. 그에게 주어진 '소요逍遙학파'라는 이름은 바로 거기에서 기원한다. 이는 그가 가르침을 형식에 얽매이지 않도록 하는 데에도 주의를 기울였음을 암시한다. 아리스토텔레스 이후 수많은 사상가들은 산책할 때 가장 생각이 잘 떠오르고 대화가 잘 된다는 사실을 깨달았다. 몸을 움직이면 머릿속이 정지하지 않는다. 하지만 몹시 건조하게 가르치면서, 혹은 달라지거나 발전하려는 의지도 없으면서 제자들과 뜰만 걷는다고 능사는 아니다. 그거야 허세를 부리는 데 지나지 않는다. 하지만 아리스토텔레스는 허세와는 거리가 멀었다. 우리는 그가 남긴 빼어난 책들을 통해서 자신의 이론을 발전시키려고 끊임없이 노력하는 그의 모습을 볼 수 있다. 중세와 바로크 시대에 그가 '고정불변의' 진리를 구축한 대학자로 간주되었다는 것은 어처구니없는 일이다. 그가 보여주고자 했던 것은 지식은 끊임없는 발견의 과정이라는 사실이었다.

아리스토텔레스와 알렉산더

가르침에서 가장 어려운 일을 대라면 그것은 아마도 지도자를 기르는 것이리라. 소크라테스는 이 점에 대해 생각이 많았으나 참담하게 실패했다. 플라톤 역시 대체로 신통치 못했다. '왕자들을 위한 학교'를 운영한 플라톤의 숙적 이소크라테스는 그보다 한결 형편이 나았다. 아리스토텔레스는 어린 왕자 알렉산더를 데리고 그 일을 도모했다. 알렉산더의 아버지는 공격성과 배반행위를 무기로 그리스의 지배자가 되었고, 인도까지 진격했으며, 마침내 그리스의 최고군주가 되었다.

 지도자를 길러내는 것은 지극히 까다로운 일이다. 알렉산더와 그의 가족은 순수혈통의 그리스인이 아니라 마케도니아인이었으며, 그들의 피속에는 엄청난 야만성이 흐르고 있었다. 거침없는 용기, 공격적인 에너지, 적응력이 뛰어나고 호기심이 왕성한 정신, 바위 같은 결단력, 이것은 훌륭한 학생이 지녀야 할 자질이다. 알렉산더는 이 모든 것을 두루 갖추었다. 하지만 그 안에는 야만적인 잔인함, 폭력적인 쾌락, 미개한 저속성 같은 전통도 함께 들어 있었다. 중세 암흑시대의 앵글로색슨인과 독일인들처럼 마케도니아인들도 밤마다 술독에 빠져 살았다. 한번은 여느 때처럼 술에 취해 흥청이던 저녁식사 시간에 알렉산더가 그에 관해 농지거리를 했다는 이유로 가장 절친한 친구를 장교식당 벽으로 몰고가 창으로 찔러 죽였다. 아이슬란드의 영웅담이나 바이킹 이야기에서나 볼 수 있는 잔혹하기 이를 데 없는 장면이었다. 훌륭한 전투의 정신에서야 폭력성이 빠질 수 없었다. 하지만 아리스토텔레스에게는 그것이 그저 5~6백 년 전의 유물로 보였다. 그는 에릭 블러디액스를 교육하려 애쓴 프랜시스 베이컨, 아니면 피터 대제를 가르친 뉴턴과 다를 바 없는 심정이었으리라. 만일 아리스토텔레스가 순수혈통의 아테네인이었다면 아마도 그 일을 해낼 수 없었을 것이다. 하지만 그도 마케도니아인이었고, 그의 아버지는 필리포스 왕의 주치의였다. 그는 북부인들을 잘 알았고 가능성의 한계를 예리하게 파악하고 있었다.

우리는 아리스토텔레스가 어린 알렉산더를 어떻게 가르쳤는지에 대해 거의 아는 바가 없다. 하지만 결과를 보고 그 방법을 유추해볼 수는 있다. 그는 달라질 가망이 없는 것은 그대로 두었다. 알렉산더는 누구보다 그의 아버지와 어머니에게 많은 영향을 받았다. 그 점과 더불어 마케도니아의 기질과 태도도 변화할 수 없는 것이었다. 그가 물려받은 유산은 나쁘게도 좋게도 작용했다. 그는 테베 시가 폭동을 일으켜 자유를 되찾으려 하자 시민 대부분을 노예로 팔아넘기면서 테베 시를 폐허로 만들어버렸다. 하지만 그 같은 유산 덕에 빼어난 기병장교로, 역사상 필적할 인물이 없는 탁월한 장군으로, 선견지명이 있는 유능한 군주로 널리 이름을 날릴 수 있었다. 아리스토텔레스는 그의 기질과 가족의 유산은 고스란히 남겨두되 나쁜 영향은 줄이고 좋은 영향은 키우는 평형추를 부여하겠노라고 결심했다.

먼저, 그리고 가장 중요한 것으로, 아리스토텔레스는 알렉산더가 그리스의 문화를 사랑하고 존중하도록 가르쳤다. 그는 호메로스로 시작했다. 이것이야말로 탁월한 선택이었다. 호메로스의 초기 영웅들은 마케도니아인들과 아주 흡사했고, 호메로스가 너무나 솜씨 좋게 미화한 덕에 그 영웅들은 어린 왕자가 따르기에 제격인 모범이었다. 알렉산더는 자연스럽게 북부인 아킬레스를 가장 숭배했고 그를 자신의 선조로 삼겠다고 공언했다. 그는 아킬레스의 묘로 여겨지는 트로이 외곽의 낡은 둔덕을 찾아가 추도회를 열기도 했다. 알렉산더는 어딜 가나 그의 개인교사(아리스토텔레스)가 개작한 호메로스의 작품을 지니고 다녔으며, 자신의 무용담을 시로 써낼 수 있는 재능을 지닌 아킬레스를 부러워했다. 그는 스스로를 부유한 아시아 고대도시를 정복한, 새로 태어난 아킬레스로 여겼음이 분명하다.(오랜 세월이 흐른 뒤 또 한 사람의 어린 왕자, 스웨덴의 찰스 12세도 퀸투스 쿠르티우스가 쓴 『알렉산더 대왕사』를 가는 곳마다 끼고 다녔고 자신을 환생한 알렉산더로 여겼다.)

아리스토텔레스는 호메로스의 작품을 시작으로 알렉산더를 다른 그리스의 시인들, 그리스 문화의 또 다른 측면을 숭배하는 데에로까지 이끌었다. 알렉산더가 테베 시를 괴멸했을 때에도, 그는 시인 핀다루스의 집만은 기념물로 남겨둘 정도였다. 훗날 좀더 정치적 경험을 쌓은 뒤 중동의 여러 지역과 민족을 엄청난 규모로 정벌한 그는 법률이나 정치를 넘어서는 어떤 항구적인 일체감으로 그들을 단단히 결속하지 않으면 아무 의미가 없음을 깨달았다. 그리고 그 일체감을 심어줄 수 있는 씨앗을 그리스 문명에서 발견했다. 그는 가는 곳마다 그리스풍의 도시를 건설했으며, 그리스의 예술·과학·언어·문학·예법·무역에 관한 지식을 전파했다. 그리스 국가를 확장하는 게 아니라 세계적인 문명을 건설하고자 했고, 그것을 향한 최선의 길은 바로 그리스 문화의 보급이라고 여겼다. 그가 가장 아꼈던 알렉산드리아는 이집트 도시에 그치는 게 아니라 그리스 문화에 바탕을 둔 국제적인 거대도시로 발돋움했다.

그로부터 거의 400년이 흐른 뒤 기독교의 가르침은 그리스어로 설파되고 기록되었다. 로마제국이 가장 강하게 오랫동안 살아남은 것은 그리스인이 지배하던 서남아시아 및 중동지역이었다. 이는 아리스토텔레스가 알렉산더 대왕에게 가르쳐준 문화적 소명감 덕이었다.

아리스토텔레스는 개인적으로 알렉산더에게 많은 일을 하지는 못했다. 어린 알렉산더는 사냥이나 싸움을 일삼았고 결국에는 군인이 되었다. 아리스토텔레스는 민주적 인간형이 가장 이상적이라고 믿었지만 알렉산더에게 민주적 가치를 가르칠 수 없었다. 만일 그러려고 했다면 참담하게 쓴맛을 보고 쫓겨나고 말았을 것이다. 하지만 그는 알렉산더에게 군주의 가장 중요한 덕목이랄 수 있는 관용을 가르쳤다. 관용이야말로 정신의 위대함을 보여주는 것이라고 여겼다. 알렉산더가 자신의 절친한 친구 클리투스를 살해한 뒤 뼈저리게 후회한 것도 바로 관용 때문이었다. 훗날 알렉산더는 자신의 주치의가 자기를 독살하도록 매수당했다는 이야기를 듣고 그를 불러 약을 달라고 청한 뒤 그 약을 마시면서 그에게 죄상을 적은 문건을 읽으라고 건네주었다. 알렉산더의 아버지 필리포스 같았으면 틀림없이 그의 주리를 틀었을 것이다. 페르시아를 정복한 알렉산더가 하렘에 사는 왕의 여인들을 지조와 예의를 가지고 대한 것도, 승리의 순간에도 스스로를 자제하느라 고통스러운 노력을 기울인 것도 다 그 관용 때문이었다. 아리스토텔레스에게 배운 관용의 정신 덕에 알렉산더의 초상은 동전과 조각상으로 남았고, 그는 기사도 시대의 모범적인 영웅으로 길이 추앙받을 수 있었다.

예수

서구사회에서 가장 유명한 교사는 단연 나사렛의 예수일 것이다. 그는 유대 선지자들의 전통을 이어받았다. 구약성서에서는 '예언자의 아들들'(외딴 곳에 살던 엘리샤 같은 위대한 선지자 주위에 모여들어 그의 말을 모으고, 그의 일상을 따라하고, 그의 생각을 공유하는 한 무리의 남성들) 이야기를 들을 수 있다. 우리는 간디와 같은 동양 사상가들에 대해서도 알고 있다. 간디는 그와 함께 살아가는 삶에 매진하는 공동체 아쉬람을 일구었다. 예수에게도 그를 따르는 제자들이 있었다. 예수 전에는 사람들이 집을 떠나서 세례 요한을 따라다녔다. 예수 자신도 독자적인 선지자가 되기 전에는 요한에게 영향을 받았다.

유대인의 관점에서 보면 예수는 교사이기도 했다. 유대문학과 유대법률이 지닌 의미에 해박한 권위자 말이다. 예수는 히브리어를 쓰지는 않았다. 히브리어는 그가 태어나기 몇백 년 전에 이미 문어가 되어 있었다. 하지만 대부분의 똘똘한 유대인 자녀들처럼 예수 역시 히브리어로 성서를 배웠다. 그런 다음 유대인 학자들이 오래된 부족의 법률과 예언에 기초해 이룩해놓은 대단히 복잡한 해석과 분석에 관해 교육받았다. 예수가 태어난 뒤 우리가 그를 처음 만나게 되는 것은 유대문화의 중심지인 예루살렘의 성전에서다. 그는 열두 살 때 그 성전에서 유대의 법률과 의례를 전공한 엄격한 선생들과 다양한 해석을 놓고 토론을 벌였다.[31] 그 자신이 말했듯 그는 그것이 가족을 따라 집에 돌아가는 것보다 더 중요한 자신의 의무라고 느꼈다. 나중에야 이 어려운 학업을 초월하게 되지만 처음에는 그것을 배우고 거기에 대해 깊이 사고해야 했다. 유대인의 강력한 교육적 전통은 예수 같은 신동들을 한껏 북돋워준다. 자연히 그들 대부분은 놀라운 이력을 갖게 된다. 하지만 예수를 따를 자는 없었다.

예수의 가르침은 크게 두 가지로 대별된다. 둘 다 몹시 중요하며 서로 긴밀하게 연결되어 있다. 그는 우선 자신의 제자들을 가르쳤다. 이름이 익히 알려진 이들이다. 한편 예수는 그의 이야기를 들으려는 수많은 유대인들을 가르쳤다.

그의 제자들은 늘 그와 함께했다. 그들은 그의 이야기를 듣고 그를 바라보고 그의 말과 행동을 이해하고 가능하면 그대로 따라하려고 힘썼다. 거센 격랑 속에서도 그와 함께 항해했다. 제자들은 예수와 함께 예수살렘에 입성했고 정통 유대인처럼 유월절을 쇘다. 하지만 예수와 함께 체포되어 처형되진 않았다. 유대 종교지도자들이 스승만 처형하면 배움터는 이내 지리멸렬해지리라 여겼기 때문이다. 예수의 제자들은 그의 처형 장면을 지켜보았고, 나중에 예수의 부활을 후대에 알렸다. 예루살렘에 기독교 교회를 설립하고, 그의 삶에 관한 이야기를 길이 보존한 것도 바로 그들이었다. 그들은 하나같이 가난하고 평범하고 소박하고 선량한 이들이었다. 마음만 먹으면 예수는 얼마든지 부유하고 잘 교육받은 제자를 고를 수도 있었다. 훌륭한 유대학자들에게 훈련받고, 그리스어에 능통하며, 역사적 의례에 조예가 깊고, 전통적인 지식에 대해서도 해박한 제자들 말이다. 니고데모³²⁾ 같은 이들도 예수의 추종자가 되긴 했다. 하지만 그는 소박한 제자들을 골랐다. 그의 가르침이 평범한 자들, 특히나 가난하거나 길을 잘못 든 자들을 향한 것이기 때문이다. 그의 제자 태반은 그런 사람들이었다.

예수는 보통사람들을 가르치기도 했다. 이 일은 유대회당에서 이루어졌다.³³⁾ 전통적인 학자, 즉 유대 율법학자처럼 성서 일부를 크게 읽고 난 다음 거기에 대해 풀어서 설명해주었다. 오늘날 개신교 목사들이 성경의 한 구절을 읽고 그 의미를 해석해주는 식으로 설교하는 것은 유럽과 미국으로 전파된 유대학자들의 전통에서 비롯된 것이다. 하지만 그보다 더 흔하게, 예수는 열린 공간에서 짤막한 설교를 했다. 그의 이야기를 들으려고 거대한 군중들이 몰려들었다. 사람들은 때로 끼니도 거른 채 혹시 무슨 말을 하지나 않을까, 무슨 행동을 하지나 않을까 기대하면서 그를 따라다녔다. 그가 늘 말을 한 것은 아니었다. 500년 전에 활약한 그리스의 소피스트들이나 오늘날의 복음전도사들처럼 치밀하게 잘 짜인 일정을 따른 것도 아니었다. 한번은 해안가에 모인 군중을 향해 배에서 연설한 적도 있었다. 가장 유명한 설교(산상수훈)는 낮은 구릉에서 이뤄진 것이었는데, 제자들이 옆에 무리지어 서 있고 주변으로 구름떼 같은 군중들이 몰려 있었다.

그가 유대회당에서 전통적인 방식으로 가르친 것은 그다지 꼼꼼하게 기록되지 않았고 늘 성공적인 것도 아니었다. 분명 정통 유대교의 교리를 직접적으로 반박한 것이었으리라. 나사렛에서 설교했을 때는 모여든 회중들이 그에게 린치를 가하려고 덤벼든 일도 있었다.³⁴⁾ 하지만 탁 트인 공간에서 군중을 향해 설파한 가르침은 파급력이 어마어마했다. 그 기세에 놀란 유대 종교지도자들이 급기야 그를 잡아들이기에 이른다. 그가 유월절을 쇠러 예루살렘에 입성했을 때 열광하는 군중들이 그를 '주의 대리인'³⁵⁾

으로 맞이했다는 죄목이었다.

예수의 명성은 그의 복음 때문이었다. 사람들이 그의 이야기를 들으러 몰려든 것은 그가 전문학자가 아니라 독창적인 사상가로 이야기했기 때문이다.[36]

그는 까다로운 내용을 구구하게 해석하느라 세월을 보내지 않았다. 또한 가령 사두개인들이 예수에게 "일곱 번 재혼한 여자가 있다면 그녀는 부활 후 일곱 중 누구의 아내가 되어야 합니까?"[37]라고 물은 것 같은 억지스러운 질문에 매달려 있지도 않았다. 예수는 오로지 사람들에게 새 삶을 살아가도록 돕는 긍정적인 말을 들려주었다. 그는 정전正典 내용을 샅샅이 알고 있었고 이따금 그 문구를 인용하기도 했다. 하지만 새로운 교리를 세우려고 그 모든 것을 뛰어넘었다. 그는 그 새로운 교리를 가르침의 완결체로 보았고, 그것은 그때 이후 하느님의 나라를 이끈 지침이 되었다.

예수의 가르침 방법 네 가지

복음서에서 보듯이, 예수가 가르친 방법은 크게 네 가지로 추려볼 수 있다.

첫째는 설교이다. 기록으로 남은 설교는 그다지 많지 않지만, 우리는 예수가 팔레스타인 전역에서 수많은 설교를 하고 다녔음을 알고 있다. 설교와 관련해서 가장 특이한 점은 설교에 전혀 체계가 없었다는 것이다. 설교는 거의 아무런 준비 없이 진행되었다. 딱히 이어지는 쟁점도 없었다. 일련의 생각이 논리적인 구조로 전개되는 방식도 아니었다. 산상수훈은 단 하나의 신비로운 언명으로 느닷없이 시작된다. 그리고 비슷한 유형이 일고여덟 차례 반복된다. 그 나머지는 마찬가지로 신비롭고 훨씬 더 종잡을 수 없는 문장들로 이뤄져 있다. 설교는 시작할 때만큼이나 느닷없다 싶게 끝난다.

조심스럽게 읽어보노라면 실제 장면에서 그것을 과연 어떻게 설교로 했다는 것인지 상상하기 힘들다. 우리가 흔히 생각하듯, 서서히 쌓여가는 효과를 노리면서 치밀하게 구성한 짜임새 있는 연설과는 거리가 멀다. 대개 번역서에서 산상수훈은 '절節'이라 불리는 단위로 나뉘어 있다. 그런데 좀 더 자세히 살펴보면 그것이 과연 어떻게 전달되었는지 얼마간 짐작해볼 수 있다. 예수는 앉아 있고 제자들이 주위에 몰려 있었다. 예수가 잠시 후 길이 기억될 귀한 말을 하리라는 것을 알고 있었기 때문이다. 군중들은 숨죽이며 지켜보았다. 그는 일어서지도 군중들을 바라보지도 않았으며, 신중하게 예행연습한 웅변을 들려준 것도 아니었다. 침묵이, 한없는 침묵이 흘렀다. 그런 다음 어린아이들에게 둘러싸인 선생님처럼 그가 서서히 입을 열었다. "마음이 가난한 자는 복이 있나니 천국이 저희 것이요." 그런 다음 곧장 다음 말을 이어갔다고 보긴 어렵다. 아마 그 말을 마음에 새길 수 있을 만큼 충분한 시간 동안 또 한 차례 침묵이 흘렀다고 보아야 한다. 그가 다시 입을 열었다. "애통해하는 자는 복이 있나니 저희가 위로를 받을 것이요." 또 한 차례 침묵을 흘려보낸 그가 천천히 생각에 잠긴 듯 문장을 하나하나 이어갔다. 교사로서의 소명이라 여기고 수년 동안 머릿속에 차곡차곡 담아온 문장을 말이다.

이러한 가르침은 우리에게 생소하다. 가르침이라기보다 금언이라고 해야 옳을 듯하다. 금언은 유럽식 전통에서도 간간이 발견되지만, 동양에서는 흔하게 볼 수 있다. 우리는 성경의 다른 곳에서도 금언을 만날 수 있다. 예를 들어 욥의 친구들이 고난에 처한 욥을 찾아왔을 때 그들은 처음 일주일 동안 서로 아무 말도 하지 않았다. 그들은 이윽고 돌아가면서 그 고난에 대해 욥이 어떤 책임이 있는지 토론했다. 욥과 세 친구가 저마다 길게 이야기했지만 그들의 이야기는 하나같이 무슨 논리적 구조를 띠지 않았다. 서로 논쟁하는 게 아니라 저마다 자신의 관점만 줄곧 되풀이했다. 실감나는 문구와 시적인 이미지를 곁들여서 알아듣기 쉽게. 우리는 그들이 사이사이 긴 침묵을 섞어가면서 문장 하나하나를 천천히 강조하듯 내뱉는 모습을 상상해볼 수 있다. 유대 선지자들이 꼭 그런 식으로 말했다. 에스겔의 규탄, 예레미야의 탄식, 이사야의 지고한 열망 따위는 그들이 실제로 말했을 때 그랬듯이 천천히 음미하면서 읽어야 제 맛이 난다. 허공에 손이 나타나 벨사살 왕의 왕궁 벽에

메네(MENE)

메네(MENE)

데겔(TEKEL)

우바르신(UPHARSIN)

이라는 문구를 적었을 때처럼 '천천히' 말이다.

성경학자들은 이렇게 말한다. 예수가 사망하고 오랜 세월이 흐른 뒤까지 그의 가르침이 명문화되지 않았기에 지금 우리로서는 그 가르침을 이루는 요소들이 그보다 더 큰 어떤 구조로 정리되어 있었는지 어땠는지 알 길이 없다고. 하지만 그들 대다수는 그의 가르침이 분절적인 형태로 전수되었으리라 믿고 있다. 아마 그 말이 맞을 것이다. 하지만 역사적으로 구비전승되어 온 문학이나 지혜의 말에 대한 연구를 살펴보면 꽤나 길이가 긴 시詩도 애초 순서대로 한 세대에서 다음 세대로 고스란히 전수되는 게 가능함을 알 수 있다. 지금 우리가 보고 있는 예수의 말씀도 어느 정도는

분절화되어 있고, 또 어느 정도는 산상수훈처럼 덩어리로 조직되어 있다. 산상수훈 같은 설교는 예수의 제자들이 기억해낸 그의 연속적인 가르침에 매우 근접한 것이리라. 그의 설교를 들은 이들은 우화의 구조를 잘 기억해냈다.

후대사람들이 예수의 말씀을 과연 어떻게 복원할 수 있었을까. 이 질문에는 예일 대학교의 토리 교수와 옥스퍼드 대학교의 버니 교수가 한 작업이 도움을 준다. 그들은 예수가 아람어를 사용했다는 사실에 주목했다. 예수의 유명한 경구들을 아람어로 재번역한 버니 교수는 거기에 리듬감이 살아 있음을 발견했다. 운율을 지닌 속담처럼, 혹은 유대 선지자들이나 선생들이 구사하는 시적인 말처럼. 그게 사실이라면 예수는 그의 경구를 가장 기억하기 좋은 형태로 구성했다고 볼 수 있다. 그 경구의 가치를 충분히 살리고, 듣는 이의 머릿속에 깊이 새겨넣으려고 예수는 그것을 천천히, 리듬감 있게, 중간중간 적절히 끊어가면서 말했을 것이다. 따라서 예수는 오늘날 우리가 이해하는 식의 연설이나 설교를 한 게 아니라, 오랫동안 고심한 끝에 자신의 함축적인 지혜를 기억하기 좋은 형태로 전달할 수 있는 방법을 고안했다.

예수의 두 번째 가르침 방법은 첫 번째와 밀접한 관련이 있다. 중요한 지혜 한 구절을 들려준 다음 침묵을 끼워넣은 것이다. 이런 식으로 말하면 제자들은 그 말을 소중하게 받아들인다. 그가 그 말을 오래오래 생각해왔음이, 그리고 그 말이 그의 인격을 고스란히 담고 있음이 분명하게 드러나기 때문이다. 제자들은 예수 말고는 그런 말을 할 수 있는 사람이 없다고 느꼈다. 그래서 그 말을 깊이 새겨들었다. 예수가 말을 했던 상황은 다음의 네 가지로 분류해볼 수 있다.

먼저, 까다로운 질문에 답하는 상황이다.[38] 제자들은 예수가 가르쳐준 지식으로 어떤 문제를 풀어보려고 낑낑댔으나 결국 해답을 얻지 못하면 그 문제를 예수에게 들고 온다. 아니면 일반인들이 자신이 느끼는 혼란에 대해 그에게 물어오거나. 그러면 그가 대답해준다. 동양의 수많은 현자들은 거의 전적으로 이런 식으로 제자를 가르쳤다. 공자는 먼저 나서서 적극적으로 말하기보다 질문에 답하는 편을 더 좋아했다.

둘째, 예수를 비판하는 이들은 유대학자들이 쓰던 경쟁적인 방법을 써서 그를 궁지에 몰아넣으려 했다. 그들은 복잡하고 까다로운 질문을 던지면서 그가 유대율법을 이해하지 못하며 그것을 파괴하려 든다는 사실을 보여주고자 했다.[39] 이 같은 질문에 대한 예수의 답변은 대체로 기록에 남아 있다. 예를 들어 율법학자들이 간통을 저지르다 붙잡힌 여인을 예수에게 데려와서 물었다.[40] "자, 모세는 율법에 이러한 여자를 돌로 쳐 죽이라 명하였거니와 선생은 어떻게 말하겠나이까?" 처음에 예수는 아무 대답도 하지 않았다. 그들이 자꾸만 답을 재촉하자 그가 이윽고 입을 열었다. "너희 중에 죄 없는 자가 먼저 돌로 치라."

셋째, 예수는 인간적인 상황에 대해 언급하기도 했다. 듣는 이들에게 그 상황을 올바르게 해석해주는 것이다. 이럴 때 예수가 하는 말은 소학교 선생처럼 들리기도 했다. 사람들을 확실하게 바로잡아주려 했기 때문이다. 이를테면 그의 제자들이 예수에게 아이를 데려와서 만져주길 바란 부모들을 꾸짖었다.[41] 그러자 예수는 도리어 제자들을 나무라면서 "누구든 어린아이처럼 되지 않고서는 주의 나라에 들어갈 수 없다"고 말했다. 그리고 그 아이들을 안고 그들에게 축복을 내려주었다.

넷째, 예수는 이야기를 통해 교훈을 들려주기도 했다. 이야기는 대개 그 자체로도 흥미롭지만 언제나 종교적이거나 도덕적인 교훈을 담고 있었다. 하지만 예수는 늘 그 교훈에 대해 정확하게 설명해주지는 않았다. 때로 제자들에게만 말해주기도 했고, 때로 거기에 담긴 뜻을 스스로 알아내도록 제자들에게 그냥 맡겨두기도 했다. 이야기에 담긴 교훈은 여러 차원의 의미를 지니는 꽤나 복잡하고 까다로운 것이다. 교훈을 가르칠 수 있는 방법에는 두 가지가 있다. 하나는 논쟁을 하고 반대의견을 제시하고 부연 설명을 하고 의견을 조율하는 과정을 거치는 긴 토론을 통해서이다. 하지만 그렇게 하면 교훈의 효과가 반감된다. 다른 하나는 예수가 교훈을 가르칠 때처럼 대단히 명료하고 기억하기 좋은 비유를 하나 드는 것이다.(이때 예수는 플라톤과 매우 유사한 기법을 활용하고 있는 셈이다. 플라톤은 논쟁만으로는 충분하게 전달하기도 완벽하게 입증하기도 어려운 내용을 가르치려고 시적인 이야기와 이미지를 끌어들이곤 했다.)

이것은 다시 예수의 세 번째 가르침 방법으로 우리를 안내한다. 무릇 위대한 교사들이 다 그렇듯 예수 역시 천 마디 말을 듣는 것보다 한 번 보는 게 더 낫다는 것과 사람들은 뭔가 직접 해보거나 누군가 행한 것을 봄으로써 가장 잘 배울 수 있음을 알고 있었다. 따라서 어떤 의미인가를 담고 있는 수많은 행동을 해보임으로써 가르쳤다. 그 행동이란 상징일 수도 의례일 수도 있었다. 예를 들어 그는 결혼이나 음주에 대해서는 거의 말을 하지 않았다. 하지만 요한복음에 나오는, 그가 행한 첫 번째 기적은 결혼식의 피로연을 거들려고 포도주를 만들어낸 것이었다.[42] 결혼과 음주를 인정한다는 사실을 이보다 더 극명하게 말해줄 수는 없다. 그리고 그가 체포되기 전에 제자들에게 마지막으로 가르친 교훈은 빵과 포도주를 나눠먹는 의식이었다.[43] 그는 거기에 영원불멸의 심오한 의미를 담았다. 그의 삶에는 이 같은 몸짓이 허다했다. 환전업자들을 성전에서 채찍으로 몰아내던 그, 간음한 여인을 데려왔을 때 손가락으로 땅바닥에 뭔가 끄적이던 그를 생각해보라. 그 의미가 너무나 분명한 상징적인 몸짓이다.

예수의 가르침 방법 네 번째는 선전이었다. 그는 제자들을 가르친 뒤 그들을 내보내 팔레스타인 지역을 누비고 다니며 그의 가르침을 널리 퍼뜨리도록 했다. 소크라테스는 기꺼이 대화할 의향이 있는 사람이라면 누구도 물리치지 않았다. 제자들은 그의 방법론과 교리를 활용했다. 하지만 우리는 소크라테스가 그의 교리를 널리 전파하라고 제자들을 내보냈다는 말은 들어본 일이 없다. 플라톤은 그의 대학을 가지고 있었다. 제자들은 교육받으러 그 대학에 왔다가 다시 떠났고, 더러 그들 자신의 대학을 설립하기도 했다. 아리스토텔레스 역시 그의 대학을 소유하고 있었다. 플라톤처럼 그 역시 비범한 학생에게만 열려 있는 '선택적인' 배움과 일반인에게도 열려 있는 '대중적인' 가르침을 구분했다. 하지만 플라톤도 아리스토텔레스도 제자들에게 자기 사상을 널리 전파하라고 장려하지 않았다. 지금의 우리가 소크라테스·플라톤·아리스토텔레스를 알고 있는 것은 주로 함께 공부한 제자들이 남긴 그들의 대화와 강의록을 통해서이다.

한편 예수가 행한 가르침의 영향력이 어마어마한 것은 주로 그에게 훈련받은 제자들이 그의 가르침을 널리 퍼뜨리고 다른 선생들을 가르쳤기 때문이다. 다음 주에 무슨 설교를 할지 고심하는 목사, 아이들에게 책을 읽어주는 수녀, 밀림에 세운 병원에서 글을 쓰는 슈바이처, 자녀에게 기도문을 가르치는 어머니는 다들 엄선한 제자를 가르치던 예수의 전통을 면면히 이어받고 있는 것이다.

르네상스 시대의 교사

나는 지금까지 고대의 유명한 교사들을 살펴보았다. 그 외에도 언급할 만한 교사들은 수두룩하다. 그 이름만 열거하자 해도 한 쪽이 넘을 것이고, 그들이 한 작업을 다 담아내자면 아마 몇 권의 책으로도 모자랄 것이다. 그리스와 로마는 권력과 부가 넘쳐나던 세계였지만, 정신세계도 중요하게 취급되었다. 그리스 로마의 오랜 문화적 전통을 이룩하고 발전시키고 계승한 것은 바로 뛰어난 교사들이었다.

그러다 야만인들이 밀려들고 서유럽과 북아프리카의 사회구조가 붕괴되자 교육이라는 드넓은 바다는 실개천 수준으로 쪼그라들었다. 폐허가 된 도시, 학교와 도서관의 잔해 속에서 교육은 수도원을 통해 가까스로 명맥을 유지했다. 중세 암흑기를 빠져나온 교육은 샤를마뉴 대제와 함께 다시 빛을 보았고, 1000년 즈음부터 서서히 세력을 확장하기 시작하면서 깊고 넓어졌다. 도외시되던 정신영역에도 다시 비옥한 토양이 입혀졌다. 중세에도 위대한 교사들이 적지는 않았지만, 그들의 교육법은 그리스 로마 시대에 비하면 한참이나 뒤떨어진 것이었다. 가르침은 굼뜨고 서툴렀으며, 배움은 간신히 드물게 일어났다.

르네상스 시대에 새롭게 위대한 학교교사들이 출현했다. 1450년 이후부터 서유럽 전역에 새로운 학교들이 속속 들어섰고, 교육의 계몽능력을 믿는 열정적인 이들이 대거 교사로 발을 들여놓았다. 가장 확실한 증거, 즉 배출한 학생들의 면면으로 보아 우리는 그들이 주목할 만한 성공을 거두었음을 알 수 있다. 이어지는 세기에 이탈리아·프랑스·영국에서는 수백 명이 널리 이름을 날렸다. 그들 대부분이 지식과 영감의 상당 부분을 훌륭한 교사에게 빚지고 있다. 이 시기에 유클리드 기하학에 관한 번역서, 승마술 지침서, 기도법 안내서, 사회적 성공전략을 일러주는 지침서, 지리학 입문서, 연설에 관한 안내서 같은 온갖 종류의 교육서적이 쏟아져나왔다. 폴란드·스페인·스코틀랜드·시칠리아 할 것 없이 열의에 찬 학생들이 읽기, 말하기, 생각하기, 행동하기, 살아가기를 올바로 가르쳐줄 교사를 찾아 헤맸다.

이 시기에 활약한 위대한 저술가들 가운데에는 교육이 이루어지는 과정을 흥미로운 이야기, 연극, 명상록의 형태로 생생하게 집필한 이들도 있었다. 셰익스피어의 『헨리 4세』에서 우리는 핼이 일종의 왕자교육을 받는 모습을 볼 수 있다. 『폭풍우』에서 프로스페로는 딸을 교육시키고 이어서 장차 사위가 될 자를 가르친 교사이다. 하지만 그 역시 네로 비슷한 실패를 겪는다. 이 극에 나오는 악당 가운데 하나가 그의 형편없는 제자 칼리반인데 그는 기질이 너무 잔혹해서 훈련시키기가 아예 불가능했다. 그는 다음과 같은 야비한 말을 던지면서 스승에게 맞섰다.

> 네놈이 내게 말을 가르쳤지. 그리고 내가 얻은 것은
> 저주하는 법을 알게 되었다는 거다.

라블레의 『가르강튀아』는 거인아이가 태어나자 재능을 잘못 쓰도록 가르쳐 그를 거의 망쳐놓다시피 한 그릇된 교육에 대해, 그리고 그를 위대한 왕자로 만든 훌륭한 교육에 대해 자세히 묘사하는 것으로 시작한다. 그리고 젊은이를 위한 이상적인 학교 '텔레마Thelema 대수도원'을 묘사하는 것으로 끝난다. 그곳에서 학생들은 누가 강요하는 게 아니라 자신의 의지대로 하고 싶은 일을 한다.(텔레마는 '의지'라는 뜻이다.)

라블레의 『팡타그뤼엘』에도 똑같이 신중하게 교육받은 거인왕자가 등장한다. 그는 모든 프랑스 대학을 방문하고 파리 대학에서 오랜 시간을 보낸다. 그의 조신 파뉘르즈는 유쾌한 재담꾼이자 학자였다. 파뉘르즈는 독일어, 이탈리아어, 영어, 바스크어, 네덜란드어, 에스파냐어, 덴마크 고어, 히브리어, 그리스어, 라틴어, 그 밖에 세 가지 자잘한 언어를 어리둥절할 정도로 유창하게 구사했다.(라블레는 언어를 유창하게 구사하면 실제로 재미있다고 느끼게 만들어준다. 마치 굴뚝을 기어올라갈 수 있거나 골프 80타를 깰 수 있다면 즐거운 것처럼 말이다.)

몽테뉴의 『에세이』는 독학의 부산물이다. 학자이자 외교관으로 20년을 보내고 은퇴한 그는 자신의 인격을 완성하는 일에 매달렸다. 그는 그러기 위해서 그 자신의 생각을 분석하는 데에만 그치지 않았다. 그거야말로 자신의 맥박과 혈압을 매시간 재는 것처럼 따분하기 짝이 없는 노릇 아닌가? 그는 수많은 대작을 읽고, 그 내용을 음미하고, 그들의 가르침을 기회 닿을 때마다 활용했다. 그가 그 결과를 내놓으면 그것은 그대로 진리를 추구하는 에세이요, 그의 탐구 궤적을 보여주는 로드맵이 되었다. 그는 독학의 성과물로 교육에 관한 서너 편의 에세이를 쓰기도 했다. 그 자신이 받은 교육에 대해 묘사하고 거기서 도출된 제안을 몇 가지 담은 그 작품들은 오늘날까지도 귀중한 자료로 남아 있다. 하지만 그의 일생이 우리에게 말해주는 가장 극적인 점은 바로 평민 출신으로 아무것도 아니던 프랑스 소년이 끝내 생트뵈브의 말마따나 '가장 지혜로운 프랑스인'이 되게 만든 교육의 힘이었다.

하지만 정작 서유럽이 재교육에 주력하던 르네상스 시기에 쓰인 유용한 교육서는 한줌밖에 되지 않는다. 그런데 그 책들이 여기서 우리의 관심을 끄는 것은 교육을 평생토록 활발하게 계속되는 과정으로 보고 있어서이다. 최상의 교육은 평생 살아가면서 계속 이용하고 배우고 고마워할 수 있는 뭔가를 젊은이에게 심어주는 교육이다.

르네상스 시기에 어떤 교과목을 가르쳤는가는 이 책에서 우리가 관심을 두는 사항이 아니다. 어떻게 가르쳤는가가 우리의 관심사다.

첫 번째, 르네상스 시기에는 교육이 조기에 시작되었다. 아이들은 어머니 무릎에서 벗어나자마자 학교에 다녔고, 학교를 졸업한 뒤에는 지금 우리들보다 4~5년은 빠르게 대학에 들어갔다. 혹자는 대학생이라고 부른다뿐 지금 고등학생들이 배우는 교과목을 취급하고 있다는 의미가 아니겠냐고 반문할지도 모르겠다. 하지만 그것은 전혀 사실이 아니다. 그들은 지금 우리보다 더 일찍부터, 더 많은 것을, 더 집중적으로 학습했다. 아이가 학교에 들어가면서부터는 놀이용 칼라 블록도 없고, 몸의 협응을 길러주는 활동도 하지 않았다. 아이는 알파벳을 익히고 읽기와 쓰기를 배웠다. 읽기를 배우고 나면 곧바로 외국어를 배우고 성경을 공부하기 시작했다. 평범한 소도시 중산층의 교육을 받은 셰익스피어는 일곱 살 때 라틴어를 시작했다. (정치권에서 밀려난 후 학교교사가 된) 밀튼은 일곱 살 때 라틴어를, 아홉 살 때 그리스어를 배웠다. 엘리자베스 여왕, 아리오스토, 에라스무스, 루터, 로뻬 데 베가, 갈릴레오 등 그 위대한 시기를 대표하는 걸출한 인물들은 거의 다 아주 어린 나이부터 배움의 길에 들어섰고, 청소년기가 시작될 즈음에는 이미 머릿속이 지식으로 가득 차 있었다.(예외로는 예수회의 창립자 성 이냐시오 로욜라를 들 수 있다. 그는 개종할 무렵 용맹하긴 했지만 무식한 군인이었다. 20대 후반의 늙다리가 보통 교과목을 배우자고 학교에 가서 조무래기들 틈에 끼어 공부해야 했던 것은 그에게 커다란 굴욕이었다.)

두 번째, 르네상스 시기에는 교과목 수가 제한되었다. 학생들의 에너지가 분산되지 않도록 하려는 것이었다. 하지만 가르침은 오늘날처럼 엄격하게 분리되지 않았다. 요즘 학교에서는 학생들이 예컨대 불어는 10시에서 11시까지, 역사는 11시에서 12시까지 배운다. 하지만 르네상스 시대의 학교에서는, 물론 불어를 가르치는 교사가 있긴 하지만, 불어를 하나의 '교과목'처럼 취급하지 않았다. 불어교사는 프랑스 예법과 관습에 관해 (사회학), 프랑스 역사, 프랑스 지리, 프랑스 문학, 그 밖에 프랑스와 관련해 중요하다 싶은 것들에 대해 이야기했다. '불어'를 가르친 게 아니라 프랑스를 가르쳤다. 자연히 교사로서는 부담이 커진다. 그것은 두루 교양을 갖춘 사람이 되어야 한다는 의미요, 자신의 '교과'에 관한 모든 것에 적극적인 관심을 기울이고, 그것에 대해 토론할 준비가 되어 있어야 한다는 뜻이기 때문이다. 하지만 당시 교사들은 그것을 너끈히 감당했다. 르네상스 시대의 인물들은 그들의 스승을 '보편적인 정신의 소유자', '키케로 같은 웅변가', '소크라테스 같은 철인', '마르지 않는 지식의 보고'로 추켜세우기에 여념이 없었다. 이러한 애정 어린 과장에 비춰보자면 그들이 스승을 우러러본 것은 그들이 어떤 한 분야에 관해 정확하긴 하나 제한된 지식을 가지고 있어서라기보다 다재다능하고 완벽한 인격체였기 때문임을 알 수 있다. 그들은 예컨대 오직 생물학(혹은 불어)만 알고 있는 교사는 가르치는 일에 전혀 어울리지 않는다고 말하고 있는 셈이다.

이것은 자연스럽게 르네상스 시기의 세 번째 특징으로 이어진다. 바로 훌륭한 교사는 거의 강요하지 않는다는 점이다. 고만고만한 학교에서는 아이들을 매질하고 다그치고 고래고래 소리를 질러대는 일이 다반사다. 몽테뉴는 그 자신의 경험이라고는 결코 말하지 않지만 이에 대해 거세게 비판했다. 그는 르네상스의 교육에 대해 논하는 다른 모든 저자들처럼, 그것은 변명의 여지가 없는 나쁜 관행으로 하루속히 사라져야 한다고 강변했다. 훌륭한 학교, 성공적인 교사는 결코 억지로 몰아붙이는 법이 없다. 그러면 달리 어떻게 하는가? 그들이 학생들로 하여금 어려운 교과목을 공부하게 만드는 비결은 무엇인가?

먼저, 그들 자신이 교과목을 너무도 사랑하고, 거기에 대해서 하도 흥미롭게 이야기하니까 학생들이 저절로 매료된다는 이야기를 우리는 흔히 듣는다. 오늘날 우리들은 그리스 서사시의 복잡하고도 애매한 구절을 분석하는 것은 꽤나 수고스럽고 험악한 일이라고 여긴다. 하지만 장 도라 같은 선생들은 어찌나 솜씨가 좋은지 학생들은 그들을 '단어 하나하나를 보석처럼 주워담는 마술사'라고 불렀고, 그들의 매력과 생기에 홀리기라도 한 것처럼 마술을 계속해달라고 애걸했을 정도다. 훌륭한 선생이 심어준 이러한 흥미는 학생의 삶이 끝날 때까지 내내 이어지게 마련이다.

아마도 그렇게 하면 엄밀하게 가르치기가 어렵다는 지적이 이어질 수 있을 것이다. 더러 주마간산 격이 될 수도 있다. 대담하고 자의적이 될 가능성은 더욱 크다. 깜짝 놀랄 정도로 자주, 심하게 잘못 가르칠 수도 있다. 그들은 증거에 의해 뒷받침되는 정확한 내용을 전달하는 데 그다지 큰 의미를 부여하지 않았다. 과학적 방법론의 정신은 아직 등장하기 전이었다. 색인, 고전어 사전, 참고서, 그 외 비슷한 보조물도 거의 없었다. 교사들은 천 년 동안 잃어버렸던 책을 발견하고, 사상 최초로 그들 자신의 언어로 그 책을 번역하고 설명하느라 흥분한 나머지 종종 정확성은 뒷전으로 미뤄두곤 했다. 금맥을 찾아 나선 금광업자들이 풍광의 아름다움을 보존하는 데에는 소홀한 것처럼.

셰익스피어의 작품은 그가 학교 다닐 때 읽거나 들은 그리스신화를 암시하는 내용들로 가득하다. 때로 그는 신화를 잘못 이해하기도 하고, 태연하게 다른 신화로 바꿔치기하는 경우도 흔했다. 하지만 그런 식으로 신화를 활용함으로써 그가 그것을 정말 사랑한다는 사실을 보여주었다. 문체가 유려하고 상상력이 번득이는 젊은이들은 중요한 작품의 번역을 놀라우리만치 빠른 속도로 해치웠다. 채프먼은 『일리아드』 절반을 네 달도 안 걸려 번역한 자신을 너무도 자랑스러워했다. 그러다 보니 당시의 걸출한 스승들은 지금의 우리를 놀라게 하는 어처구니없는 실수를 저지르기도 했다. 스펜서 같은 시인은 다른 저자가 인용한 것을 재인용하면서 한 번도 들춰보지 않은 책을 마치 진짜 읽은 양 허풍을 떨어대기도 했다.

그래도 그들은 전반적으로 지금의 우리보다 문학에 대해 훨씬 더 조예가 깊었다. 학교가 문학이 흥미롭다는 것을 가르쳐주었고, 어떻게 하면 그 즐거움을 알 수 있는지 보여주었기 때문이다. 여기에는 두 가지 측면이 들어 있다. 학자의 연구는 재미가 있든 없든 상관없지만 반드시 정확하지 않으면 안 된다. 하지만 교사의 가르침은 100퍼센트 정확하지는 않다 하더라도 반드시 재미있어야 한다.

마지막으로, 르네상스 최고의 교사들은 학생을 몰아붙이는 대신 수많은 놀이를 고안해 학생을 자극했다. 그들은 배움은 곧 즐거움이라는 사실을 시종일관 강조했다. 비토리노 다 펠트레Vittorino Da Feltre는 그가 세운 엄청나게 성공적인 학교의 이름을 '기쁨의 집La Casa Giocosa'이라고 붙였다. 그들은 학생들이 서로 경쟁하도록 격려하고 승자에게는 상을 내리거나 칭찬을 해주었다. 그리고 까다로운 과제를 고안해 최고의 학생들이 그것을 해결하도록 북돋워주었다. 그들은 학생들이 공연할 수 있는 극을 쓰기도 했다.(어느 때는 거의 문학작품 수준이었다. 영국에서 최초로 쓰인 장편 길이의 희극은 『랄프 로이스터 도이스터 Ralph Roister Doister』로, 이튼 칼리지의 우달이 짓고 그 학교 학생들이 공연한 그리스 로마풍의 희극이다. 르네상스 시기 영국의 극 상당수가 학교연극에서 발전한 것이다.)

그들은 어려운 교과목을 배우는 지루한 일에 놀이의 요소를 가미하기도 했다. 가령 몽테뉴의 아버지는 그에게 처음 그리스어를 가르칠 때 놀이카드에 문자나 쉬운 단어를 적어서 하는 놀이를 고안해 써먹기도 했다. 또 어떤 이들은 수학을 그 비슷하게 놀이처럼 가르치기도 했다. 강력하고 매력적인 인물들이 활용한 이 모든 방법은 배움의 과정을 한층 즐겁게 만들어주었다.

르네상스 시대에 널리 이름을 날린 교사들의 제자는 스승을 때로는 됨됨이를 가르쳐준 은인으로, 때로는 격의 없는 친구로 떠올렸다. 그럴 때면 그들의 어조는 스승에 대한 흠모와 존경심으로 한껏 들떴다. 서구 역사에서 그처럼 고귀한 시대를 열어가고 발전시킨 것은 바로 그들의 업적이었다. 지금의 우리와 비교해보았을 때 전반적인 수준은 더 낮았지만 훨씬 더 훌륭한 인물을 많이 배출하고, 훨씬 더 정교한 예술작품을 낳은 시대 말이다.

예수회 교사

그 다음으로 유명한 교사의 계보를 잇는 이들은 바로 예수회 수사들이다. 나는 이미 예수회식 교육을 크게 칭찬한 바 있지만 그렇다고 내가 예수회 신도인 것은 아니다. 나는 심지어 가톨릭 신자도 아니다. 예수회 신도들 자체는 그들의 제도를 마구 추켜세우는 우를 범하지 않았다. 너무도 사람의 심리를 잘 읽는 그들은 그렇게 하면 반발심이 생기리라는 것을 잘 알고 있었다. 아무튼 예수회 제도는 너무나 높이 살 만한 제도이다. 아니, 좀더 정확하게 말하자면, 1773년 교황이 해산을 선언하기 전까지는 너무도 훌륭한 제도였다. 하지만 1814년에 재건된 후로는 그리 잘 운영되고 있다거나 빼어난 성과를 내고 있는 것 같지 않다.

예수회의 방법 가운데 첫 번째로 꼽을 수 있는 우수함은 치밀한 계획성이다.(계획성은 그 자체로야 무슨 좋은 점이 될 게 없다. 아주 형편없는 학교들 상당수도 시계처럼 정확하게 굴러가기는 하니까. 하지만 그렇게 한다고 그들 학교가 드러내곤 하는 치명적인 결점이 사라지는 것은 아니다.) 계획성은 학생이나 교사들이 시간을 허비하지 않도록 해준다. 그냥 허비한 시간은 자유시간이 아니며, 휴식이나 휴양과 다르다. 대체로 학생이나 교사는 자신들이 대체 무엇을 하고 있는지 모르는 채 일주일, 한 달, 한 학기, 일 년을 마냥 흘려보낸다. 그들은 이미 배운 어떤 교과인가를 별 다를 바 없는 따분한 형태로 되풀이한다. 예수회의 학습계획을 입안한 교육자들은 학생들이 받는 학교교육 전체를 하나의 연속적인 과정으로 조직했다. 자유시간은 많되 쓸데없는 반복과 낭비는 없는 연속적인 과정으로.

계획성은 낭비를 줄여줄 뿐 아니라 학생들에게 확실한 목적의식을 심어준다. 그들은 자신들이 어디를 향해 가고 있는지 알고 있다. 제대로 조직되어 있지 않은 학교에 다니는 학생들은 짐칸에 실린 소떼처럼 이 반 저 반 몰려다니는 신세라고 느끼기 십상이다. 인생 전체가 목적을 잃은 듯 부유하는 느낌은 괴롭고 굴욕적이다. 예수회는 학생들로 하여금 자신들이 무엇을, 왜 하고 있는지 분명하게 깨달을 수 있도록 했다.

예수회의 학생 대다수가 강한 의지력과 장기적 비전을 지닌 성인으로 성장한 것은 주목할 만한 사실이다. 가장 좋은 현대인의 예로는 단 하루 동안 벌어진 일을 다룬 책을 쓰느라 7년의 세월을 오롯이 쏟아붓고, 그것으로도 모자라 단 하룻밤에 꾼 꿈에 관한 글을 쓰는 데 17년의 세월을 더 보낸 어느 아일랜드인을 들 수 있다. 당신은 제임스 조이스의 『율리시스』와 『피네간의 경야 Finnegans Wake』를 별로 좋아하지 않을지도 모르겠지만, 두 작품은 심미적 계획성과 집념을 잘 보여주는 기념비적인 작품이다. 그런 계획성을 몸에 배게 해준 게 바로 예수회 교사들이었다.

하지만 계획성과 목적의식은 매우 비인간적일 수도 있다. 독립심과 독창성을 억누를 수 있어서이다. 예수회 교사들은 '맞춤형 교육'을 강조하면서 그러한 약점을 보완했다. 그들은 학생들은 저마다 다르고 학급도 저마다 다르고 연령대도 저마다 다르다는 것을, 그리고 학생들은 그저 추상적인 존재가 아니라 눈앞에서 살아 움직이는 구체적인 존재라는 것을 입 아프게 강조한다. 먼저, 교사는 학생들이 어리다는 것을 참작해야 한다. 교사는 학습에, 머리를 쓰는 일에 익숙해 있지만 학생들은 그렇지 못하다. 이 점을 기억하는 교사는 학생들의 연령대에 맞게 가르칠 것이다. 예수회의 한 신부는 학생의 머릿속은 마치 목이 가는 병과 같다는 생생한 비유를 들었다. 작은 물방울을 똑똑 떨어뜨리면 서서히 많은 양을 받아들일 수 있지만 한꺼번에 쏟아부으면 바닥으로 다 흘러넘칠 뿐이라는 것이다. 인내하고, 인내하고, 또 인내할 수밖에 없다.

교사는 제각각인 학생들에게 맞춰 저마다 다르게 가르칠 것이고, 그들을 저마다 다르게 대할 것이다. 이렇게 하자면 교사는 훌륭한 심리학자가 되어야 한다. 아이들은 언뜻 다 거기서 거기인 것처럼 보인다. 하지만 교사라면 그들의 겉모습 뒤에 숨은 진짜 성격을 파악할 수 있어야 한다. 예수회의 또다른 신부는 학생들은 소금, 설탕, 밀가루, 분필가루 같은 존재라고 말했다. 얼핏 보아서는 다들 엇비슷하지만 성질도 용도도 판이하다는 것이다. 교사는 학생들의 능력이 저마다 다르다는 것을 알면 자신의 계획이 허용하는 한도 내에서 그들의 차이에 알맞게 가르칠 것이다.

예수회 교사들은 가르쳐야겠다고 작정한 사람들에게 스스로를 맞추려고 믿기지 않을 정도의 인내심을 발휘했으며, 누구와도 비교할 수 없는 엄청난 노력을 기울였다. 예를 들어 그들은 4억 명의 중국인을 개종시키려고 여남은 명의 신부를 파견했다. 거의 불가능해 보이는 이 임무를 실현하고자 그들은 먼저 중국을 연구하기 시작했다. 중국은 극소수의 남성들이 지배하는 제국이었다. 좋다, 그렇다면 그들만 개종시키면 나머지는 자연히 따라올 것이다. 자, 이제 어떻게 하면 황제와 가신들과 관리들을 개종시킬 수 있을까? 도미니카의 신부가 성경을 주면서 페루의 지배자 피사로를 개종하려고 노력한 것과 달리, 그들은 중국의 지배자들이 이미 찬미하는 것을 가지고 접근했다. 그들의 관심을 끌 만한 것은 단연 중국문화였다. 중국의 철학, 예술, 문학, 그리고 과학, 특히 천문학과 지리학⋯⋯. 바로 그거다. 그래서 예수회 신부들은 중국의 철학, 예술, 문학을 배우는 데 여러 해를 보내면서 차근차근 중국인의 수준으로 그들을 만날 채비를 했다. 제국의 관리들이 마지못해하면서 그들을 맞아들였다. 예수회 신부들은 통역 없이 직접 말을 걸면서 그들을 한껏 추켜세웠고, 구체적으로 준비한 지도와 천문학 장비를 보여주어 그들을 혹하게 만들었다. 예수회 신부들은 미개한 외계인으로 배척당하기는커녕 지적이고 교양 있는 이들로 받아들여졌다. 그들 가운데 나중에 중국 화풍의 화가가 된 신부는 지금까지도 중국 고전화가의 한 사람으로 꼽히고 있다.[44]

그들이 매우 공들여 접근한 다음 단계는 관리들로 하여금 기꺼이 그들에게 배우도록 만드는 것이었다. 그들은 그렇게 하기 위해서 중국의 과학자들과 천문학에 대해 토론하고, 중국왕조를 정중앙에 배치하고 지명을 한자로 적은 세계지도를 제작하고, 그들이 만나는 고위관리들에게 해시계나 천문관측 도구들을 보여주고, 그리고 청 왕조의 예조가 (중국인들이 그제껏 할 수 있었던 것보다 더 정확하게) 일식과 월식을 예측하고 천체현상을 계산해낼 수 있도록 달력을 손보게 도와주었다. 그들의 저의는 예수회 특유의, 혹은 동양 특유의 인내심을 발휘하면서 다시 한 번 거대하고 굼뜬 왕조의 지배자들과 과학이나 철학 문제를 토론하는 데에로까지 나아가는 것이었다. 그들은 몹시 더디긴 하지만 개종이 가능한 지점으로까지 다가가고 있었다. 별의 움직임을 지배하는 법칙, 우주를 창조하고 그것이 작동하는 법칙을 부여한 조물주로서의 신, 지상에 살아가는 생명체들과 신의 관계⋯⋯. 이 모든 것이 언젠가 때가 되면 점잖게, 서서히, 추호의 망설임도 없이 뒤따랐을 것이다. 그리고 어쩌면 성공할 수도 있었을 것이다. 하지만 어마어마하게 야심찬 예수회의 기획은 결국 수포로 돌아갔다. 하지만 그들이 실패한 것은 교회 내의 반대와 중국왕조의 교체 때문이지 통찰력을 가지고 개인에 맞게 접근해가는 그들의 교육적 능력이 부족했기 때문은 아니다.

치밀한 계획성과 개인에게 맞춘 교육은 예수회 교육의 양대 근간을 이루는 특징이다. 그와 마찬가지로 중요한 세 번째 특징은 연구하는 서적의 수준이 높았다는 점, 그의 당연한 결과로 학생들에게 요구하는 성취수준이 높았다는 점이다. 예수회 학교는 주로 개신교 종교개혁에 맞서려는 목적에서 설립되었다. 학교 설립자들은 신앙심이 깊으면서도 명민한 가톨릭 신자를 길러내는 식으로 그 목적에 이바지한다는 확실한 원칙에 입각해 있었다. 그러자면 학생들에게 가장 엄격하고 보람 있는 교과목을 최고로 잘 가르쳐야 했다. 그래서 그들은 고전문학에서 가장 훌륭한 것을 추려 교육과정을 짰다. '가장 최고의 것을 보면 사랑하지 않을 수 없다'는 생각에서였다. 이 책은 교육이 어떤 주제를 다루고 있는가에는 관심을 두지 않는다. 하지만 여기에서는 형식과 내용을 구분하는 것이 사실상 불가능하다. 그들은 고전을 '영혼을 낚아 올리기 위한 갈고리'로 이용했기 때문이다.

예수회 교사들이 거둔 성공은 그들이 배출한 제자들의 면면을 보면 잘 알 수 있다. 예수회 교육은 지혜롭고 해박한 예수회 전도사, 저술가, 철학자, 과학자를 수도 없이 배출했다. 하지만 만일에 그 교육이 예수회 신도들만 배출했다면 그 교육의 의미는 그만큼 줄어든다. 예수회 교육의 가치는 엄청난 재능을 지닌 다양한 사람들을 숱하게 발굴하고 키워냄으로써 그들의 교육원리가 빼어나다는 것을 여실히 입증한 점이다. 비극작가 코르네유, 철학자이자 수학자인 데카르트, 웅변가인 보쉬에와 부르달루, 희극작가 몰리에르, 낭만주의 소설가 뒤르페, 정치철학자 몽테스키외, 철학자이자 비평가 볼테르…….(이 가운데 볼테르는 예수회 교사들이 형편없는 학생으로 간주하긴 했지만, 여전히 재능을 타고난 인물을 훈련시키는 그들의 능력을 잘 보여주는 예이다.) 예수회 조직은 적이 많았지만, 아무도 그들이 가르치는 방법을 잘 몰랐다고 시비하는 사람은 없었다.

19세기와 20세기 초의 교사

19세기에는 교육에서 몇 차례 혁명적인 변화가 있었다. 가장 중요한 변화는 몇몇 서유럽국가와 일부 아메리카 공화국, 그리고 일부 영국자치령, 일본에서 보편교육을 도입한 것이다. 1,500년 만에 처음으로 이들 나라에서 대다수 국민들이 읽고 쓸 수 있게 되었다. 그리스 로마 시대에는 제국 전역에 널리 문학이 보급되었다는 것, 그리고 수많은 비문들이 남아 있다는 것을 통해서 짐작할 수 있듯 대다수 시민들, 수많은 농민들이 읽고 쓸 줄 알았다. 하지만 야만인들이 지배하면서 사람들은 다시금 문맹으로 돌아갔고, 그 상태는 수백 년 동안 지속되었다. 중세 암흑기에는 상점 간판이나 문장紋章을 통해 알 수 있듯이 거의 대다수가 문맹이었다. 병사들이 글을 읽지 못하면 그들에게 주인의 이름과 혈통을 말해주기 위해 붉은 장미 세 송이가 그려진 감색 문장을 보여주어야 한다. 상점을 찾는 손님들이 글을 읽을 수 없다면 '전당포'라고 쓴 간판을 내걸어봤자 소용없다. 대신 메디치 가문 은행가들의 문장에서 따온 (전당포임을 알리는) 세 개의 금공을 내달아야 할 것이다. 르네상스 시기에는 특히나 서구국가에서 인쇄술이 발명되면서 읽기가 좀더 보편화되었다. 하지만 여전히 글을 읽고 쓸

줄 아는 인구는 소수에 그쳤다. 현대에 접어들어 문명화된 국가에서 대다수 시민들이 문맹에서 벗어난 것은 오직 1870년 이후의 일이었다. 그래도 세계인구 대다수는 여전히 문맹을 면치 못한 상태였다.

하지만 우리는 지금 여기에서 서구국가에 대해 이야기하고 있다. 서구국가와 그들의 속국에서는 19세기와 20세기 초에 보편교육을 향한 운동이 진행되었다. 그 운동은 꾸준했고 끝내 성공을 거두었다. 고결하고 평화로운 혁명이었다. 이 단계에서 그 효과를 분명하게 정의하기는 어렵지만 어쨌거나 확실한 것은 그 운동 덕에 서구사회에 수많은 학교와 대학이 들어섰다는 점이다. 1820년에 마을에 불과하던 곳이 1920년경에는 상당한 규모의 도시로 발돋움했으며, 도시민의 자녀들에게 대형 학교와 정교한 학교제도를 제공해주었다. 교육전문가들이 전 세계적으로 지배력을 넓혀갔다.

흔히들 19세기와 20세기 초는 위대한 교사들, 즉 각계의 선구자들, 열정을 지닌 이들, 종교지도자들의 세기일 거라고 짐작하곤 한다. 그러나 실은 그렇지가 못했다. 빼어난 교사들이 많았고, 교육에서 많은 성과를 이룩한 것도 틀림없었지만 중세 이후 그 어느 시기보다 가르침의 질도 더 떨어졌고, 형편없고 혐오스러운 교사의 수도 늘어났다. 많은 요인들이 이 같은 실망스러운 결과를 부채질했다.

부분적으로 교육의 질 저하는 20세기 초의 거의 종교적이랄 수 있는 근엄하고 도덕적인 태도에서 비롯되었다. 학교와 교사들은 중요한 교과는 참으로 근엄한 방식으로 가르쳐야 한다고 여겼으며, 인생을 준비하려면 매질을 불사하는 엄한 훈육, 모진 시험을 이겨내야 한다고 보았다. 그리고 인생의 목적이 주식이며 채권이며 부동산을 양껏 모으는 것이듯 교육의 목적은 유용한 사실을 대량으로 습득하는 것이라고 믿었다.

교육의 질이 떨어진 또 다른 이유는 과학과 그 나머지 교과를 똑같은 방식으로 취급한 데 있었다. 이런 생각은 A. E. 하우스먼을 잘못 이끌어주었다. 그는 감수성이 예민한 시인이자 비평가였지만, 아름다운 라틴 시를 강연하는 데 평생을 바쳤으면서도 (어쩌다가 마지못해 그러는 경우를 빼곤) 그것이 얼마나 아름다운지 언급하는 데 몹시 인색했다. 수많은 선생들이 교실에서 교과를 가르칠 때면 마치 대수술을 집도하는 외과의사처럼 교과와 차갑게 거리를 두었다.

그 밖에도 문화적이거나 사회적인 이유가 여럿 있겠으나 여기에서는 논외로 하겠다. 아닌 게 아니라 19세기에는 지식인들이나 이해 당사자들 가운데 그들의 정신과 인격에 해를 끼친 나쁜 가르침에 불만을 품은 이들의 비율이 그 어느 때보다 높아졌다. 비율적으로는 그렇지 않겠지만, 평범한 교사들의 수도 대폭 늘어났다. 급속도로 숫자가 증가한 나쁜 교사들은 몇몇 중요한 교과목을 냉담하다 못해 역겹게 가르침으로써 그 교과를 거의 망쳐놓다시피 했다. 좋은 교사는 우리가 생각했던, 아니 희망했던 것보다 훨씬 더 적었다.

기억하라, 이 말이 훌륭한 학자가 적었다는 의미는 아니라는 것을. 의학·천문학·지질학·식물학·화학·물리학 분야에서의 과학적 발견으로 말할 것 같으면, 전무후무한 학문적 성취를 일군 시기였다. 문예비평·역사비평·사회학·역사학·문화인류학·미학 같은 분야에서도 지적 탐구와 정교화 작업이 성실하고 열정적이고 조직적으로 진행되었다. 이 같은 발견과 탐구를 이끈 이들은 걸출한 사상가들이자 강력하고 유능한 정신의 소유자들이었다. 하지만 그렇다고 해서 그들이 다 저절로 훌륭한 교사가 되는 것은 아니다.

더러 그들은 진짜로 학생들을 두려워했다. 수학자 가우스는 가르치는 것을 극도로 꺼렸으며, 수강 신청한 학생들을 일일이 붙들고 강좌를 들어봐야 십중팔구 거의 건질 게 없을 거라고 말했다. 그보다 더 흔한 일로 그런 대학자들은 아예 학생들과 접촉할 생각을 안 했다. 그들은 이때까지 탐구된 모든 것은 너무도 분명해 시시하다고 여겼기에 끊임없이 미개척 분야를 향해 앞으로만 내달렸다. 그러니만큼 학생들이 겪는 기본적인 어려움을 이해하지 못했다. 그들이 담당하는 교과 내 여러 영역들 간의 관련성, 그들에게는 너무나 분명하고 흥미로운 그 관련성이 그 학문에 첫발을 디딘 풋내기들에게는 잘 이해되지 않는다는 사실을 깨달을 수 없었다.

물리학자 헬름홀츠는 실험실에서 학생들이 질문을 하면 대답조차 하지 않았다. 한 학생이 그에게 뭔가 물으면 "그는 그 문제를 생각해보마고 약속하고는 며칠 후에야 답을 가져왔다. 그런데 그 답이라는 게 학생의 상황과는 턱없이 동떨어진 것이어서(너무 광범위하고 일반적이어서) 질문자는 과연 그 답이 자신의 질문과 무슨 관련이 있는지 알 길이 없었다."

켈빈 경은 강의할 때면 학생들은 아랑곳하지 않고 자신이 다루고 있는 주제에 푹 빠져들었다. 그가 하는 말을 거의 알아듣지 못하는 수강자들은 허둥대면서도 신나게 강의하는 그의 모습을 신기하다는 듯 감상하는 데 만족했다.

역사가 몸젠[45]은 강의를 꽤나 착실하고 정확하게 준비했기에 앞사람들과 같은 과오를 저지르지는 않았다. 하지만 경청하는 이들이 받아들일 수 있는 것보다는 그 자신이 관심 있는 것을 다루는 듯이 보였다. 그의 강의실은 학기가 끝나려면 멀었는데도 절반은 비어 있었다.

그들이 공유하는 특징

하지만 19세기와 20세기 초는 제자들이 감사와 존경의 마음으로 떠올리는 위대한 교사들을 다수 배출했다. 출신 나라와 시대가 저마다 다른 만큼 그들의 특징을 뭐라고 한마디로 꼬집기는 어렵다. 게다가 그들은 예수회 교사들이나 르네상스 시대의 교사들처럼 잘 짜인 조직을 이루고 있지도 않다. 하지만 우리는 그들의 활동에서 드러나는 일반적인 특징을 몇 가지 추려볼 수는 있다.

예리한 비판정신

제자들이 이구동성으로 하는 말은 무엇보다 그들이 예리한 비평가라는 것이다. 르네상스 시대의 교육자들은 대담하고 저돌적이며, 예수회 교사들은 온화하고 제자들을 끊임없이 격려해주는 데 반해 이 시기의 교사들은 결점이나 허튼소리를 들춰낼 때 보면 인정사정이 없고, 심지어 잔혹하기까지 하다.

옥스퍼드 대학의 조웻[46]은 비록 일류학자는 아니지만 학생들을 끊임없이 쿡쿡 찔러대 상처 입은 그들이 더욱 분발하도록 자극하는 식으로 발리올 칼리지의 수준을 조금씩조금씩 올려놓았다. 그가 한 말의 상당수가 이때까지 전해오고 있다. 주옥 같은 말이라고 할 것까지는 없지만, 그 말로 고통당하거나 이득을 본 이들이 전하는 바에 따르면 그것이 먹혀들었던 것만은 틀림없다. 두루 종합해보건대 그의 말은 간결하고 신랄하면서도 상쾌한 맛이 있었다.

젊은 이상주의자가 그에게 말했다.

"제 삶의 목적은 성배를 찾는 거예요."

그러자 대뜸 조웻이 물었다.

"보웬 씨. 성배를 찾으면 그걸로 뭘 할 작정이오?"

"저는 지상 어느 곳에서도 신이 있다는 흔적을 느낄 수 없어요. 제 안을 들여다보아도 마찬가지예요."

라고 말하는 젊은 무신론자에게는 이렇게 명령했다.

"내일 아침까지 당장 신을 찾아내요. 그러지 않으면 칼리지에서 쫓겨날 테니까."

진리를 추구하는 데 인생을 바치겠노라고 선언한 젊은 사상가에게는 이렇게 대꾸했다.

"진리를 사는 데 일 년에 최대 900파운드까지는 괜찮지만 그 이상 들이면 곤란하네."

발리올 칼리지 벽에는 아직도 조웻의 초상화가 걸려 있다. 빅토리아 여왕과 털킹혼 변호사*를 섞어놓기라도 한 것처럼 눈매가 번뜩이고 입술이 두툼한 별 호감을 주지 못하는 인상이지만, 그의 초상화를 물끄러미 바라보노라면 당신은 여전히 그를 그저 이류인물로 치부하고 지나치기가 아쉬움을 느낄 것이다.

베를린 출신의 철학자 빌라모비츠 묄렌도르프에게 모르는 학생 하나가 찾아왔다. 당시의 그 학생은 이제 세계적으로 유명한 학자가 되었지만 아직까지도 빌라모비츠의 그때 모습을 생생하게 기억하고 있다. 훤칠하고 당당하고 강렬한 인상의 그가 활기찬 질문을 던지면서 대화의 물꼬를 텄다.

"요즘 무슨 책 읽고 있나?"

그 어떤 구구한 연설도 학자의 의무는 그저 끝없이 책을 읽고 또 읽는

---

*찰스 디킨스의 소설 『황폐한 집 *Bleak House*』에 나오는 인물

것임을 그보다 더 강렬하게 가르쳐주지는 못했다.

　에콜 노르말에서 인생의 절정기를 보낸 역사가 퓌스텔 드 쿨랑주는 학생들이 이론을 주장할 때면 논의의 각 단계를 입증하는 자료가 뒷받침되지 않는 한 그 어느 것도 받아들이려 하지 않았다. 그는 이렇게 묻곤 했다.
"자네 원전 가지고 있나?"
　만일에 그들이 아니라고 대답하면 그들의 이론은 그저 추측에 불과한 것이었다.[47]

　미국에서는 역사가이자 철학자인 제임스 하비 로빈슨이 그 같은 방식을 활용했다. 그는 교과서를 통해서 역사를 배울 수 있다는 기왕의 통념을 근본적으로 뒤바꿔놓았다. 교과서란 그저 원전을 소화하기 쉽게 가공한 것에 불과하다. 아닌 게 아니라 그러다 보면 왜곡된 부분, 부풀려지거나 축소된 부분이 생기게 마련이다. 그는 가능한 한 꼼꼼하게 원래 증거를 검토해보라고 강변했다. 14세기 문서, 18세기 소책자가 거기에 대해 20세기에 해석해놓은 그 어떤 자료보다 가치 있다. 그의 비판적인 태도는 자유롭고 생기 있는 세미나[48]에서도 빼어난 강의[49]에서도 고스란히 드러났다. 그의 제자 가운데 하나는 세미나에서 다룬 내용은 거의 기억해내지 못했지만, 그 세미나를 통해서 "사람들이 무슨 생각인가 할 때 왜 그렇게 생각하게 되는지 그 이유를 알아내는 데 끊임없이 관심을 기울이게 되었다"고 말했다. 그는 강의할 때면 전혀 움직이지 않은 채 천장만 바라보았다. 얼핏 자신이 다루는 내용에 냉정하게 거리를 두는 듯 보였지만, 실제로 그의 강의는 날카로운 독설과 흥겨운 기지로 가득 차 있었다.

　좀더 소박한 차원에서는, 키플링이 그에게 영어와 고전을 가르쳐준 스승에게 헌사한 것을 예로 들 수 있다. 우리는 앞에서 신랄하게 빈정거리면서 키플링을 비판하는 스승 '킹'의 방식에 의문을 제기한 바 있다. 하지만 그가 문학작품을 대할 때면 사정이 달라졌다. 그의 문학작품 비판은 탁월했다. 키플링은 킹이 호라티우스를 가르쳐준 방법을 생생하게 기억했다.[50]

"언젠가 '클레오파트라 송가'에 관해 열변을 토하던 그……. 그는 나를 죽인 다음 내 시체로 달려와서 누구도 따를 수 없는 힘과 통찰력으로 그 송가의 나머지를 들려주었다. 그는 나에게 처음 2년 동안은 호라티우스를 몸서리치게 싫어하도록, 그리고 20년 동안은 그를 까맣게 잊도록, 그런 다음 남은 생애 내내 수많은 밤을 뜬 눈으로 지새우면서 그를 사랑하도록 만들어주었다."

우리는 현대 프랑스 작가 앙드레 모루아[51]에게서 훨씬 더 따뜻한 헌사를 듣는다. 루앙 고등학교에서 그에게 철학을 가르쳐준 예리한 비판력을 지닌 스승에게 바치는 헌사다. 알랭이라는 필명으로 유려한 에세이를 썼던 에밀 샤르띠에가 그의 스승이다. 모루아는 아직도 그의 첫 수업을 기억하고 있다. 훤칠하고 정력적인 젊은 남성이 걸어들어와 학생들을 둘러보더니 플라톤에서 따온 문장 하나를 그리스어로 칠판에 적었다.

    우리는 온 힘을 기울여 진리를 향해 나아가야 한다.

그리고 모루아에게 해석해보라고 시켰다. 그는 학생들이 눈에 담을 수 있도록 그 문장을 지우지 않고 칠판에 그대로 놔두고 앉아서 인지에 관한 개념에 대해 흥미롭긴 하지만 까다로운 비평을 시작했다. 그의 가르침은 언제나 버거웠다. 그는 믿을 수 없는 역설을 진리라고 주장한 다음 예리하고 논리적인 논의를 전개하면서 그것을 뒷받침해 나갔다. 그래놓고 또 언제 그랬냐는 듯이 직접 나서서 반대논리를 동원해 애초의 주장을 혁파하거나 아니면 학생들로 하여금 그렇게 하도록 시켰다. 모루아는 그의 아버지를 빼고는 이 세상에서 알랭 선생님보다 자신에게 더 큰 영향을 미친 사람은 없다고 말했다.

넓은 마음

이 시기의 훌륭한 교사들은 이처럼 무자비한 비평가들이기는 하지만 교사로서 무능한 이들에겐 찾아볼 수 없는 또 하나의 특징을 지니고 있다. 그 점 때문에 그들은 출신 나라나 계급과 관계없이 온갖 종류의 학생들에게 고루 힘을 행사할 수 있고, 사망한 후까지도 오랫동안 그들에게 영향을 미칠 수 있다. 설명하기가 다소 힘든 점이다. 실제로 그런 느낌을 받고도 그것을 설명하기 힘들다며 투덜거리는 이들이 한둘이 아니다. 교직과정을 통해서 배울 수 있는 것도, 그렇다고 명상이나 실천을 통해서 개발할 수 있는 것도 아니다. 하지만 성공적인 교사에게는 더없이 귀중한 것이다. 성공한 이들에게 공통적으로, 핵심적으로 발견되는 점이다. 대략 말하자면 '넓은 마음'이라고 부를 수 있다.

여기에는 인간에 대한 사랑과 너그러움이 담겨 있다. 하우스먼처럼 형편없는 교사들은 일부 선택적인 학생에게는 따뜻하고 너그럽다. 하지만 대다수의 학생들은 미워한다, 아니 두려워한다. 또 어떤 교사들은 자기 공부에 너무 빠진 나머지 학생들을 마치 요리사가 파리를 대하듯 한다. 진행하고 있는 일을 자꾸만 방해하고 호기심 어린 손발을 부비면서 그 일을 망쳐놓는 성가신 파리는 달려들 때마다 손으로 날려버려야 하는 것이다. 훌륭한 교사는 학생을 사랑하며 세상을 사랑한다. 토론토 대학과 존스 홉킨스 대학, 그리고 옥스퍼드에서 의학을 가르친 캐나다인 오슬러 교수 같은 이들은 유쾌하고 혈기왕성했다. 그들은 언제나 농담을 즐겼고, 햇살이 백일홍을 피우듯 학생들을 활짝 피어나게 했다.

반대로 럭비 학교의 아놀드처럼 진지하다 못해 엄숙하기까지 한 이들도 있다. 그의 학생이 『톰 브라운의 학창시절 Tom Brown's Schooldays』이라는 유명한 교육소설을 썼다. 아놀드가 경영한 럭비 학교를 배경으로 한 소설이다. 아놀드는 휴즈의 책에서 가장 현실감이 떨어지는 인물로 나온다. 아버지와 신의 중간쯤인 그는 무시무시한 '닥터'로 등장하며, 학교를 위해 실제로 무슨 일을 했는지는 오리무중이다. 아놀드의 참모습을 보려면 그를 찬미하는 휴즈의 책을 읽고, 리튼 스트래치의 『빅토리아 시대 명사들 Eminent Victorians』에 나오는 그에 관한 재미난 묘사를 읽고, 『영국인명사전 Dictionary of National Biography』에 요약된 그의 실제 삶을 읽고, A. F. 스탠리 Stanley가 쓴 그의 전기를 읽고, 마지막으로 그의 아들이 그를 미화한 작품 『럭비 예배당 Rugby Chapel』을 읽어야 한다. 어쨌든 간에 이 모든 것은 저마다 다른 방식으로 그에 관한 공통된 인상을 전달해준다. 바로 아놀드가 동료들을 사랑했다는 점이다. 그가 젊은 시절 레일험에서 개인교사 노릇을 할 때의 일이다.52) 그가 더디게 깨치는 학생을 나무라자 그 학생이 그를 올려다보면서 말했다.

"왜 그렇게 화를 내면서 말씀하세요, 선생님. 제 딴에는 지금 최선을 다하고 있는 거예요."

아놀드는 그 말에 깊은 감명을 받았고, 결코 그 일을 잊지 않았다. 그 다음부터 그는 비록 겉으로는 엄하지만 기본적으로는 자상함을 잃지 않았다.

심지어 나쁜 교사도 이런 식의 따뜻함을 품고 있으면 좋은 교사가 될 수 있다. 체계적이지 못한 일부 교사들도 학생을 너무 좋아하다 보면 자신도 모르게 잘 가르치게 된다. 그들의 업무보고서를 훑어보면 그들이 대체 어떻게 그 일을 해낼 수 있는지 의아할 때도 있다. 모든 게 엉망이고 모순되고 반쯤 하다 만 것들투성이다. 음악가 레셰티츠키는 파데레프스키, 슈나

벨, 브라일로프스키 등 뛰어난 피아니스트를 수도 없이 길러냈지만 그 비결에 대해서는 이렇게 얼버무렸다.

"무슨 특별한 비결은 따로 없다. 아마 앞으로도 그럴 것이다."[53]

그의 제자가 그에게 받은 수업에 관해 상세히 묘사한 내용을 보아도[54] 그저 매혹, 은유, 담배연기, 열정 같은 단어만 떠오를 뿐이다. 그는 틀림없이 예술이란 얼마간 자연발생적이며 예술가는 즉흥연주자로서의 솜씨를 지녀야 한다고 여겼다.

철학에서 이런 식으로 널리 이름을 날린 교사는 윌리엄 제임스William James였다. "교실에서의 그는 체계적이지 않고, 흥미진진하고, 눈길을 사로잡을 정도로 매력적인 게 다른 곳에서 보는 모습과 똑같았다."[55] 그는 길고 지속적이고 짜임새 있고 권위적인 강의를 하거나, 단계별로 논쟁별로 움직일 수 없는 증거를 대면서 철학이론을 전개하는 게 좋지 않다고 판단했다. 그렇게 강의를 하면 유연하게 사고하기 힘들고, 그렇게 철학이론을 전개하면 현실의 복잡다단함과 존귀함과 모순을 온전히 드러내기 어렵다고 느꼈기 때문이다. 그는 사람들에게 뭔가에 대해 '말해주는tell 것'은 잘못이라고 봤다. 그는 그럴 게 아니라 '만일 ……하다면', "아마 …… 일지도 모르겠다"고 덧붙이는 편을 택했다. 그는 자기가 제안한 의견에 대해 반대의견을 내놓았고, 직접적인 강의를 하기보다 토론하는 쪽을 더 선호했다. 그는 인생 자체에 대해서도 그렇듯 제아무리 심각한 주제를 다룰 때도 농담을 곁들였다. 그가 진화에 관한 다음과 같은 스펜서의 정의를 읽었다.

진화란 물질의 완성이요 이에 수반되는 운동의 소산消散이다. 진화가 진행되는 동안 물질은 불확정적이고 비체계적인 '동질성'에서 확정적이고 체계적인 '이질성'으로 옮아간다.

그는 이것을 다음과 같이 풀어서 옮겼다.

진화란 끊임없는 통합과 분화 과정을 거치면서 종잡을 수 없고 뭐라 말할 수 없는 '동질성'으로부터 그럭저럭 이해가 되고 대략적으로나마 말할 수 있는 '이질성'으로 발전하는 것이다.

그는 지극히 심각한 문제랄 수 있는 악惡도 전문적이고 논리적으로가 아니라 개구쟁이처럼 현실적으로 바라보았다. 그가 학생들에게 말했다.

우주에 사는 어느 한 사람이라도 불행하다면, 한 마리의 가엾은 바퀴벌레라도 무조건적인 사랑에 목말라 고통당하고 있다면, 우리가 사는 우주는 결코 완전히 선하지 않은 것이다.

우리는 그가 '신은 신사가 아닌 게 분명하다'고 선언했을 때 하버드 대학이 얼마나 시끄러웠을지 상상이 가고도 남는다. 하지만 그가 제아무리 횡설수설하고 짓궂은 말을 해도 그의 마음속 깊은 곳에서 진정으로 따뜻한 기운이 약동하고 있음을 다들 알고 있었다.

우리가 넓은 마음이라고 부른 이러한 특징은 육체적 에너지와 심리적 에너지를 포함하고 있기도 하다. 훌륭한 교사들은 남다른 생기로 가득 차 있다. 설사 겉으로는 별 기운도 없어 보이는 약골에 건조한 인상인 이들이라 해도 그렇다. 그들은 별 힘을 들이지 않고 일상을 꾸려간다. 차분하고 점잖은 목소리로 말하는 최고 수준의 교사들은 매우 쉽게 이야기를 풀어나가는 듯이 보인다. 하지만 당신이 그들이 하는 말을 받아적거나 그것을 요약하려 애쓸 때, 혹은 그들이 까다로운 문제에 관한 강의를 마찬가지로 별로 힘들이지 않고 모두 끝냈을 때, 당신은 그때 비로소 그들이 몸 깊이 저장된 활기를 끌어내고, 당신에게까지 그 활기를 전염시켰음을 깨닫게 된다.

더러 그 같은 에너지는 강인한 체력의 형태로 드러나기도 한다. 플라톤은 『향연』 말미에서 새벽까지 깨어 있던 이는 주최자인 극작가 아가톤과 술고래인 희극작가 아리스토파네스뿐이었다고 말했다. 소크라테스는 그들이 지쳐 나가떨어질 때까지 문학적이자 철학적인 주제에 대해 토론을 벌였다. 그런 다음 쓰러져 잠든 그들에게 이불을 덮어주고 목욕을 한 다음 여느 때와 다름없이 다음 날을 보냈다.

역사학자 브와시에는 체력을 타고난 사람이었다. 노년에도 그는 그날 강연을 준비하려고 여섯 시도 되기 전에 잠자리에서 일어났다. 오전이면 강연을 하고 챙겨야 하는 회의에 참석했고, 오후가 되면 책을 읽거나 집필을 했다. 저녁나절에는 특유의 유쾌한 남부 사투리로 밖에서 식사를 하면서 이야기를 나누거나 재치 있는 말을 일행에게 들려주었다.[56]

예수의 가르침에 관해 전해지는 이야기 가운데에도 거기에 비길 만한 에너지에 대한 묘사가 나온다. 사람들이 예수를 보려고 주위에 몰려들어 그의 몸에 손을 대려 애썼다. 그 안에 흐르는 기운을 받으면 새로운 힘을 얻을 수 있으리라 여겨서였다. 예수 역시 그렇게 생각했다. 언젠가 병든 여인이 그도 모르는 순간에 그의 옷을 만지고 병이 나았는데, 예수는 바로 그 순간 몸에서 자신의 에너지가 빠져나가는 것을 느꼈다. 그가 한 말은 대개 '나에게서 기적의 힘이 나갔다'[57]고 옮긴다. 하지만 그가 진짜로 한 말은 '나에게서 힘이 빠져 나가는 것을 느꼈다'이다.

위대한 교사들이 지닌 에너지는 묘하다. 그 에너지는 순전히 육체적인 데 기원하는 것만도 아닌 듯하다. 퍽이나 허약한 이들도 놀라운 에너지를 발휘한다. 그렇다고는 하나 에너지가 육체적으로 표현되고 육체적으로 영향을 미친다는 것은 틀림없는 사실이다. 에너지와 관련해서 또 하나 지적할 점은, 생각에 잠겨 있거나 글을 쓰거나 감옥에 갇혀 있거나 여행하면서 혼자 다닐 때는 그 에너지가 잘 드러나지 않는다는 것이다. 아니 있는 것 같지도 않아 보인다. 그런데 그 소유자가 수많은 사람들에 둘러싸이면 마치 나이아가라 폭포수에서 힘을 얻기라도 한 것처럼 엄청난 기세로 에너지가 솟구치면서 끊임없이 새로워진다. 여기서 말하는 사람들이란 물론 철도역 같은 곳에 되는 대로 몰려 있는 무작위 군중들이 아니라 그의 가르침을 받고 그에게 뭔가 얻어내려는 사람들이다. 에너지를 보여주는 이들은 그 힘이 주로 그들 자신이 아니라 그를 둘러싼 이들, 그러니까 청중·관람자·제자들에게 달려 있다고 말한다. 예수는 나사렛에 돌아와 거기 사람들을 가르치려 했을 때 주민 대부분이 그의 말을 믿지 않는다는 것을 알고 깜짝 놀랐다. 그게 바로 그가 어떤 기적의 힘도 행사할 수 없었던 이유였다. 다른 곳에서는 모여든 군중들 속에서 기적을 일으킬 수 있었지만 나사렛에서는 아니었다. 그 힘은 어느 한 사람이 아니라 그가 이끌고 제어하는 집단의 영적 에너지로 표현될 수 있다. 예수는 그 에너지를 써서 군중들뿐 아니라 자기 자신마저 깜짝 놀라게 만들었다. 이것은 위대한 웅변가들이 청중을 장악하고 그들의 목소리를 대변할 때 느끼는 '영감'과 맞먹는 것이다. 위대한 웅변가는 군중들이 자신으로 하여금 그들을 대변하도록 압박하며 자신에게 에너지를 모아주고 있다고 느낀다.

풍부한 지성

19세기의 교사들은 친절함이나 생기만 지닌 게 아니었다. 그들은 많은 상이한 교과를 수용하고 그것을 그들 자신의 삶과 연관 지을 수 있을 만큼 풍부한 지성의 소유자들이었다. 전문가들은 대개 위대한 발견자였지만 대체로 훌륭한 교사와는 거리가 멀었다. 그들의 세계는 자신들의 관심사에 갇혀 있어서 편협하기 십상이다.

영향력이 큰 교사들은 대체로 서너 가지 분야를 한꺼번에 연구하며 그들의 직업적 의무를 생동감 있고 적극적인 삶과 결합시킨다. 오슬러는 내과의사이기도 하지만 고전문학, 서적 수집, 그 밖의 것들에도 아마추어로서 조예가 깊었다. 학자들은 그들 자신만 먹여 살리면 그만이지만, 교사들은 다른 많은 이들을 살찌워야 한다. 때문에 그들은 여러 상이한 출처에서 활력을 끌어와야 한다.

그들 강의의 특징

이 교사들의 교수법은 담당교과에 따라서뿐 아니라 개인적 특성에 따라서도 천차만별이다. 그래서 어떤 공통된 틀로 그들의 교수법을 논의하기란 거의 불가능하다. 다만 그들은 대체로 강의를 통해서 널리 영향력을 행사하므로 그들 강의의 특성을 몇 가지 추려볼 수는 있다.

그들의 강의는 크게 두 가지 유형으로 대별된다. 하나는 차갑고 건조한 강의이며, 다른 하나는 따뜻하고 풍성한 강의이다. 전자는 마치 에칭과 같고, 후자는 마치 회화와 같다. 좋은 교사들이 진행할 경우 둘 다 효과적이고 인상적이다.

차갑고 건조한 강의

첫 번째는 역사가 퓌스텔 드 쿨랑주, 물리학자 러더포드, 철학자 듀이가 했던 강의 방식이다.

퓌스텔은 몇 권의 책을 챙겨와 생생한 인용문을 따고 강의개요를 짤막하게 들려주었다. 그런 다음 가슴에 파고드는 카랑카랑한 목소리로 한 시간 반 동안 전혀 옆길로 새거나 숨을 돌리지 않고 쉴 새 없이 떠들어댔다. 강의는 역사에 관한 토론이었지만 그의 학생 가운데 하나는 그것이 거의 수학적 증명 같았다고 회고했다. 퓌스텔 자신은 이렇게 자랑스레 말했다.

"지난 25년 동안 웅변조의 말이 단 한 차례도 내 입 밖으로 새나가지 않았다." 58)

청중을 사로잡는 과시적인 언어구사를 전혀 하지 않았다는 의미이다. 그는 일부 과학자들이 가지고 있는 버릇, 즉 어떤 연구주제에 몇 달이고 시간을 쏟아부어놓고 그것을 이해할 수 있는 언어로 표현하는 데에는 단 몇 시간을 들이는 것마저 아까워하는 버릇도 질색이었다. 그가 친구 트위즈뮤어에게 말했다.

"나는 어떤 발견을 단순하면서도 정확한 언어로 표현할 수 있게 되었을 때 그때 비로소 그 발견이 완성된 것이라고 생각하네."

듀이의 학생 가운데 하나인 철학자 어윈 에드먼Irwin Edman은 스승 듀이의 강의법을 이렇게 묘사했다.

그는 책상에 앉아서 구겨진 노란 종이 몇 장을 뒤적거리면서 뭔가에 골몰한 듯이 창밖을 내다보았다. 그리고 버몬트 특유의 말투로 느릿느릿 말했다. 매우 친절해 보이기도 했고, 어딘가에 넋을 빼앗긴 것처럼 보이기도 했다. 자신이 지금 학생들 앞에 있다는 것을 거의 의식하지 않는 것 같았다. 그는 어떤 문구를 강조하거나 어떤 점을 강조하거나 하는 수고를 전혀 하지 않았다.……그저 머릿속에 떠오르는 대로 말하고 있는 듯이 보였다.……이윽고 한 시간이 다 지나자 그는 불쑥 강의를 중단했다. 마치 어디서든 맘만 먹으면 강의를 마칠 수 있기라도 하다는 듯이.

하지만 나는 이내 깨달았다. 혼란스러워진 것은 듀이의 머릿속이 아니라 바로 내 머릿속이라는 것을. 나는 곧바로 대학과정에서는 좀처럼 하지 않는 일을 하기 시작했다. 필기를 한 것이다. 생각나는 대로 뒤죽박죽 내뱉는 것 같은 따분해 보이기만 했던 말들이 실은 고도로 일관성 있고 치밀하고 빼어난 내용임을 알게 된 것은 놀라운 발견이었다. 나는 마치 무대에서 공연하는 극처럼 수없이 되풀이되는 담론(이것이 바로 학문적 강의에 대한 흔해빠진 묘사가 아닌가)을 듣고 있었던 게 아니다. 학생들이 보는 앞에서 실제로 사고하고 있는 한 인간의 이야기를 듣고 있었던 것이다.

에드먼 교수는 늙은 스승에게 너무 후했던 것 같다. 틀림없이 그는 듀이가 강의할 때마다 남들 앞에서 처음부터 끝까지 모든 문제를 그 나름의 생각대로 밀고나갔을 거라고는 믿지 않았을 것이다. 만일에 그랬다면 그는 듀이의 연기자적 자질에 찬사를 보내고 있는 꼴이리라. 듀이가 의도한 것은, 듀이 자신도 말한 바 있듯이, 청중들이 그가 한결같은 인내와 성실성을 가지고 모든 문제에 대해 사고를 펴나갔다고 느끼게 만들려는 것이었다. 그가 강의하면서 한 일은 사고가 전개되는 단계와 그 사고의 결과를 보여주는 것이었다. 그는 그 각 단계와 결과를 '구겨진 노란 종이'에 적었을 테고, 이제 그 여정을 되밟아가는 중이었다.[59]

듀이의 가르침에 관한 또 다른 설명이 있다. 이 설명은 그가 매번 강의할 때마다 문제에 관해 실제로 사고를 전개하고 있었던 게 아니라 사고의 결과를 표현할 적당한 말을 찾으려 애쓰고 있었음을 암시한다.[60]

그는 강의에서 말하는 것을 어려워했는데, 그것이 그가 지나치게 신중해서 빚어진 결과다. 그는 적당한 말을 찾지 못하면 자신이 원하는 말을 찾을 때까지 아무 말도 하지 않았다. 그는 오해의 소지를 피하려고 극구 애쓴 나머지 도리어 확실하게 이해시키는 데 이따금 애로를 겪었다.

그의 청중들이 가장 찬사를 보낸 점은 그의 지적 정직성이었다. 학생들은 결코 좌절하지 않는 선생님들은 미심쩍어하는 경향이 있다. 그들은 이따금 개인교사가 어떤 문제를 앞에 놓고 쩔쩔매거나 강연자가 어떤 단어가 적절할지 궁리하면서 머뭇거리는 모습을 좋아한다.

랄프 왈도 에머슨은 이 점을 잘 알고 있었다. 그는 자신의 연설을 완벽하게 적어둔 때에도 전혀 그것을 읽지 않았으며, 어떻게든 미리 준비한 연설을 하고 있다는 사실을 청중들이 의식하지 못하게 만들려고 애썼다. 그는 까다로운 생각과 만나면 마치 그것을 이해하거나 표현하는 데 청중의 도움이 필요하기라도 한 듯이 잠시 이야기를 멈추곤 했다. 자신이 준비한 눈부신 경구를 펼치기 전에(비록 그것을 오래전부터 준비하고 며칠 동안 다듬었다 해도), 그는 일부러 머뭇거리고, 애써 노력한 다음 막 사라지기 직전의 아이디어를 간신히 붙잡기라도 한 듯한 시늉을 했다. 그 생각을 담아내고 구체화할 수 있는 멋들어진 문구를 즉석에서 만들어내기라도 한 것처럼.[61]

하지만 에칭처럼 건조하게 빼어난 강의를 한 이들은 제자들에게 불순물이 섞이지 않은 순도 100퍼센트의 사상을 끊임없이 심어준 교사들이다. 논리, 순수논리는 젊은이를 압도하는 강력한 힘이 있다. 생물학자 T. H. 헉슬리Huxley는 그가 들은 가장 빼어난 강의는 와튼 존스Wharton Jones의 강의라고 말했다. 와튼 존스는 건조하고 밋밋한 목소리로 강의록 없이 말했고, 결코 학생들을 바라보는 법이 없었다. 하지만 그는 지극히 까다로운 생리학 문제를 너무도 명징하게 설명해주었다. 이런 강의는 '열기 없는 빛'이라 부를 수 있다.[62]

따뜻하고 풍성한 강의

또 다른 한 가지 강의 유형은 좀더 따뜻하다. 그것은 감동을 담은 웅변이다. 웅변은 논리를 필요로 한다. 강의와 연설은 논리를 잘 쌓아올린 구조로 되어 있어야 한다. 하지만 청중을 사로잡는 명연설을 하려면 논리만으로는 부족하다. 다양하고 매혹적인 전달법, 기품 있으면서도 잊히지 않을 문구, 인상적인 예시, 청중과의 사적인 교감 따위를 곁들여야 한다. 이렇게 강의하는 교사들은 학생이 소화할 수 있는 진실을 그저 드러내주는 데 그치는 게 아니라 앞에 열거한 요소들을 잘 버무려 진실을 전달함으로써 학생들이 그 진실에 감동받고 고무받을 수 있도록 만든다.

19세기 최고의 강연자 가운데 한 사람인 헉슬리는 이 방법을 이용했다. 그는 유달리 연단에 서는 것을 두려워했다. 50년 동안이나 지독한 신경성 소화불량에 시달렸다. 주제가 낯익고 청중들이 그에게 동정적인 의과대학에서 강의할 때조차 그는 초조함 때문에 식은땀을 흘렸다.[63] 그의 강의는 논리적인 조직화의 결정판이었다. 예컨대 강의를 진행할 때면 그는 언제나 지난번에 다룬 내용을 개괄하는 것으로 시작했다. "그는 50분 동안 거의 관련성이 없어 보이는 두세 가지 자연현상을 날카롭게 분석했다. 시계를 힐끗 쳐다본 그는 남은 10분 동안 그 모두를 한데 결합시키며 그들 간의 유사성을 보여줌으로써 우리에게 자연은 '아무 계획도 없이 이뤄진 게 아니다'는 인식을 심어주었다."[64] 거기에다가 그의 학생들은 다들 그가 스케치를 아주 잘했다고 입을 모았다. "그는 말하면서 빠르고 빼어난 솜씨로 어떤 조직인가를 그려보임으로써 귀로뿐 아니라 눈으로도 배울 수 있게 해주었다."[65]

미국에서 헉슬리에 비견할 만한 예로는 루이스 아가시Louis Agassiz가 있다. 그는 하버드 대학에서, 그리고 차차 전 미국에 걸쳐 동물학과 지질학을 가르치는 방법을 정립한 스위스인이다. 아가시는 가르치는 일을 사랑했고 사람들을 사랑했다. 누구든 가리지 않고 가르쳤다. "고기잡이배를 타는 선원이든, 매사추세츠에 사는 법률가이든, 하버드 대학 총장이든, 거리의 신문팔이 소년이든, 연구실을 찾아온 젊은 졸업생이든, 콩코드 포도* 품종의 개발자든, 파리식물원의 교수든 하나같이 그의 말에 매료되었다."

그는 꽤 다른 두 가지 가르침 방법을 동시에 활용했다. 하나는 강의를 통한 것이었다.[66] 이때의 그는 헉슬리에 뒤지지 않을 달변에 생기가 넘쳤다 (헉슬리처럼 그 역시 늘 긴장했다. 롱펠로에게 "강좌를 새로 시작할 때면 지독하게 겁이 난다"고 호소하기도 했다). 그는 추상적으로 일반론을 펼치기보다 표본을 가져와서 구체적으로 설명했다. 상어의 배胚를 잔뜩 늘어놓거나 화석을 돌려가면서 보게 하기도 했고, 그가 말하는 동안 관찰할 수 있도록 청중들 한 사람 한 사람에게 메뚜기를 한 마리씩 나눠주기도 했다. 표본을 보여줄 수 없을 때면 칠판에 아름답고도 생생한 그림을 그렸다. 예를 들어 곤충의 알이 어떻게 유충으로 변했다 다시 번데기로, 결국에 가서 다 자란 곤충으로 변하는지 보여줄 때면 그는 '막 고치를 박차고 나온 것처럼 날개 달린 곤충이 나타날 때까지' 칠판에 변태과정을 단계별로 그렸다.

아가시의 또 다른 가르침 방법은 더 잘 알려진 것이다.[67] 이 방법은 일반대중을 가르치기 위한 강의와 달리 전문 과학자를 양성하려는 것이었다. 그는 과학자란 무엇보다 남들은 보지 못하고 놓치는 것을 볼 줄 알아야 한다고 생각했다. 그래서 실험실의 학생들에게 보는 능력을 길러주었다. 학생들 가운데 하나가 이 같은 훈련법에 대해 다음과 같이 설명했다.

---

*미국 매사추세츠주 동부 콩코드에서 재배되는 알이 굵고 짙은 곤색의 식용포도

양철그릇이 놓인 탁자에 앉자 아가시가 작은 물고기 한 마리를 가져와서 내 앞에 내려놓았다. 그러면서 꽤나 엄격한 요구조건을 제시했다. 그 물고기를 연구하되 허락이 떨어질 때까지는 거기에 관해서 절대 누구와 이야기를 나누어서도, 물고기에 관한 글을 읽어서도 안 된다는 것이었다. "그럼 제가 뭘 해야 하죠?"라는 나의 질문에 그는 이렇게 대꾸했다. "표본을 망가뜨리지 않으면서 할 수 있는 일을 알아보게. 내 보기에 자네가 그 일을 다 마친 것 같으면 그때 가서 자네에게 질문을 함세." 한 시간이 지나자 나는 그 물고기에 대해 완전히 다 안 것 같은 기분이 들었다. 오래되어 고약한 알코올 내를 풍기는 그 물고기는 역겨웠다. 비늘은 거의 떨어져 나가고 없었다. 나는 그것을 어서 마치고 다음 단계로 넘어가고 싶어 안달이 났다. 하지만 늘 부르면 들릴 만한 거리에 있었는데도 아가시는 그날 나에게 아무 관심도 보이지 않았다. 그다음 날도 그다음 날도. 그렇게 일주일이 꼬박 흘렀다.

처음에는 나 몰라라 하는 그를 보고 있자니 괴롭기 짝이 없었다. 하지만 그것이 일종의 게임이라는 것을 알게 되었다. 그가 몰래 나를 주시하고 있음을 깨달았기 때문이다. 그래서 나는 그 일에 주력했고, 100여 시간이 지나자 많은 일을 한 것 같았다. 처음에 할 수 있을 것 같았던 일의 100배에 달하는 엄청난 분량이었다. 나는 비늘이 어떤 식으로 배열되는지, 그 형태는 어떤지, 그리고 이빨의 형태와 배열이 어떤지 따위에 관심을 가졌다. 연구대상에 대해 훤히 알게 된 것 같은 자신이 생겼고, 아마도 내 태도에 그런 느낌이 실렸을 것이다. 하지만 그는 쾌활하게 "굿모닝!" 하고 인사하는 것 말고는 아무 말도 붙이지 않았다. 일주일째 되던 날 이윽고 그가 입을 열었다. "잘 되어가나?" 나는 담배를 빨며 탁자 가장자리에 앉아 있는 그에게 그동안 연구한 결과를 마구 쏟아냈다. 약 한 시간에 걸쳐 이야기를 마치자 그가 고개를 가로저었다. "아니야."

이제 그가 나와 게임을 하고 있다는 사실이 분명해졌다. 그는 내가 선생의 도움 없이도 지속적으로 학업을 계속할 수 있을지 확인하려고 했다. 그것을 알게 되자 더 열심히 하고 싶은 오기가 생겼다. 나는 한 번 더 탁자로 가서, 그제까지 적은 기록을 모두 버리고, 다시 일주일을 더 하루에 10시간씩 연구에 몰두했다. 결국에 가서 나는 나 자신도 깜짝 놀랄 만한 결과를 얻어냈고 그도 마침내 만족하며 고개를 끄덕였다.

고달픈 숙제를 끝냈는데도 아가시는 학생을 칭찬하지 않았다. 몇 마디 격려하는 말조차 삼갔다. 대신 그는 학생에게 뼈조각을 한 무더기 쏟아주면서 그것으로 뭘 할 수 있을지 알아보라고 했다. 학생은 그 뼈를 살펴본 뒤 (턱뼈를 통해) 수많은 다른 종의 물고기 뼈임을 알게 되었다. 그래서 그것을 조합해 골격을 재구성하기 시작했다. 두어 달이 지났을 때 그는 마침내 그 일에 성공했다. 아가시는 이번에도 그를 칭찬하지 않았지만 그에게 한층 더 까다로운 과제를 내주면서 관찰하고 비교해보라고 시켰다. 하지만 이거야말로 학생이 기대할 수 있는 최고의 칭찬이었다. '너는 차츰 유능한 과학자가 되어가고 있다'고 말해주는 것이기 때문이다.

   탄복할 만한 가르침이다. 이런 과정을 거친 이라면 누구라도 과학자의 임무란 관찰하는 것임을 결코 잊을 수 없다. 이렇게 혹독하게 훈련받은 사람은 누구나 유심히 관찰하는 버릇이 몸에 밸 수밖에 없다. 아가시의 또 다른 제자는 벤자리*를 살펴보라는 말을 들었다. 벤자리는 별로 호감이 안 가는 작은 물고기이다. 그 학생은 몇 시간 동안 물고기를 관찰한 다음 그것을 그리기 시작했다. 아가시는 그렇게 하도록 내버려두었다. "좋아. 연필은 가장 좋은 눈이거든." 하지만 아가시는 그림에서 중요한 것을 빠뜨렸다며 그를 나무랐다. 마치 벤자리를 그대로 보고 있는 듯이 학생이 그림에 모든 것을 다 담아내기까지는 그로부터 나흘이 더 걸렸다.

*농어목 히스돔과의 바닷물고기

이것은 까다롭고 강도 높은 과제로, 오직 최고의 교사들만이 실패 없이 사용할 수 있는 방법이다. 이는 다른 분야에도 적용될 수 있다. 수년 동안 오로지 한 쪽만 연습시킨 18세기의 어느 음악선생도 이 방법을 사용한 것이다.[68]

이는 흔히 부적격한 학생을 걸러내는 장치로 쓰이기도 한다.

내가 지금껏 들은 것 가운데 가장 무자비한 도제제도는 러시아 소년이 독일식으로 운영되는 기계공 강좌에서 겪은 것이었다.[69] 첫날 그에게 강철 한 덩어리와 줄 몇 개가 주어졌고 그 강철을 정사각형으로 줄질하라는 명령이 떨어졌다. 그렇게 하는 데에는 하루에 4시간, 일주일에 5일씩 해서 무려 한 달이 족히 걸렸다. 그 일을 다 마치자 다시 망치 하나와 정 하나가 주어졌고 강철 덩어리에 평행한 홈을 두 개 파라는 명령이 떨어졌다. 그 일에는 일주일이 들었다. 그의 엄지손가락은 수도 없는 헛망치질로 심하게 피가 났다. 그러고도 줄과 정으로 작업하는 비슷한 과정이 세 달이나 이어졌다. 그가 말했다.

"그 일을 마칠 때쯤 되자 줄과 정으로 하는 일에 꽤나 익숙해졌다고 느꼈다."

어쨌든 그는 이제 유능한 기계설계자이자 기계전문가가 되었고, 그의 상처는 씻은 듯이 아물었다.

강제적이지는 않지만 몹시 까다로운 도전이다. 미국의 빼어난 교육자 에이브러햄 플렉스너Abraham Flexner도 그와 마찬가지로 고달픈 도전을 경험했다.[70] 지도교수인 존스 홉킨스 대학의 모리스 교수는 그에게 만일 그리스어에 통달하고 싶거든 작은 책장을 그리스어 서적만으로 채운 뒤 5년 동안 오로지 그 책들만 읽어야 한다고 말했다.

"세상의 흐름을 따라잡으려면 일간신문은 읽어야 한다. 하지만 다른 언어로 된 책은 절대 읽지 말고 오로지 그리스어로 된 책만 읽어라."

야심찬 젊은 학생은 스승의 어려운 충고를 받아들였고 아가시의 제자들처럼 진짜 편안해질 때까지 난해한 책을 뚫어져라 파고들었다. 아가시의 제자들이 새로운 표본을 앞에 놓고 훈련받지 않은 눈으로는 놓치기 십상인 수천 가지 것을 볼 수 있었듯이, 그도 그리스어로 쓰인 책(영원히 사라지지 않을 불멸의 가치를 지닌 책)을 들고 편안하고 즐거운 마음으로 그것을 읽어내려갔다. 이러한 노력에는 뼈를 깎는 고통이 따른다. 하지만 노력이 없으면 아무런 보상도 주어지지 않는다.

병리학자 오슬러는 아가시에 필적할 만한 교사였다. 그 역시 무엇보다 가르치는 자는 활력이 있어야 한다고 강변했다. 그가 존스 홉킨스 대학에 임용되기 전에 미국의 의과대학생들은 교과서를 공부하고 강의를 듣긴 했지만 이론과 실천을 어떻게 결합해야 하는지는 배우지 않았다. 오슬러는 환자를 마치 원전처럼 활용하는 식의 교수법을 의학에 도입했다. 그는 질병에 대해 이론적으로 논하는 대신 그 질병을 앓고 있는 환자의 침상 옆에서 그 질병에 대해 설명했다.[71] 만일에 그가 한결같이 친절하거나 훌륭한 유머감각을 가지고 있지 않았다면 그것은 아마도 경직되고 잔인한 배움의 길이었을지도 모른다. 하지만 그는 환자와 학생 둘 다에게 그의 타고난 생기를 나누어주었다. 생생하고 인상적인 표현을 만들어내는 데에도 남다른 재주가 있었다. 그가 퉁퉁 부은 환자의 진홍빛 얼굴을 보면서 말했다.

"바쿠스와 비너스와 키르케를 숭배한 결과* 바르돌프*의 얼굴이 되었어."

---

*바쿠스는 술의 신, 비너스는 사랑과 미의 여신, 키르케는 호메로스의 서사시 『오디세이』에 나오는 인간을 짐승으로 만들어버린 마녀로 대개 매혹적인 여자를 지칭한다. 그러므로 이 말은 '주색에 빠져 지낸 결과'라는 의미가 된다.
*셰익스피어의 『헨리 4세』와 『헨리 5세』에 나오는 폴스태프의 하인 이름. 평생 술에 절어서 알코올중독자 같은 행색으로 묘사된다.

나는 자못 근엄한 표정으로 눈을 찡긋하면서 천연덕스럽게 이 말을 하고 있는 그의 모습을 즐겁게 상상해본다. 무슨 소리인지 알 길이 없으니 화날 일도 없는 그 바르돌프 환자의 무심한 모습도.[72] 그는 항상 사실에 대해 생각지도 못한 뜻밖의 관점을 던져주어 그 사실을 잊히지 않게 만들었다. 예컨대 어느 학생이 안구 돌출성 갑상선종에 그레이브즈병*이라는 이름을 사용할 때면 오슬러는 그에게 그레이브즈에 대해 찾아보고 그의 업적을 종이에 적어보라고 시켰다.[73]

그들의 유형

그 밖에 19세기와 20세기 초에 활약한 훌륭한 교사들을 모두 살펴본다는 것은 가능하지 않다. 비록 현역에서는 물러났지만 여전히 살아 있는 이들을 언급하는 것도 그리 점잖지는 못한 일이다. 하지만 우리는 수적으로 훨씬 더 많은, 학자연하는 이들과 따분하기 짝이 없는 이들이 활개 치는 시대에 최고의 가르침이 과연 어느 수준까지 이르렀는지 보여주는 위대한 교사를 몇 골라낼 수는 있다.

이들은 모두 저술가였고, 대부분 매우 독창적인 사상가들이었다. 하지만 교사로서의 작업은 그들 이력에서 매우 중요한 부분이었다. 그러므로 그들의 육성을 들어보려고 노력하지 않은 채 오로지 집필한 책만 보고 그들을 평가하는 것은 잘못이다. 그들이 강의에서 사용한 방법은 그들의 성

---

*안구 돌출성 갑상선종은 아일랜드 의사 R. J. 그레이브즈Graves의 이름을 따서 '그레이브즈병'이라고도 부른다.

격이 제각각인 만큼 저마다 달랐다.

열정적인 카리스마형

첫 번째 부류는 연단 앞으로 성큼성큼 걸어와서 이글거리는 눈빛으로 뚫어져라 청중들을 바라보고 강력한 몸짓과 귀족적인 당당한 목소리로 듣는 이들을 제압한다. 1888년부터 1936년까지 50년 가까이 하버드 대학에서 영국문학을 가르친 키트리지 같은 이들이 여기에 속한다.[74] 엄밀히 말해 그가 쓴 방법은 원전을 설명하는 것이었다. 그는 셰익스피어의 비극 가운데 하나에서 한 장을 따와 한 자 한 자 살피고, 모든 대사의 정확한 의미를 분석하고, 줄거리의 반전이 지니는 극적인 가치에 대해 논의하고, 심리적 기저에 대해 새로운 해석을 내놓고, 그리고 내용 전체를 조리에 닿게 설명했다. 듣는 이들이 저자가 무엇을 썼는지 틀림없이 이해할 수 있을 때까지.

하지만 학생들이 이미 그 장을 읽고 거기에 대해 충분히 생각해오지 않으면 작품을 샅샅이 해부하는 일은 불가능하다. 그래서 키트리지의 학생들은 미리 작품을 읽어와야 하는 과제 부담이 컸다. 키트리지는 그들이 읽은 것에 대해 구체적으로 질문을 던졌다. 그의 수업은 처음 5분 동안 지난번 강의에서 여전히 명확하지 않은 부분에 대해 질문을 받는 것으로 시작되었다. 점점 더 어려워지는 내용을 계속해서 자신 있게 소화하려면 그 같은 과정이 꼭 필요했다. 그런 다음 키트리지가 전면에 나섰다. 거기에 있는 학생은 누구라도 호명될 수 있다. 만일 호명당한 학생이 제대로 대답하지 못하면 그 즉시 불벼락이 떨어졌다. 성질이 불같은 그는 평범한 학생에 대해서는 애써 경멸을 숨기지도 않았다. 흰 턱수염을 기르고, 담배를 빼끔거리고, 목소리가 우렁찬 그는 학생들에게 사랑받았다기보다 그들의 존경심을 자아냈다. 언젠가 그가 발을 너무 멀리 내딛는 바람에 연단에서 떨어진 일이 있었다. 학생들이 그의 모습을 보고 킬킬거렸다. 그가 학생들을 쏘아보면서 말했다.

"지금이 내 인생을 통틀어 청중들의 수준으로 내려온 유일한 순간이야!"

키트리지에 대해 결코 들어본 일이 없는 사람이라면 그의 글을 읽으면서 거부감이나 적개심을 품지 않을 도리가 없다. 하지만 그 적개심이야말로 그가 불러일으키려고 의도한 반응의 하나였다. 그는 위대한 문학의 어려움을 깨닫게 함으로써 학생들을 자극하고자 했고, 그들이 위대함을 추구하는 일에 좀더 겸허해질 수 있도록 만들고자 했다.

이런 부류의 독일인 교사로는 키트리지와 같은 정신에 입각해 그리스 문학을 가르친 빌라모비츠 묄렌도르프 Ulrich von Wilamowitz-Moellendorff를 꼽을 수 있다.[75)] 이름이 말해주듯 독일인의 혈통과 슬라브족의 혈통을 반반씩 물려받은 그는 폴란드와 프러시아의 접경지대에 근거를 둔 융커가* 출신이었다. 그의 자서전 『회고 Recollections』는 그가 성장한 이중적인 세계, 무지하고 불결하고 농노 같은 수많은 농민을 지배하던 소수의 거만한 대지주에 관한 묘사로 시작된다. 그 역시 인생 말년에는 그처럼 자신만만하고 권위적인 태도를 상당 부분 보유했다. 폴란드인의 피를 물려받은 니체와 거세게 갈등하면서 직업이력을 시작했다는 것은 무척 상징적이다. 그의 가르침도 그의 저술이나 마찬가지로 고압적이었다. 하지만 그게 바로 그의 가르침이 효과적인 이유이기도 했다. 그는 베를린에서 일반인을 상대로 한 강의조차 꼼꼼하게 준비했고, 강의실은 언제나 열기로 넘쳤다.

---

*동프러시아의 권위적, 군국주의적인 토지귀족

설득형·매혹형

이제 역동적인 교사에서 두 번째 유형인 설득형·매혹형의 교사로 옮아가 보자. 이 유형에는 배우를 감탄할 만하게 만들고 교사를 사랑스럽게 해주는 특징이라면 무엇이든 곁들여질 수 있다. 마음속에 일렁이는 민감한 감정 변화를 반영하는 아름다운 목소리, 표정이 풍부한 눈에 띄는 얼굴, 생각을 정리해 전달하려는 진지한 의욕이 담긴 자연스럽고 우아한 몸짓, 다루는 주제에 대한 진정한 사랑, 사람들에 대한 사랑, 그 자신에 대한 사랑……. 그의 목표는 자극하는 게 아니라 이끄는 것이며, 반대하거나 맞서는 게 아니라 기쁨을 안겨주는 것이다.

케임브리지 대학의 학감 A. W. 버럴 Verrall이 그런 사람이었다.[76] 그는 그리스어 시와 라틴어 시, 그리고 영어 시를 너무도 낭랑하고 리듬감 있게 읽어서 각 행마다 새로운 의미가 살아나곤 했다. 그는 눈을 감고 한 시간 동안 강의를 진행하면서 학생들이 어떤 결론인가에 도달하도록 이끌었다. 만일 학생들이 느닷없이 얼굴을 맞대고 들었다면 말도 안 되는 소리라고 손사래를 쳤을 수도 있는 결론으로 말이다. 하지만 학생들은 오랫동안 흥미로운 사냥에 동참한 뒤 주로 유쾌한 안내자의 매혹 덕에 열렬히 그 결론을 끌어안았다.

르네상스의 예술과 문화를 전공한 스위스인 역사가 부르크하르트도 그런 부류였다.[77] 그의 강의는 미리 준비된 연설이 아니고, 회화, 시, 이탈리아, 그리고 젊고 희망에 차 있는 온화한 시절에 대한 넘쳐나는 사랑을 느낄 수 있는 시간이었다. 학생들은 그의 강의를 너무나 사랑한 나머지 이따금 앙코르를 요청하기도 했다. 그러면 그는 같은 날 저녁에 그 강의를 고스란히 되풀이했다.

미국에서 이 같은 인물을 꼽으라면 예일 대학교의 윌리엄 라이언 펠프스를 들 수 있다.[78] 노벨 문학상을 수상한 그의 제자는 그를 미국 최고의 문학교사라고 불렀고, 그가 '위대한 배우'이기도 했다고 덧붙였다. 그의 성격이 너무 매력적이고 그가 저널에 발표하는 분량이 너무 방대해서 어떤 이들은 그를 실제보다 더 깊이가 없다고 폄하하기도 한다. 하지만 그의 가르침은 매우 꼼꼼하고 신중하게 준비되었다. '19세기 시론' 강좌 첫 시간에 그는 강의계획서를 나눠주었다. 거기에서 그는 매번 강의에서 다룰 내용을 구체적으로 요약하고, 함께 읽으면 좋을 참고문헌을 소개하고, 그리고 구두로든 서면으로든 적극적으로 질문하도록 권했다. 이거야말로 단지 학생을 매료시키기만 하는 게 아니라 진정으로 그들을 가르치고 싶어하는 이들의 특징이다. 그의 이력이 최고조에 달했을 때 그는 일주일에 150편의 리포트를 읽고 채점을 했다. 그는 훌륭한 배우였지만, 배우 그 이상이었다. 그는 탁월한 해석가이기도 했다.

통합형

풍부한 인성을 통해서 앞의 두 가지 미덕을 한데 통합시킬 수 있었던 이들도 몇 떠올릴 수 있다. 이들은 그저 위대한 교사라기보다 어쩌다 가르치는 일을 업으로 삼게 된 위대한 인간이라고 말하는 편이 옳을 것이다. 그들에게는 특별한 기술이라고 할 만한 게 따로 없다. 그들은 그저 자신의 위대함을 보여줄 따름이다.

   시간과 의식에 관한 개념을 빼어나게 재평가한 것으로 잘 알려져 있는 철학자 앙리 베르그송Henry Bergson은 생애 내내 프랑스에서 가장 탁월한 강의를 한 인물이었다. 콜레주 드 프랑스에 있는 그의 강의실은 철학 전공자, 문학인, 파리 멋쟁이, 외국 방문자들로 발 디딜 틈이 없었다. 그는 강의록 없이 천천히 음악적으로 말했다. 그가 만들어낸 문장은 저마다 대담하고도 섬세한 사상을 리드미컬하게 담아내는 그릇이었다. 그 문장들이 모여 인공적인 구조물이 아니라 살아 있는 유기체를 이루었다. 그의 연설에도 그의 생각에도 천재로서의 면모가 어려 있었다.[79]

우드로 윌슨Woodrow Wilson의 옛날 사진이나 캐리커처를 보고 앙상한 얼굴과 이가 다 드러나는 웃음만 기억하는 이들은 그가 실은 훤칠하고 품위 있고 위풍당당한 인물이라는 사실을 잊곤 한다. 그가 이탈리아의 빅토르 엠마누엘 왕 옆에서 차를 타고 로마를 돌았을 때 진짜 시저처럼 보인 것은 엠마누엘 왕이 아니라 바로 그였다.[80] 윌슨 대통령을 실패한 이상주의자로만 여기는 이들은 그가 우리 세기 최고의 교사였다는 사실을 잊기 십상이다. 그의 제자들은 예외 없이 그를 '이때까지 만나온 이들 가운데 최고의 강의를 한 사람'으로 묘사했다. 그의 이력은 프린스턴 대학에서 시작되었다. 그곳에서 그는 법학과 정치경제학을 가르쳤다. 없어서는 안 되지만 딱딱하기 짝이 없는 지겨운 교과들이다. 하지만 윌슨은 너무도 정력적으로, 너무도 확신에 차서, 너무도 풍부한 아이디어와 따뜻한 말을 동원해서 그 교과를 다루었다. 학생들은 이따금 강의를 마칠 때면 그에게 박수갈채를 보내곤 했다. 오직 마음에서 저절로 우러나야만 가능한 몸짓이었다.[81] 그로부터 오랜 시간이 흐른 뒤 프린스턴 대학 총장, 뉴저지 주지사를 거쳐 결국 미주연합의 의장이 되었을 때 그는 세계의 교사로 떠올랐다. 그는 실패했다. 틀리지 않은 말이다. 모르긴 해도 교활한 외교가들의 책략에 넘어갔을 것이다. 그렇지 않았다면 너무 많은 것을 기대했거나. 하지만 그는 원대한 이상을 추구하면서 살아가는 법, 지상에 평화를 정착시키는 법을 인류에게 가르쳐주었다. 아마도 당시 세대가 가슴에 새기기에는 너무 거창한 교훈이었는지 모르겠다. 너무 성급하게 결과를 기대했다는 점에서 그의 잘못일 수도 있다. 어쨌거나 그것을 가르치려고 노력했다는 점에서 그는 옳았다. 마침내 우리가 그것을 깨닫게 되었을 때, 가장 위대한 스승이었던 그는 충분히 보상받은 것이리라.

위인의 아버지

우리가 다루려는 맨 마지막 집단의 교사들은 가장 중요하고도 가장 효과적인 교사들이다. 하지만 실제로는 집단이 아니고 그저 개인들의 조합이다. 그들은 여기 속한 다른 사람들에 대해서 알지도 못하고 신경을 쓰지도 않는다. 이 집단은 지금도 앞으로도 영원히 존재할 것이다. 이들은 실제로 한 일에 비해 공을 제대로 인정받지 못한다. 이들은 대체로 대중에 의해, 어느 때는 그들이 길러낸 제자에 의해서까지 까맣게 잊히곤 한다. 하지만 그들의 일은 말할 수 없이 소중하며 가장 최고 형태의 가르침으로 꼽힌다.

다름 아니라 위인들의 아버지이다. 위인들에게 위대해지기 위해서 필요한 많은 것을 가르친 그들의 아버지 말이다. '천재'는 마치 유령에 형체를 부여하듯 스스로 자신을 만들어내는 우월한 인간형이라는 생각은 지나친 단순화이다. 반대로 놋쇠는 구리와 아연의 융합물이고 당뇨병은 인슐린이 결핍되어 나타나는 결과물인 것처럼 빼어난 이들이란 그저 그를 둘러싼 사회적 환경의 산물일 따름이라는 생각도 맞지 않다. 모든 위인들은 스스로에게 많은 것을 투자한다. 위인들은 오랫동안 전력을 다해 의지력을 발휘하고 자신이 주력하는 것 외에는 눈을 돌리지 않고 서서히 구체화되는 계획을 전개해감으로써 스스로를 창조한다. 그들의 사회적인 삶이 그들에게 깊은 영향을 미치는 것은 틀림없는 사실이다. 하지만 그들에게 가장 중요한 영향을 미치며, 가장 지속적인 인상으로 새겨지는 것은 역시 그들의 가족이다. 부모가 신중하게 그들을 가르치면 이러한 인상은 점점 더 깊이 심어지고 확실히 좀더 조직적이 된다. 많은 걸출한 인물들은 아버지에 의해 신체적으로뿐만 아니라 정신적으로도 벼려진다.

여성에게는 아이를 낳는 육체적 행동이 오랜 시간을 필요로 하는 굉장한 일이다. 그 일은 그녀에게 목적의식과 책임감과 활력을 불어넣어준다. 남성에게는 아이를 낳는 게 그렇게까지 큰일은 아니다. 아이가 탄생하기 전에 그가 아이 삶에 미칠 수 있는 영향은 여성에 비하면 부차적이다. 그러나 일단 아이가 태어나면 아버지는 아이의 삶과 배움에 어머니와 동등하게 관여한다. 아이가 자라서 말하고 생각할 수 있게 되면 아버지의 일은 점점 더 많아진다. 그가 그것을 알든 모르든, 그 일을 하고 싶어하든 하고 싶어하지 않든 그 사실에는 변함이 없다.

하지만 대다수 아버지들은 이 사실을 알지 못하며 그러거나 말거나 별로 신경 쓰지도 않고 심지어 그것이 사실이 아니길 바라기까지 한다. 그들은 마치 아이가 이 세상에 태어나지 않은 듯이 행동한다. 아이를 어머니나 학교에 떠넘기거나 아니면 다른 자녀들 몫으로 미룬다. 가끔은 그 일을 완전히 무시하려고 애쓰기도 한다. 그들은 아이가 새로운 생각을 떠올리거나 가정에서 입지를 요구하면 거의 언제나 그들에게 맞추길 거부한다. 그런데 이 모든 것을 통해 그는 마치 하루에 몇 시간씩 자녀에게 집중하고 있기라도 한 것처럼 자녀에게 뭔가를 신중하게 가르치고 있는 꼴이다. 그들은 자녀에게 아이디어를, 생각과 감정의 유형을, 그리고 미래의 선택이 기반해야 할 기준을 제시하고 있다. 아이는 백지상태로는 자신의 생각을 만들어갈 수 없다. 사람들이 어떻게 행동하는지 봐야 한다. 이를 위해서 아이는 다른 친구들이나 영화에 나오는 사람들, 그리고 책에 나오는 인물들을 본다. 하지만 의식이 형성되는 시기에 가장 중요하고 권위 있는 인물로 여겨지는 이는 단연 아버지와 어머니이다. 덩치도 훨씬 크고, 힘도 훨씬 세고, 믿기지 않을 만큼 현명하고, 모든 것을 보고 모든 것을 아는 것 같고, 화낼 때는 호랑이처럼 무섭고, 엄청나게 너그럽고, 허리케인처럼 예측할 수 없고, 심지어 친절함 속에도 냉혹함을 숨기고 있고, 용감하고 인상적이고, 말을 들어도 대체로 이해가 안 가는 아버지와 어머니. 아이에게 부모는 왕이자 왕비이고 괴물이자 마녀이고 요정이자 거인이고 여신이자 구세주다. 아이는 부모에게 복종하고, 그들에게 자기 스스로를 맞추며, 따라하려고 그들을 관찰한다. 때로는 자신도 알지 못하는 사이에 그들처럼 되어간다. 그게 아니라면 그들과 정반대로 엇나간다. 하지만 엇나가는 것조차 부모의 힘에 강력하게 지배받은 결과이다.

아버지가 특별히 의도하지 않아도 아이는 아버지가 하는 일을 보고 뭔가를 배운다. 그러므로 아버지가 아이에게 무엇을, 어떻게 가르칠지 계획한다면 더 좋다. 그러자면 아버지는 자녀에게 자신의 시간과 정력을 얼마간 떼어주어야 한다. 하지만 나중에 그렇게 한 결과가 드러나면 자신의 희생이 헛되지 않았음을 알고 깜짝 놀라게 된다. 그가 본디 가지고 있던 장점들, 하지만 슬슬 녹슬어가고 있어서 안타까웠던 장점들이 자녀에게서 새로운 활력과 독창성을 지닌 채 부활한다. 그럴 때에야 그는 비로소 진정으로 자신이 뭔가 해냈다는 것을, 자신이 그의 아버지라는 것을 자랑스럽게 선포할 수 있다.

위인의 아버지에 관한 책을 써보는 것도 재미있을 것이다. 그 책은 체스터필드나 키케로, 교황 알렉산더 6세(보르기아), 코울리지처럼 아들을 형편없이 가르친 아버지는 언급하지 않을 것이다. 대신 아들에게 빼어남의 전통을 전수해주려는 지속적인 노력을 통해 수많은 재능을 몇 세대에 걸쳐 이어가는 가문을 조명하는 데 얼마간 지면을 할애할 것이다. 바흐 가문, 메디치 가문, 에스테 가문, 처칠 가문, 애덤스 가문, 로웰 가문, 코엘료 가문, 몽모랑시 가문……. 그 책은 잘 교육받은 명석한 아들과 그들의 아버지 사이의 심리적 관계를 해부할 것이다.(충분히 인식하고 있든 드러나지 않든 간에 그 관계에는 경쟁심과 갈등이 드리워져 있게 마련이다.) 또한 진정으로 이타적인 애정과 풍요롭고 행복한 가족생활을 이룩하는 요소를 파헤칠 것이다. 때로 아버지들이 겪는 쓰디쓴 좌절감을 표현할 수도 있다. 여기에서는 지면의 제약상 아버지의 가르침을 통해 위대해진 아들 몇 명만을 소개하는 데 그치고자 한다.

전문가 아버지

첫 번째 집단은 사진틀 속에서 안정된 표정으로, 아니 인상을 다소 찡그린다 싶게 우리를 바라보고 있다. 굳게 다문 입술, 말쑥하게 차려입은 복장, 유능하다는 사실을 유감없이 드러내고 있는 차갑고 자신만만한 표정이 특징이다. 대개는 그들의 아들이 옆에 서 있다. 아들은 장차 그들 자신의 초상화에서 봐서 우리가 알고 있는 독립적인 천재의 모습이라기보다 아버지를 쏙 빼닮은 그의 축소판처럼 보인다. 그들은 아버지와 비슷하게 차려입고 그들의 교사이기도 한 아버지와 똑같이 행동할 태세다. 이런 아버지들은 그 역시 전문적인 일을 가진 이들로, 재능을 타고난 아들을 두었고 그들에게 자신이 지닌 전문성을 전수해주려고 한다. 하지만 이 같은 가족들이라 할지라도 빼어난 아들을 배출할 확률은 수만 분의 일 정도로 극히 희박하다. 대개 이들 아버지는 미래세대가 우러러볼 게 틀림없는 세계적으로 유명한 예술가를 배출해내려는 원대한 포부 같은 것은 애초에 없었다. 그저 자녀를 일찍 예술계에 입문시켜서 보다 나은 인생을 살아가게 하자는 소박한 생각뿐이었다. 아니면 일의 부담을 좀 덜어줄 조수를 하나 키워보자는 생각이거나.

이러한 아버지들 가운데 상당수가 음악가이다. 음악은 언어나 마찬가지이다. 언어를 일찍부터 배우지 않으면 결코 글을 잘 쓰기는 고사하고 말도 유창하게 할 수 없듯이, 음악도 조기에 배우지 않으면 곡을 쓰기는커녕 음악에 능란해질 수 없다. 모차르트의 아버지는 그 역시 명성이 자자한 음악가였다. 그는 딸과 아들을 개인교습 시키고 그들의 매니저가 되었다. 그는 너무도 자상하고 효과적으로 자녀들을 가르쳤다. 모차르트는 이미 일곱 살 때 소나타를, 열두 살 때 오페라를 작곡할 정도가 되었으며, 하프시코드*를 귀신처럼 연주했을 뿐 아니라 신동연주회를 하려고 유럽을 순회했다. 또한 (수많은 어린 천재 음악가들처럼) 이내 그 일에 시들해져서 매끄럽기는 하나 공허한 작품을 작곡하는 대신 평생 점점 더 아름답고 풍부하고 품위 있는 곡을 쓸 수 있었다. 개인적 비극을 겪을 때조차 그의 음악은 천사와 같은 평화로움을 담아서 예술이란 최악의 순간에도 우리에게 어김없는 위안을 준다는 사실을 보여주었다. 그의 음악은 아버지의 가르침에 바치는 최대의 헌사였다.

베토벤의 아버지는 술에 절어서 산 야수 같은 인물이었다. 어린 베토벤은 아버지가 술에 너무 취해 집으로 돌아올 수 없는 지경이 되면 술집에

---

*16~18세기의 건반악기로 피아노의 전신

가서 그를 데려와야 했다. 아버지를 데려오는 길에는 다른 아이들의 부모가 잔뜩 못마땅해하며 보내는 경계의 눈빛을 견뎌야 했고, 집에 돌아와서는 아버지가 보답으로 선사하는 발길질과 손찌검을 이리저리 피해야 했다. 베토벤이 나중에 엄청난 의지력을 발휘해야 이 세상에서 제대로 살아갈 수 있다는 사실을 깨달았다면, 강력한 스승들에게 당당하게 맞선 영웅들(피델리오, 코리올라누스, 프로메테우스)을 떠받들었다면, 거칠고 폭력적인 태도를 갖게 되었다면, 그리고 입양한 아들을 너무 지나치게 보살피고 사랑해서 그 아들의 인생뿐 아니라 자기 자신의 인생까지 망쳤다면, 그 모든 것은 술주정꾼 아버지에게 배운 것이다. 하지만 그의 아버지는 베토벤에게 음악도 가르쳐주었다. 그는 베토벤이 네 살 때 바이올린과 건반을 연주하는 법을 가르쳤다. 아홉 살 된 어린 베토벤이 아버지에게 더 이상 배울 게 없어지자 그는 현명하게도 아들을 더 나은 스승들에게 보냈다. 베토벤의 아버지는 상당한 동물적 에너지와 동기를 지니긴 했으나 그것을 제대로 활용하지 못하고 짐승처럼 살았다. 하지만 아들에게는 그 에너지와 동기를 고스란히 물려주었다.

바흐는 유능한 음악가의 손자였다. 바흐는 삼대가 넘는 음악가 가문 출신이었다. 그는 형에게 훌륭한 가르침을 받았으며, 그 역시 자녀들을 잘 가르쳤다. 그가 아들 빌헬름 프리데만을 위해 쓴 최초의 연습곡과 젊은 두 번째 아내를 위해서 쓴 클라비어 곡집이 아직껏 남아 있다. 스무 명의 자녀 가운데 다섯 명이 유능한 음악가로 성장했고 그 가운데 세 명은 발군의 실력을 과시했다. 우리는 그가 쓴 최고의 작품들 속에서 그가 가르침에 얼마나 관심이 많았는지를 엿볼 수 있다. 〈48개의 전주곡과 푸가〉는 음악가들이 건반악기의 모든 가능성에 두루 능숙해질 수 있도록 돕는 연습곡으로 마련되었다. 바흐에게 한 가지 흠이 있었다면 그것은 그가 가끔가다 너무 건조하고 진지해진다는 점이었다. 그래서인지 모르겠으나 아들 하나를 즉흥연주자로서 훌륭한 재능을 타고 나긴 했지만 술독에 빠져 인생을 망친 인물로 키웠다.

우리는 음악가가 아닌 다른 직업군에서도 비슷한 사례를 발견할 수 있다. 여기서는 아버지의 주요 관심사가 인간성을 키우는 게 아니라 기술을 길러주는 것임을 보게 된다. 이게 바로 소위 '천재의 불안정성'을 낳은 주요인이다. 많은 아버지들이 아들에게 자신이 가진 전문기술은 가르쳐주되 비용을 조절하는 법, 말을 골라하는 법, 마약의 유혹을 이기는 법 따위는 가르쳐주지 않은 것이다.

우리가 이미 다룬 이들 가운데 이 경우에 딱 들어맞는 예가 바로 알렉산더 대왕이다. 그는 놀라울 정도로 빼어난 병사이자 정치인이었다. 스물다섯 살 무렵에 이미 까다로운 병참술과 군사전술, 정복과 통치, 선전술과 사기진작술에 두루 능통했다. 따로따로 배우자고 해도 각기 수년씩 필요한 것들이다. 이는 그가 마케도니아 필리포스 왕의 아들이자 제자였기 때문에 가능한 일이었다. 필리포스 왕은 수많은 정적을 물리치고 북부 그리스 고지 부족들 가운데 왕위를 차지한 빈틈없고 무자비한 가문 출신이었다. 필리포스 왕은 적을 공격하거나 그들과 화해하거나 그들을 회의에 초대할 때는 어떻게 하면 그들을 분열시키고 속일 수 있는지, 전쟁이 없을 때는 어떻게 하면 군대를 잘 훈련시킬 수 있는지, 어떻게 하면 적의 전술을 알아내고 그들의 생각보다 앞설 수 있는지, 어떻게 하면 돈을 끌어들이고 잘 사용할 수 있는지, 직접 챙겨야 할 것과 누군가에게 위임해도 좋은 일은 무엇인지 따위를 고생해가며 혼자 힘으로 터득했다.

어린 알렉산더 왕자는 늘 아버지와 동행했으며 그 밑에서 싸웠고, 아버지의 최고 부대를 이끄는 지도자이자 그의 조수가 되었으며, 아버지가 당면한 문제점에 대해 설명하는 것을 귀담아듣고 그에 관해 논쟁을 벌이기도 했고, 심지어 어머니를 감싸면서 아버지와 맞서기도 했다. 알렉산더의 성취는 믿기지 않을 정도로 엄청났다. 아버지의 가르침이 없었다면 가능하지 않을 일이었다. 하지만 필리포스는 아들 알렉산더에게 그의 개인적인 결점, 방탕한 기질, 허영심까지 물려주었다. 알렉산더를 신격화한 초상화를 보면 이따금 뿔이 달려 있는데 그 뿔에서 느껴지는 잔혹한 일면까지. 알렉산더의 또 다른 스승 아리스토텔레스는 그의 결점을 꺾으려고 안간힘을 썼지만 그 아버지의 영향력을 넘어서지는 못했다.

아마추어 아버지

아들을 가르친 두 번째 부류의 아버지들은 앞에서와 같은 유능한 전문가들과는 사뭇 다르다. 그들은 얼굴이 잘 알려진 인물이 아니다. 그들은 아들과 함께 초상화에 등장하지도 않는다. 전기로 다뤄지지도 않는다. 하지만 그들은 세상이 알아주지 않아도 전혀 아랑곳하지 않는다. 삶 자체로 보상을 받는 행복한 인간들이기 때문이다. 그들은 넘쳐나는 아이디어를 주체할 수 없어서 아들을 정성껏 가르친 이들이다. 그들은 아들에게 어떤 구체적인 직업을 갖도록 교육시키겠다는 생각 없이 그저 인류가 성취한 지혜와 아름다움을 아들과 공유하고자 했다. 그들은 문화 자체를 즐겼다. 때로 그들은 자녀에게 이렇게 말하곤 한다.

"나는 서른이 되어서야 그 행복을 깨달았어. 아무도 내게 말해준 사람이 없었거든. 너에게 그것을 보여주마."

그들도 때로는 아들들이 죽자사자 거부하는 교훈을 가르치려고 무진 애를 쓰기도 한다. 하지만 아들의 영혼에 깊이 아로새겨지는 교훈은 아버지에게 '간접적으로' 배운 것들이기 십상이다.

이 점을 잘 보여주는 훌륭한 전기가 바로 에드먼드 고스Edmund Gosse의 『아버지와 아들Father and Son』이다. 고스는 신앙심이 깊고, 매우 한정된 교파에 속해 있던 꽤나 근엄한 빅토리아인 부부의 외아들이었다. 부부는 서로를, 그리고 아들을 깊이 사랑하는 매력적인 사람들이었다. 어머니는 소규모로 글을 쓰는 작가였다. 아버지는 생물학자로, 물고기와 해안에 사는 갑각류의 삶을 연구하고 가르치는 일에 종사했다. 부모는 어린 고스를 완벽하게 그들 삶의 일부로 흡수했다. 고스는 한 살 때부터 부모가 다니는 작은 교회에 다녔다. 사실상 모든 점에서 부모와 같은 수준의 생활을 하다시피 했다.

그가 열두 살 때 소년소녀들이 〈카사비앙카〉나 그 비슷한 '달콤한 시'를 암송하던 파티에 참가한 일이 있었다. 외울 수 있는 시가 있느냐는 질문을 받은 열두 살의 그가 발랄하게 앞으로 나갔다. 그리고 가족이 즐겨 암송하는 작품에서 뽑은 근엄한 바로크 시대의 설교문을 한 구절 읊기 시작했다. 로버트 블레어의 비가 〈무덤The Grave〉이었다.

> 죽음이 아무것도 아니고, 죽음 뒤 역시 아무것도 아니라면—
> 사람이 죽어서 더 이상 존재하길 그친다면—
> 이제 아무것도 아닌 불모의 자궁으로 돌아가는 것
> 그들이 처음 생겨난 곳, 그리고 난봉꾼……

이쯤에서 파티를 주최한 여주인이 가로막고 나섰다.

"얘야, 고마워. 그게 그렇게 되는 거구나. 그 이상 암송하지 않아도 되겠다 싶구나."

그녀는 막 신이 나기 시작한 고스의 암송을 중지시켰고, 그는 영문을 몰라 어리둥절했다.

고스의 아버지가 그에게 가르쳐주고자 했던 것은 플리머스 동포교회*의 신앙적 교리, 그리고 해양생물학이었다. 어린 고스는 수백 종의 표본을 그림으로 그렸고, 단순하고 대담한 색조로 그것을 색칠했다. 심지어 새로운 연체류 종을 하나 발견하기도 했다. 그의 책에서 그는 아버지와 함께 콘월 해안의 바위틈을 들여다보고, 우리 인간과는 다른 서식지에서 살아가는 작지만 아름다운 생물의 모습과 습성을 익히던 시간을 너무도 기쁘게 회고했다.

비록 가족적 삶이 근엄한 종교적 제약에 갇혀 있었다 해도 우리는 그가 문학을 매우 진지하게 받아들였음을 알 수 있다. 어머니는 글을 썼고 늘 책을 가까이 했다. 허섭스레기 같은 책이 아니라 딱딱하기는 해도 훌륭한 책들이었다. 아버지 역시 '속세의 일'을 포기하기 전에는 한때 그보다 한결 더 나은 문학을 알고 있었고 그것을 지극히 사랑했다. 라틴어를 처음 배우는 고스가 글 읽는 소리를 듣고 아버지는 자신이 가장 좋아하는 베르길리우스의 책을 꺼내오더니 시를 몇 행 읽기 시작했다. 아무 의미가 담겨 있지 않았는데도 그 시의 리듬이 얼마나 아름다웠던지 어린 고스는 단박에 거기에 매료되었다. 고스는 너무도 즐겁게 그 시들을 외웠다.

고스는 자라면서 여느 아들들처럼 아버지의 영향력에서 벗어나려고 무진 애를 썼다. 그의 경우는 그 과정이 좀더 험악했다. 부자가 서로 진심으로 사랑했기 때문이다. 아버지에게서 떨어져나기기 위한 뼈아픈 과정을

---

*1830년경 영국의 플리머스에서 창건된 기독교의 한 종파

거친 뒤 그는 아버지로서는 도저히 상상하기도 힘들고 용납할 수도 없는 인물로 성장했다. 영국의 첫째가는 문학비평가이자 얼마간의 속물근성을 지닌 멋쟁이가 되었던 것이다. 하지만 그는 독립된 인격체였다. 그 안에 들어 있는 좋은 점과 나쁜 점은 모두 아버지의 가르침을 통해 배운 것이었다. 근면성, 세련된 취향, 진지한 열정, 아름다움에 대한 찬양, 문학 자체에 대한 사랑은 그의 아버지가 가르쳐준 것이다. 속물근성, 종교에 대한 불신, 쾌락주의는 그의 아버지가 가르쳐준 것에 대한 반발의 산물이다.

고스가 아버지에게 열렬한 찬사를 보내긴 했지만 그들의 관계는 꽤나 슬픈 것이었다. 그보다 한층 유쾌한 것으로는 로버트 브라우닝과 그 아버지의 관계를 들 수 있다. 그의 아버지는 유쾌함, 낙관주의, 융통성, 열린 마음을 가지고 인생 문제에 좀더 적극적으로 맞서라고 가르쳤다. 일흔다섯 살이 되었을 무렵 쓴 시[82]에서 브라우닝은 그에게 그리스어와 시를 가르쳐준 아버지에 대한 고마움을 절절이 드러냈다. 다섯 살 때 그가 책을 읽는 아버지에게 무엇에 관한 책을 읽고 계시는 거냐고 물었다. 호메로스의 서사시를 읽고 있던 아버지가 대꾸했다.

"트로이의 함락에 대한 거야."

"함락이 뭐예요? 트로이는 또 뭐고요?"

이럴 때 대개 아버지들은 아마 이렇게 대답할 것이다.

"트로이란 아시아에 있는 도시 이름이란다. 어서 가서 기차 가지고 놀렴."

하지만 브라우닝의 아버지는 달랐다. 자리에서 벌떡 일어나더니 바로 그 거실에 트로이를 세우기 시작했다. 테이블과 의자로 도시를 건설했다. 그리고 그 위에 왕이 앉을 안락의자를 올려놓더니 어린 브라우닝을 앉히면서 말했다.

"이게 트로이야. 너는 트로이의 왕 프리아모스야."

그가 발판 밑에 앉아 있는 고양이를 가리키며 말했다.

"아, 보자. 여기 트로이의 헬레나가 있어. 아름답고 세련된 여성이지."

그가 말을 이었다.

"밖에 보면 마당에 두 마리 개가 있잖아. 늘 안에 들어와서 헬레나를 잡으려고 기를 쓰지. 그들이 바로 서로 으르렁거리면서 싸우는 아가멤논과 메넬라오스야. 그들이 헬레나를 잡으려고 트로이를 함락시키지."

아버지는 이런 식으로 가능한 한 아들의 관심을 끌 수 있도록 그가 이해할 수 있는 언어로 이야기를 들려주었다. 유쾌하고 정력적인 아버지가 읽던 책을 내던지고 벌떡 일어나서 테이블 위에 안락의자를 올리고 거기에 아들을 앉혔을 때, 그렇게 동화에 나오는 마술사처럼 브라우닝을 왕으로, 거실을 함락에 직면한 트로이로 만들었을 때 어린 그가 얼마나 기쁘고 놀라워했을지 상상하면 절로 웃음이 난다. 브라우닝이 일고여덟 살쯤 되었을 때 그의 아버지는 그에게 『일리아드』의 번역서를 읽으라고 주면서 될수록 빨리 그 책을 그리스어로 읽기 시작해보라고 격려했다. 브라우닝은 아버지가 나날의 즐거움만이 아니라 평생 써먹을 수 있는 자산을 주었으며, 나이에 알맞게 자극을 부여했다는 점에서 슬기로운 교사라고 평가했다.

테니슨의 아버지는 그다지 행복하거나 성공적인 인물은 아니었다. 그는 아들을 신중하게 가르치긴 했지만 결과가 좋지 않았다. 그는 아들에게 운율이 복잡하고 내용이 까다로운 호라티우스의 서정시를 몽땅 라틴어로 외우라고 시켰다. 결과는 정확히 바이런에게서("그리하여 안녕, 호라티우스여. 나는 그대가 지긋지긋하나니 그건 그대 탓이 아니라 내 탓이니라"[83]), 스윈번에게서, 키플링에게서, 그리고 그 밖의 많은 이들에게서 나타난 것과 똑같았다. 어리석고도 잔혹한 '과용량'이었다. 호라티우스 같은 위대한 시인 말고는 아무도 그런 식으로 외면하고 돌아선 후 그들을 다시 돌아오게 만들지 못했을 것이다. 수년이 흐른 뒤 테니슨은 "비록 아버지의 가르침이 잘못된 방식이긴 했지만, 호라티우스를 알게 해준 데 감사한다"고 말했다.

    나폴레옹에 대한 저항을 조직했던 정치인 피트는 아버지에게 교육을 잘 받았다.[84] 그의 아버지는 과거의 위대한 웅변가들의 연설문에서 따온 구절을 그 자리에서 큰 소리로 번역하도록 시켰다. 하지만 그 일은 숙제라기보다 아버지와 벌이는 일종의 시합이었다. 아버지가 교사이자 적수이면서 동시에 청중이기도 한 경연대회에서 벌이는 시합 말이다. 피트의 친구들은 그가 일찌감치 그토록 엄청난 웅변 실력을 기를 수 있었던 것을 모두 그 아버지의 훈련 덕으로 돌렸다. 그의 웅변은 너무나 생생한 이미지와 힘 있는 구절을 포함하고 있어서 그의 적들조차 깜짝 놀라고 압도당할 지경이었다. 그것은 비단 언어능력만 훈련한다고 해서 되는 일이 아니었다. 웅변술과 풍부한 아이디어와 영혼의 위대함까지 더불어 훈련한 결과였다.

    나는 '유전'이 실제로 얼마나 중요한지 궁금하다. 육체적으로 유전은 상당히 중요한 것 같다. 정신적으로 우리는 유전을 통해 무엇을 물려받는가? '당신 아들은 기계 다루는 재주를 당신에게 물려받았다'거나 '당신 딸은 스포츠 좋아하는 기질을 당신에게 물려받았다'고 하면 말이 되는가? '당신은 (지속적인 본보기·자극·연습을 통해서) 아들에게 기계 다루는 법을 가르쳐주었다'거나 '당신은 딸에게 (골프 스윙을 칭찬해주거나, 생일 선물로 새로운 테니스 라켓을 선물하거나, 게임에 대해 그녀와 이야기를 나누거나, 그녀를 경기장에 데려다줌으로써) 스포츠를 사랑하도록 가르쳐주었다'고 하는 편이 더 맞지 않을까? 우리는 '물려받는다'거나 '유전'이라는 말을 마치 부모는 자녀에게 뭘 어떻게 가르쳐야 할지 신중하게 고민해보지 않아도 되는 듯이 합리화하기 위해 사용하는 건 아닌가? 혹 가르침을 계획하지 않아도 괜찮다거나 우리 아이들이 배웠으면 하고 바라는 것을 아이들은 어떻게든 저절로 배우게 되리라고 믿고 싶은 것은 아닌가? 만일 그렇다면 그것은 잘못이다. 세상은 모호하고 혼란스럽기 때문에 불행하다고 느끼는 이들로 가득 차 있다. 그런데 우리는 이따금 아이들에게 뭔가 확실하고 믿을 만한 것을 가르쳐줄 소중한 기회를 놓치곤 한다.

이 같은 질책에 대한 가장 흔한 변명은 우리도 뭐가 확실하고 믿을 만한 것인지 알지 못한다는 것이다. 하지만 이 역시 사실이 아니다. 우리가 서른다섯 살에서 마흔 살에 이르고, 아이들이 어려운 문제를 익힐 수 있을 정도의 나이가 되면 우리 스스로도 만족할 만한 해답을 이미 가지고 있다. 좋다. 그 해답을 아이들에게 가르쳐주자. 아이들이 그 해답을 비판하고 공격하고 폐기하기도 할 것이다. 최소한 당분간은. 그래도 좋다. 우리는 우리 의무를 다한 것이다. 우리는 그들에게 그들 스스로 연구해볼 수 있는 근거를 제공해주었다. 그들은 그 근거로 되돌아올 수도 있고 더 나은 것을 찾아낼 수도 있다. 일부러 그러지는 않았겠지만 아무튼 잘못 가르쳐줬다고 우리를 비난할 수도 있다. 의견을 억지로 강요했다고 항의할 수도 있다. 우리가 제아무리 온화하게 가르친다 해도 그럴 것이다.

하지만 그들은 우리가 그들을 나 몰라라 하며 방치했다고는 말할 수 없다. 소년법원과 정신병원은 아버지와 어머니에게 아무것도 배우지 못한 젊은이들로 넘쳐난다. 그들은 '잘못' 키워진 게 아니라 '안' 키워진 것이다. 그들은 부모들로부터 어떻게 행동해야 한다는 말을 한 번도 들어본 일이 없다. 학교는 실제로 그들에게 아무런 의미도 없었다. 그들이 알고 있는 다른 아이들도 하나같이 방치당한 아이들이다. 그들은 영화를 보면서 인생이란 흥분과 모험으로 가득 차 있다고 잘못 생각한다. 아버지들은 아들들에게 힘을 제어하고 삶을 계획하는 법을 한 번도 일러준 적이 없다. 어머니들은 딸들에게 진정한 인생의 기쁨과 만족이 무엇인지에 대해 아무것도 말해준 적이 없다. 아무것도.

우리가 열일곱 살에 이미 잔인하게 일그러진 얼굴을 갖게 된 그들을 보고, 본능적으로 그들이 미개인보다 못해 보인다는 느낌을 받는다 해도 그 느낌은 크게 틀리지 않다. 수단의 원주민인 히바로족이 문명화된 사회의 대도시에 살고 있는 수많은 부모들보다 훨씬 더 목적의식적으로, 훨씬 더 성공적으로 자녀를 훈련시킨다.

잘못된 사례들

훌륭한 스승과 형편없는 제자

예수가 선택한 열두 사도 가운데 이스가룟 유다가 있다. 유대 제사장들이 예수를 체포하도록 도운 인물이다. 예수는 그 사실을 알고 있었다. 유월절 만찬 때 그는 이름을 언급하지는 않고 배반자가 나타날 것임을 암시했다.

이것은 가르침에서 가장 중요하고도 까다로운 문제로 길이 기억되는 사례다. 왜 훌륭한 교사 밑에서 형편없는 제자가 나오는 것일까? 예수는 가장 훌륭한 교사 가운데 하나다. 그런 그가 어쩌다가 그같이 형편없는 제자를 두게 되었을까?

유다는 예수의 가르침을 이해하고자 노력하지 않았고, 다른 이들도 이따금 그러긴 했지만 예수에게 전혀 호의를 품지 않았다. 그는 예수에게 등을 돌리고 다른 길을 갔다, 단호하고 효과적으로. 예수가 누구인지 알려주려고 그가 택한 방법을 보면 그 점을 잘 알 수 있다. 유다의 스승 예수가 가장 강조한 가르침은 누구든 서로 사랑하고 믿으라는 것이었다. 그래서 유다는 손가락으로 예수를 가리키거나 그 옆에 서는 대신 그에게 다가가 입을 맞추었다.

유다의 예는 너무 극단적이지만 오로지 수많은 것들 가운데 하나에 지나지 않는다. 소크라테스에게도 형편없는 제자들이 수두룩했다. 가장 유명한 이는 총명하기 이를 데 없는 알키비아데스였다. 그는 소크라테스를 마음 깊이 사모했고 열광적으로 찬미했다. 하지만 자기 나라를 배신하고 적국 스파르타에 넘어갔다. 그리고 스파르타 역시 배신했다. 아테네로 돌아온 그는 또다시 아테네를 떠났다. 스파르타 왕비를 유혹하기도 하고 자기 나라 종교를 모독하는 불경을 저지르기도 하던 그는 끝내 살해당하고 만다.

또 다른 예는 크리티아스이다. 그는 펠로폰네소스 전쟁에서 아테네가 함락당한 후 스파르타가 수립한 '30인 참주'의 대표가 되어 아테네 민족정신을 말살하려는 야만적인 시도로 수백 명의 동족을 무참하게 고문하고 학살했다. 소크라테스가 유죄판결을 받은 데에는 그가 민주주의를 혐오하도록 가르친 이 같은 이들에 대한 시민의 반발이 한몫했다. 소크라테스에게는 물론 이런 제자들만 있었던 것은 아니다. 하지만 가장 촉망받던 그의 제자들이 적잖이 급진주의자로 돌아섰다. 소크라테스가 그들을 어떻게 생각했는지는 알 길이 없다. 플라톤의 말에 따르면, 소크라테스는 장래가 유망한 젊은이들이지만 다른 것들에 영향을 받아 길을 잘못 들었다고 생각했다. 그리고 그들이 일단 작정하고 잘못된 길에 나선 뒤부터는 그들과 아무 상관이 없었다. 하지만 소크라테스는 그들과 아주 오랫동안 긴밀한 관계를 맺어온 게 사실이다. 그런데 그들은 대관절 왜 그렇게까지 크게 빗나갔을까? 소크라테스는 플라톤을 위시한 사람들이 믿는 대로 그리스 최고의 교사인가, 아니면 고소장이 말해주는 대로 젊은이를 타락에 물들게 한 장본인인가?

교육의 역사는 이처럼 끔찍한 실패로 얼룩져 있다. 난파선 잔해들이 군데군데 별 모양으로 표시되어 있는 해협 지도처럼 말이다. 로마 제국으로 옮아오면 또 다른 이들을 만날 수 있다. 그 가운데 하나가 바로 네로이다. 어머니가 권좌에 오른 황제 클라우디우스와 결혼하자 네로는 그의 양아들이 되었다. 네로는 왕위 계승자로 신중하게 교육받았다. 그를 교육하는 일은 명석하고 비범한 저술가이자 웅변가이고, 경륜 있는 조신이었으며, 스토아 철학자이기도 한 세네카가 맡았다. 세네카는 노련한 근위군단 장교의 도움을 받으면서 심혈을 기울여 젊은 황태자 네로를 가르쳤다. 그는 네로에게 도덕철학을 철저하게 심어주었으며 문학과 예술에 관한 상당한 지식을 쏟아부었다. 클라우디우스 황제가 사망하자 세네카는 그를 우스꽝스럽게 풍자한 글을 썼다. 그가 천국에 들어가려고 애썼지만 결국 내쫓김을 당한다는 내용이다. 네로의 대관식에서 읽을 의도로 쓴 게 틀림없는 글이었다. 또한 세네카는 유혈과 폭력이 난무하는 아홉 편의 비극을 쓰기도 했다. 일설에 따르면, 무대생활을 동경한 젊은 황제가 개인극장에서 직접 배우로 출연해 공연할 수 있도록 하기 위해 집필한 작품이라고 한다.

 이 모든 세심한 보살핌의 결과가 처음에는 무척 좋았다. 치세 초기 5년 동안 네로는 선정을 베풀었고 사람들로부터 널리 칭송받았다. 네로의 열정과 보좌관들의 지도 덕에 사회정의, 경제정책, 공공사업, 그 밖의 것들이 순탄대로였다. 하지만 네로는 서서히 타락하기 시작했다. 스물두 살 즈음부터는 해마다 악화일로였다. 그는 개인교사 세네카를 내쫓았다. 그리고 아내와 이혼하고 결국에는 그녀를 처형했다. 어머니마저 살해했다. 그는 어리석고 잔인하고 방탕한 생활로 걷잡을 수 없이 빠져들었다. 좋다는 것은 다 내던졌고, 의무를 방기했으며, 제국을 폐허로 만들었고, 국민들이 그에게 맞서 들고일어나도록 내몰았다. 사태가 이쯤 되자 그는 스스로 목숨을 끊었다. 스승 세네카는 어떻게 되었을까? 그보다 몇 해 앞서 네로는 그제껏 그를 도와준 다른 모든 이들과 마찬가지로 세네카에게도 사형을 선고했다.

대체 그는 어쩌다 그렇게까지 길을 잘못 든 것일까? 황제가 부리는 무소불위의 권력이 한 사람이 감당하기엔 너무 벅찼던 탓일까? 아니다. 황제라고 해서 다 미치광이가 되는 것은 아니니까. 그게 아니라면 그에게 권력이 너무 돌연하게 주어진 탓일까? 그것도 아니다. 그는 오랫동안 전문가들의 도움을 받아 조심스럽게 권력을 맞을 준비를 해왔다. 그렇다면 그가 교육을 잘못 받은 탓일까? 그러니까 세네카가 멋대로 살라고 네로를 부추기기라도 했단 말인가? 천만에, 우리는 그가 그랬다는 소리는 들어본 적이 없다. 모든 정황에 비추어볼 때 네로는 높은 도덕적 기준에 따라 잘 교육받았다.

네로처럼 거물은 아니라 해도 역사상 네로와 같은 교육의 실패작들은 얼마든지 있다. 재능과 건강과 신념을 지녔으며, 그들을 이해해주는 스승들에게 교육을 받고, 그들을 사랑해주는 사람들에 둘러싸여 있는 수백, 수천, 아니 수만의 젊은이들이 모든 것을 저버리고 막다른 길로 치닫는 사례를 우리는 흔히 볼 수 있다. 하지만 평범한 사람들이 그러는 거야 그리 큰 문제가 되지 않는다. 돈을 많이 퍼부어 교육시킨 딸이 나중에 가서 엉뚱한 삶을 살아간다 해도, 개인교사까지 붙여서 맞춤교육을 받게 한 아들이 부모를 실망시킨다 해도 크게 문제될 것은 없다. 이 같은 하찮은 실패의 예로는 체스터필드*의 아들을 들 수 있다. 그들이 일으키는 문제는 넓고 푸른 들판에서 이따금씩 만나는 메마르고 황량한 땅뙈기처럼 대수롭지 않다. 정작 심각한 문제는 어째서 아무 부족함 없는 최고 수준의 교육을 받

---

*1694~1773년, 영국의 정치가이자 저술가. 『내 아들아 너는 인생을 이렇게 살아라 Letters to His Son』가 대표작이다.

은 유능한 젊은이들이 네로나 유다처럼 구제받을 길 없는 삶을 살게 되는가 하는 것이다.

이것은 교사에게나 부모에게나 풀기 어려운 숙제다. 유다는 왜 예수를 배반했을까? 네로는 왜 스승을 죽여야만 했을까? 알키비아데스는 스승 소크라테스가 떠받든 고결함, 순수함, 애국심 같은 가치를 왜 그렇게 무참하게 짓밟았을까? 유다는 자신이 대체 왜 그랬는지 스스로도 그 까닭을 알지 못했다. 그는 일을 저지르고서야 자신이 돌이킬 수 없는 잘못을 저질렀음을 깨달았다. 그깟 은화 30냥이 욕심나서는 아니었다. 하지만 그는 자신이 어째서 그랬는지 설명할 수 없었다.

네로는 어떤가? 그는 세네카가 자신에게 맞서는 음모에 가담했다고 말했지만 과연 진심으로 그렇게 믿었을까? 그가 세네카를 내쫓고 그에게 오명을 뒤집어씌운 게 그저 암살 위험으로부터 스스로를 보호하려는 것이었을까? 그러니까 수년 동안 어느 때라도 맘만 먹으면 얼마든지 그를 살해할 수 있을 그 늙은이가 꾸민 음모를 막겠다고 말이다.

알키비아데스는 아무런 기록도 남기지 않았다. 하지만 역시 소크라테스의 제자 플라톤은 그 문제에 대해 소중한 해석을 내놓았다. 플라톤은 실제로 평범한 학생들을 비롯해 모든 유의 학생들이 잘못될 수 있다고 말했다. 하지만 철학이야말로 가르치기가 극도로 까다롭다고 덧붙였다. 소크라테스의 눈에 들려면 특별한 재능이 있어야 했다. 따라서 그런 제자가 잘못되면 그의 비상한 재능이 그릇된 목적에 쓰여 사태는 걷잡을 수 없어진다. 플라톤은 지력만이 아니라 그것을 보완하는 다른 장점에 대해서도 고민했다. 신체적·정신적 에너지, 강인한 의지력, 사회적 적응력과 매력, 신체적 기민함과 아름다움……. 이토록 많은 장점을 지닌 젊은이가 한번 길을 잘못 들면 그는 보통 잘못되는 게 아니라 크게 잘못된다.

플라톤은 거기에 또 하나의 해석을 가미했다. 이처럼 천부적인 재능을 지닌 학생을 효과적으로 교육하기란 몹시 어려운데, 그것은 악의 유혹이 그의 관심을 끌려고 선과 팽팽하게 겨루는 탓이라고 말이다. 이것은 어김없는 사실이다. 세네카가 만일 네로를 실험실에서 훈련시켰다면 아마 훨씬 더 근사하게 해냈을 것이다. 하지만 젊은 황태자를 온종일 지켜볼 수는 없었다. 설사 그렇게 할 수 있었다손 치더라도 그것은 결코 분별력 있는 일이 못 되었을 것이다. 앞다퉈 젊은 네로의 눈에 들려고 온갖 꾀를 다 짜내는 아리따운 노예소녀들이 널린 궁정에서 무슨 수로 네로에게 절제를 가르칠 수 있었겠는가? 주인이 혹할 만한 거라면 뭐든 구해다 바칠 각오가 되어 있는 조신들이 득실거리는 상황에서 어떻게 그의 방탕함과 무절제를 다독일 수 있었겠는가? 비열한 간신들이 궁정에 있는 괜찮은 사람들을 모조리 모략하고, 시민들의 재산을 몰수하라고 속삭이고, 사람들을 고문하면 짜릿한 쾌감을 맛볼 수 있다고 부추긴다면 세네카가 제아무리 빼어난 스승이라 해도 제자 네로에게 자비심을 심어주긴 어려웠을 것이다.

어느 정도는 맞는 말이다. 하지만 그게 유일한 설명방식일까? 그것이 모든 것을 다 설명해줄까?

그렇지 않다. 여전히 그것만으로는 뭔가 미진하다. 자신을 가르친 스승에게 등을 돌린 유다나 네로 같은 이들은 그저 다른 요인에 이끌린 것만이 아니다. 단지 길을 잃고 헤맨 게 아니다. 그들은 스승에게 등을 돌린 뒤 스승이 가르쳐준 것과 정확히 정반대 방향으로 치달았다. 스승이 옹호한 모든 것을 아무것도 아니게 만들면서 스승을 치밀하게 공격했다. 우리가 풀어야 할 숙제는 바로 이것이다. 이런 일이 보기 드물게 명석하고 훌륭한 교사에게 그토록 자주 일어나는 까닭은 무엇일까?

훌륭한 학교와 형편없는 학생

다른 형태로도 그런 상황이 일어나는가? 우리는 이 질문을 통해서 그 문제에 다가갈 실마리를 발견할 수 있다.

우리는 앞에서 유서 깊고 고상한 전통을 지닌 최고의 학교가 극악무도한 악당을 배출하기도 한다는 사실을 살펴본 바 있다. 그런 학교가 배출한 실패자들 가운데에는 그저 어리석고 평범한 이들만 있는 게 아니다. 비범한 학생들도 얼마든지 형편없는 실패자가 될 수 있다. 그들은 대체로 학교가 가르쳐준 것을 얼마간 보유하고 있다. 고상한 말투, 사교술, 헤어스타일이나 옷차림, 아니면 예수회 수사들이 학생 볼테르에게 제공해준 것 같은 지극히 복잡한 지적 태도 따위 말이다. 하지만 그들은 그 밖의 모든 점에서는 배운 것과 정반대 태도를 취한다. 그들은 학교가 그들에게 가르쳐주려고 애쓴 것을 깡그리 부정하고 왜곡한다. 그들은 그 학교의 관습이나 독특한 분위기를 풍자적으로 조롱하는 글을 쓴다. 글을 쓸 수 없을 때면 다른 식으로 자기가 다닌 학교에 타격을 입히거나 망신을 준다. 그들은 그 학교와 정서적으로 강하게 엮여 있다. 사랑인 것 같기도 하고 증오인 것 같기도 하다. 마치 자기로서는 부서뜨릴 수 없는 쇠사슬을 한편으로 걱정하면서 다른 한편으로 가지고 노는 강아지처럼 말이다.

이 문제는 평범하고 합리적인 행동 속에도 뿌리박혀 있는 듯이 보인다. 사람들은 대개 자기들이 예전에 다니던 학교와 그 학교 교사들을 싫어한다. 이따금 학창시절을 떠올릴 때면 그들은 이렇게 생각하면서 안도의 한숨을 내쉰다.

'끔찍한 학창시절이 다 지나가서 얼마나 다행이냐!'

그들은 간혹 자신이 다니던 학교에 관한 꿈을 꾸기도 한다. 그리고 잉크를 엎질렀다고 왕방울 선생님에게 야단맞던 일, 그 당시 학교에서 유행하던 은어를 이용해 시를 쓰던 일, 그 학교에 대한 기억을 모조리 머릿속에서 지우려고 애쓰던 일, 그 학교랑 환경이 정반대인 곳으로 이사할 꿈을 꾸던 일, 모든 학교들이 그 학교와 정반대인 그런 새로운 사회제도를 그려보던 일 따위를 떠올리곤 한다. 그러나 그때뿐, 금방 잊어버린다. 그런다고 해서 그들의 일상이 달라지는 것도 아니다.

하지만 그와 달리 어떤 학교나 대학을 나온 형편없고 반항적인 학생들이 극단적이고도 지독한 강박관념에 시달리는 것, 그것은 일종의 정신적 질병이라고 보아야 한다. 그런 현상이 또 다른 형태로 드러나는 경우는 없는가?

훌륭한 아버지와 형편없는 아들

우리는 지금껏 두 가지 형태를 살펴보았다. 훌륭한 스승에게 맞서는 제자, 그리고 유서 깊은 학교에 맞서는 학생. 이제 그보다 훨씬 더 까다롭고 근원적인 갈등인 아버지에게 대드는 아들에 대해 알아볼 차례다. 슬기롭고 훌륭한 아버지 밑에서 남부럽지 않게 성장한 자녀가 자기 자신뿐 아니라 가족에게 불명예를 씌우려 애쓰면서, 그리고 아버지를 무너뜨리기 위해서라고밖에 달리 설명할 도리가 없는 어리석은 행동을 되풀이하면서 인생을 허비하는 숱한 사례를 살펴보지 않고서는 이 문제를 제대로 다룰 수 없다. 이 역시 교육의 문제다. 가장 심각한 파괴력을 지니는 상황은 아니지만 아마도 가장 고통스러운 상황이긴 할 것이다. 도무지 이해가 안 가기 때문이다.

그저 권위에 도전하는 거라면 비교적 간단한 문제다. 모든 젊은이들은 권위를 싫어한다. 젊은이들은 권위를 폭압과 동일시한다. 만일 아버지가 '아들은 필히 부모에게 노예처럼 순종해야 한다'거나 '나를 쏙 빼닮은 복제품이 되어야 한다'고 생각하는 자부심 강하고 잔혹하고 지배적인 인물이라면, 아들은 보나마나 둘 중의 한 가지 길을 걸을 것이다. 하나는 노예가 되거나 아버지를 따라하기에 급급한 굴종적인 삶을 사는 것이다. 또 하나는 거기에 거칠게 반항하며 속박에서 벗어나려고 집을 뛰쳐나가거나 아버지 손에서 회초리를 뺏어들고 반격을 가하는 것이다. 이런 아버지라면 그런 결과를 맞는다 해도 크게 억울할 일은 없다.

하지만 인과응보로 설명할 수 없는 안타까운 사례들은 한층 복잡하고 어렵다. 이 경우 아버지는 잔인하지도 폭압적이지도 않다. 점잖고 사려 깊다. 그는 자신의 뜻을 아들에게 강요하려 힘쓰지도 않는다. 자녀를 몰아붙이기보다 이끌어주려고 노력한다. 그는 아들이 진정으로 행복하고 성공적인 삶을 살기를 바라지만 꼭 자신과 같은 길을 걸어야 한다거나 세상이 알아주는 길을 걸어야 한다고 생각지 않는다. 자녀가 기꺼이 선택한 길이라면 무엇이든 상관없다고 생각한다. 더러 자녀와 의견이 엇갈려 갈등이 생기더라도 기어코 아버지가 승자가 되는 것은 아니다. 그는 자녀와의 논쟁에서 절반의 승리를 거둘 뿐이다. 나머지 절반의 승리는 자녀 몫으로 남겨둔다. 아니 그보다 더 흔하게는 겉으로 드러나는 갈등이라고 할 만한 게 없다. 가정 분위기는 끝없는 갈등으로 밤낮 팽팽하게 긴장되어 있는 것과는 거리가 멀다. 대체로 평화롭고 합리적이며, 밖에서 보기에는 더없이 매력적이다.

하지만 그런 가정에서도 발끈할 만한 특별한 계기도 없이, 무슨 이유 비슷한 것도 없이 부모에게 망신을 주고 부모를 애먹이려고 작정한 자녀가 나온다. 그런 자녀는 부모를 힘들게 하는 게 사는 목적인 것 같다. 이러한 젊은이는 뚜렷한 삶의 지침을 가지고 있지 못하다. 그는 자신의 미래와 스스로를 동시에 망가뜨리면서 평생 마음을 못 잡고 방황한다. 그의 삶은 어리석고 한심한 폐허처럼 보인다. 망나니 같은 학생들이 교실에 난입해서 의자를 부수고 페인트로 벽에 낙서를 하고 기물을 엉망으로 망가뜨리는 광경을 볼 때처럼 말이다. 그들의 파괴는 얼핏 아무 의도도 없어 보인다. 하지만 거기에는 분명한 의도가 있다. 생각 없이 닥치는 대로, 심지어 아무 즐거움도 없이 저지르는 듯한 자녀의 일탈은 실은 자기 스스로의 삶을 형성하기 위해서라기보다 아버지의 삶, 혹은 그가 아버지와 공유했던 삶을 파괴하기 위한 것이다. 이때 자녀는 대개 자기가 무슨 일을 저지르고 있는지 이해하지 못한다. 아버지 역시 어리둥절하기는 매한가지이다. 양쪽 다 그 상황에 고통을 받는다. 안타깝게도 부모와 자녀의 삶과 재능은 서서히 망가져간다.

아버지와 자녀의 관계에 관심이 많았던 셰익스피어는 이 문제를 여러 빼어난 극의 주제로 삼았다. 그는 엄청난 재능과 에너지를 지닌, 위대한 지위를 차지한 아버지를 보여준다.[85]

그 아버지는 아들을 사랑하고, 아들이 권력의 책임과 권력이 안겨주는 보상을 함께 누리길 바란다. 아들은 재능 있고 매력적이고 용맹하고 열정적이다. 누구라도 아들이 아버지와 함께 사는 것은 쉽고 즐거우리라고 상상할 것이다. 억지로 밀어붙이는 일은 아무것도 없다. 그는 자신이 하고 싶은 것은 뭐든지 할 수 있다. 원한다면 집에서 동전 밀어내기 놀이를 할 수도 있고, 사냥철에 일주일 내내 사냥을 즐겨도 되고, 해될 것 없는 일을 하면서 시간을 죽일 수도 있다. 하지만 뜻밖에도 그는 악당이 되기로 결심한다. 아직은 아마추어에 불과하지만 거의 전문가의 길로 들어선 사기꾼이다. 가장 절친한 친구는 술에 빠져 자기 재능을 온통 썩히면서 왕년의 객기만으로 살아가는 오갈 데 없는 건달이다. 그는 아버지 헨리 4세보다 폴스태프를 훨씬 더 자주 만난다. 폴스태프를 일종의 대부로 여긴다. 아버지와는 그럴 수 없지만 폴스태프와는 함께 웃고, 아버지를 욕하고 싶을 때는 대신 폴스태프를 속이고 놀려댄다.

극이 진행될수록 헬 왕자가 대체 왜 그러는지 이해하기는 점점 더 어려워진다. 그는 어째서 자신의 행운을 자꾸만 거부하는가? 그는 어째서 아버지에게 해를 입히려고만 드는가? 그는 나중에 가서 잘하면 더 많은 칭찬을 받을 수 있어서 그런다고 말한다. 하지만 진짜 이유는 그게 아니다. 진짜 이유는 그의 아버지가 심각한 위험에 처하고, 헬이 동갑내기 경쟁자에게 도전받았을 때 드러난다. 헬은 왕을 도우러 달려가고 그에게 도전해온 핫스퍼를 살해한다. 그러고 얼마 안 되어 왕이 중병에 걸리자 그를 보러간다. 아버지가 의식이 없다는 것을 알게 된 헬 왕자는 마치 그가 죽기라도 한 양 그의 왕관을 벗겨 제 머리에 쓴다. 그전 같으면 할 수 없는 행동이다. 그가 밤낮 바라왔던 게 바로 그것이다. 그것이 충족되지 않은 그는 늘 극단적으로 엇나갈 수밖에 없었다. 뭔가가 되려면 아버지와는 완전히 다른 뭔가가 되어야 했다. 아버지가 살아 있는 한 결코 아버지처럼 될 수는 없었으니까. 국왕 헨리 4세가 숨을 거두자마자 헬은 왕위에 오른다. 그는 이제 강하고 슬기롭고 정력적이고 용기 있는, 조금도 손색없는 모범적인 왕이다. 그는 자신의 대부이자 한동안 자신을 보완하려고 써먹은 '잘못된 참모false staff' 폴스태프Falstaff를 내친다. 그가 얼마나 박절하고 잔인하게 그를 내몰았던지 늙은 폴스태프는 그 충격으로 숨을 거둔다. 헬의 두 아비가 모두 세상을 떠났고 이제 그는 비로소 그 자신이 될 수 있었다.

만일 그의 아버지가 10년이나 15년을 더 살았더라면, 전쟁이라는 긴급 상황이 발생하지 않았더라면 과연 어떻게 되었을까? 그래도 헬은 형편없는 삶이나 방탕한 친구들과 결별했을까? 영원히 구제할 길 없는 탕아로 전락할 위험은 없었을까? 그는 해를 거듭할수록 점점 더 어리석은 반항에 깊이 빠져들어 급기야 반항 그 자체를 즐기는 지경에까지 이르렀을 것이다. 아니면 더 나쁘게, 아버지에게 훨씬 심각한 타격을 입히고 아버지를 뒤엎고 파괴할 수 있는 무슨 일인가 도모하려고 좀더 강력한 저항을 펼쳤을지도 모를 일이다.『헨리 4세』와『헨리 5세』는 결말이 좋게 나는 극이다. 하지만 현실에서는 부자지간의 갈등이 비극으로 끝나는 일이 왕왕 일어난다. 이 극을 쓴 뒤 셰익스피어는『햄릿』과『리어 왕』을 썼다.

몇 가지 해결책

지금까지 나는 일부 제자들이 훌륭한 스승에게 반기를 드는 것, 그리고 일부 학생들이 훌륭한 학교를 향해 저항을 펼치는 것은 자녀들이 훌륭한 아버지에게 대드는 것과 같은 이치라고 말했다. 만일에 그렇다면 그것은 인간정신 속에 깊이 뿌리박힌 항구적인 갈등이다. 프로이드는 그것을 외디프스 콤플렉스라 부르면서, 아들과 아버지가 아들의 어머니이자 아버지의 아내인 한 여인을 놓고 서로 성적으로 경쟁하면서 빚어지는 갈등이라고 설명했다. 프로이드는 다른 곳에서도 그렇지만 여기서도 성적 동기에 지나치게 기울어 있는 듯이 보인다. 인간정신을 세밀하게 관찰한 수많은 사람들은 아들과 아버지 사이에서(혹은 아버지의 대리인인 교사와 학생들 사이에서) 그와 동일한 갈등을 관찰했지만, 거기에는 어떠한 성적 동기도 숨어 있지 않음을 발견했다. 셰익스피어는 그러한 갈등을 어느 때는 성적인 것으로(『햄릿』), 어느 때는 성적인 것과는 거리가 먼 것으로(『헨리 4세』) 보았다. 하여간 학교나 스승에게 맞서는 학생의 반격에 성적 동기가 은연중에 개입되어 있는지는 몰라도 성적 동기가 주된 요인이라고 보기는 어려울 듯하다.

그 갈등을 설명하려고 다각도로 애써보긴 했지만 그것을 이해하기란 역시 어려운 일이다. 어느 측도 비난할 수 없는, 흔히 일어나는 피치 못할 갈등으로 보기란 더더욱 어렵다. 우리는 그저 슬픔에 잠겨 있는 아버지에게 주목할 뿐 아들은 간과하기 쉽다. 세네카의 고통스러운 죽음에 관심을 기울이고, 네로를 무슨 괴물이라도 되는 양 가차 없이 몰아붙이는 것이다. 예수는 배신당하고 처형당했다. 누군들 유다에게 미움 이외의 감정을 품을 수 있겠는가? 하지만 갈등은 양편 모두에게 재앙이다. 만일 그 갈등을 제대로 이해한다면 우리는 양쪽 다를 가엾게 여길 것이다. 예수는 십자가에 못 박혔고, 세계가 그의 고뇌를 보며 함께 눈물 흘렸다. 하지만 우리는 유다를 위해서도 울어주어야 한다. 양심의 가책과 뼈아픈 후회로 몸부림치다 끝내 피밭에서 홀로 나무에 목을 매고 죽어간 유다 말이다.

그 갈등이 누구의 잘못도 아니라면 그 원인은 대관절 무엇일까? 마치 아이가 눈이 먼 채로 태어난 것처럼 그 갈등도 그저 아버지와 아들이 운이 나빠서 생겨난 것일까? 아니면 교통사고로 죽는 것처럼 예기치 않게 닥쳐오는 것일까? 아니면 아버지와 아들, 스승과 제자 둘 다 부분적으로 책임이 있는 것일까?

우리는 뭐가 정답인지 모른다. 심리학자들도 저마다 다른 가설을 내놓고는 있지만 어느 것 하나 정설로 받아들여지지 않고 있다. 교사들은 오직 짐작만 할 뿐이고 그 짐작이라는 게 저마다 제각각이어서 그리 믿을 만한 것도 못 된다. 실제로 비범한 교사들 가운데 제자들은 훌륭하게 잘 키워냈으면서도 정작 자식농사는 실패한 이들이 왕왕 있다. 또한 자녀를 여럿 둔 경우, 다들 나무랄 데 없이 잘 자랐으나 다 똑같이 키운 것 같은데도 유독

한 명만이 겁쟁이나 거짓말쟁이, 아니면 마냥 남에게 얹혀사는 시원치 않은 어른으로 성장하기도 한다. 그들도 나름대로는 있는 힘껏 살았는데도 그 모양이다. 그들은 자신들이 왜 실패했는지 알 수 없다. 아니 누구도 모른다. 우리가 당장 할 수 있는 일이란 그저 반항적인 학생과 형편없는 아들의 머릿속에서 과연 무슨 일이 벌어지고 있는지 이해하려 애쓰는 것뿐이다.

그는 자기 자신이 되고 싶어한다. 하지만 자기 자신이 된다는 게 어떤 것인지 알지 못한다. 젊은이들이 으레 그렇듯이 그도 자신의 장점과 약점이 뭔지 잘 모른다. 그가 보기에 자신의 정신적 성장은 신체적 성장에 비해 훨씬 더 베일에 싸여 있고 종잡을 수 없다. 그는 마치 브레이크가 어떤 것인지도 모르고, 핸들을 어떻게 조작하는지도 모르고, 도로표지판을 과연 믿어야 할지 말아야 할지도 모른 채 스스로도 감당하기 힘든 속도로 차를 운전하고 있는 것 같은 기분에 사로잡힌다. 계속 차를 몰기는 해야 할 것 같은데 과연 어디로 가야 할지 모른다. 성장해야 한다는 것은 알고 있지만, 과연 어떤 식으로 성장해야 할지 모른다.

자, 그런 그에게 보기 드물게 훌륭하고 칭송이 자자한 아버지, 혹은 아무런 약점도 없어 보이는 완벽한 교사가 있다고 치자. 그렇다면 그는 아버지와 스승을 따라야만 한다고 강요당할 것이다. 모든 점에서 그들을 본받아야 마땅하다. 그들처럼 되도록 노력해야만 하는 것이다. 하지만 그는 만일에 자신이 그렇게 하면 뭔가 중요한 것을 잃어버릴 거라고 느낀다. 자기 자신을 잃을 거라고 말이다. 아무리 몸부림쳐봐야 그들처럼 될 리가 만무할 거라고 지레 포기하는 것도 문제다. 따르기 벅찰 정도로 그들이 너무나 훌륭해 보이는 탓이다. 열여덟 살짜리 청년이 무슨 수로 마흔다섯 살 어른의 지혜와 자제심을 닮을 수 있단 말인가? 혈기방자한 젊은 황태자는 결코 나이 지긋한 스토아 학자처럼 침착할 수 없다. 따라서 그는 아버지나 스승에 턱없이 못 미치는 어설픈 복제품이 되느니 차라리 대담하고 독창적인 인물이 되기로 결심한다. 우리 아버지는 왕이다. 좋다. 그러면 나는 그를 섣부르게 흉내 낸 소국의 왕이 될 게 아니라 차라리 악당들의 왕이나 암흑세계의 제왕이 되겠다……. 일부 기독교 신학자들은 이렇게 말한다. 인간이 저지른 최초의 죄는 신의 피조물이 신에게 맞선 것이었는데, 천사나라의 왕자가 '천국의 종이 되느니 차라리 지옥의 왕이 되는 편이 낫다' [86]며 악마나라의 왕이 되길 자처하는 것도 따지고 보면 그와 다를 바 없는 행동이라고 말이다.

하지만 반항은 대체로 치밀하기보다 우발적으로 일어난다. 젊은이들은 세상을 떠들썩하게 만들 정도로 우세스러운 일을 터뜨리길 좋아한다. 그래야 아버지만큼 존재감이 크게 드러나고 중요하게 취급되기 때문이다. 그는 더러 스스로 목숨을 끊기도 하고, 상징적인 자살을 기도하기도 한다. 그럴 때면 그는 변변찮은 자신만 벌하는 게 아니라 아버지의 이미지까지 함께 죽인다. 아버지와 아들, 혹은 스승과 제자 사이에 벌어지는 갈등에서는 아무래도 아버지와 교사가 아들과 제자보다 더 너그러운 시선을 받는다. 하지만 그 문제로 고통당하기로 치면 어느 쪽이 더하고 덜하고가 없다.

이러한 갈등을 최소화하는 첫 번째 방법은 어른이 자녀(혹은 학생)를 그들과 달라질 수 있도록 허용하는 것이다. 아버지의 길을 고스란히 따라가지 않고 자유롭게 걸어갈 수 있는 다른 길을 몇 가지 제안하는 것이다. 물론 그래도 위험은 따른다. 자녀는 아버지처럼 되고자 하는 바람과 그와 달라지고자 하는 상반된 욕구 사이에서 갈팡질팡할 수 있다. 이 두 가지 대립하는 욕구가 조화를 이루고 함께 자랄 수 있도록 도와주는 것이야말로 아버지가 담당할 몫이다.

두 번째 방법은 '나의 성취는 너도 얼마든지 해낼 수 있는 것'임을 보여 줌으로써 자녀와의 거리를 좁히는 것이다. 자녀에게 당신이 저지른 실수에 대해 들려주라. 그리고 당신이 겪은 갈등, 그것을 극복하려고 분투한 경험을 들려주되, 슈퍼맨이 아니면 도저히 이길 수 없는 거창한 전투로서가 아니라 누구라도 부딪치고 극복하게 마련인 소소한 전투로 느껴지도록. 만일에 당신이 어떤 부분의 경쟁에서 자녀에게 완승을 거둔다면, 다른 부분의 경쟁에서는 자녀가 당신을 이길 수 있도록 허용하고 그의 승리를 치하하라. 자녀가 당신으로서는 결코 시도해보지 않은 일에서 성공을 거두면 그것을 중히 여기고, 그 일을 통해서 그가 얼마나 성장했는지 일깨워주라. 자녀에게 아버지나 스승이 흠잡을 데 없는 인간으로 보이는 것만큼 끔찍한 일은 없다. 그에게 당신의 약점을 보여주면 그도 자신의 약점을 극복하는 데 도움을 받는다.

갈등이 온통 고통이요 상실이기만 한 것은 아니다. 갈등은 성장을 수반한다. 갈등을 극복하려고 있는 힘을 다하기 때문이다. 교사가 하는 말마다 이의를 제기하고 비판을 일삼는 학생은 입을 벌린 채 주는 족족 받아먹는 새끼새 같은 학생보다 훨씬 더 많은 것을 배운다. 아버지와 겨루기가 만만치 않다는 것을 아는 아들은, 만일 자신이 이길 수 있다고 믿는다면 스스로도 생각지 못한 괴력을 발휘한다. 그러므로 지혜로운 아버지와 훌륭한 교사는 자녀나 학생들이 그들과 동등하게 겨루도록 자극하고, 그들과 달라지거나 그들을 딛고 오를 수 있도록 도와준다.

예수회 수도사들 가운데에는 교육의 귀재들이 섞여 있었다. 그런데 그들이 교육의 귀재임을 입증하는 움직일 수 없는 증거는 바로 그들이 길러낸 최고의 제자들이 반드시 예수회 회원은 아니라는 점이었다. 플라톤이 타고난 스승임을 보여주는 가장 좋은 증거는 아리스토텔레스가 20년 동안 그와 함께 공부한 뒤, 플라톤의 이론을 일정 부분 비판하고 반박하면서 그 자신만의 강력한 학교를 세웠다는 점이다. 좋은 가르침의 목적은 아리스토텔레스가 한 다음과 같은 말에 잘 집약되어 있다.

"나에게는 진리도 플라톤도 더없이 소중하지만, 그래도 진리가 더 먼저다."

제5장 일상생활에서의 가르침

가정생활에서의 가르침

아버지와 어머니

우리 모두는 평생 동안 배우고 가르친다. 제4장 말미에서 교사로서의 아버지에 대해 살펴본 것은 아들을 위인으로 키운 소수 아버지들에 관해서였다. 하지만 사실은 모든 아버지 어머니들은 놀라울 정도로 많은 가르침을 행하면서 산다. 그들의 가르침은 '신은 어디에 있어요?' 라는 질문에 대해서부터 비누 사용법에 이르기까지 미치지 않는 데가 없으며, 자녀에게 평생 가는 영향을 끼친다.

  자녀에게 규율을 심어주는 가르침은 필요하긴 하나 성가신 일이다. 하지만 너무나 흥미진진해서 왜 그 일을 하지 않거나 그 일에 몸을 사리는지 이해하기 어려운 그런 유의 가르침도 있다. 아이들은 수도 없이 질문을 퍼붓는다. 세계가 온통 새롭고 이상하면서도 찬란해 보이기 때문이다. 기차에서 창밖을 바라보던 아이가 부모에게 질문을 던진다.

  "왜 전봇대가 막 움직여요?"

  부모는 귀찮다는 듯 성의 없는 대답을 툭 던진다.

"네가 뭘 그런 것까지 신경 쓰고 그래."
"지금은 날 좀 가만히 내버려둬라."
그래도 좀 나은 것으로,
"전봇대가 움직이는 게 아니라 기차가 움직이는 거잖아."
아이가 듣기에는 잘 납득이 가지 않을뿐더러 더 물어볼 마음이 싹 가시는 퉁명스런 반응이다. 주변에서 흔히 볼 수 있지만 썩 유쾌하지는 않은 광경이다. 만일 이렇게 되면 아이에게는 무슨 일이 일어날까? 아이는 어른들이란 하나같이 따분하고 고약하고 신기한 것을 음미할 줄 모른다고 생각하고, 뭔가 배우거나 세상을 알아가는 데 대해 서서히 흥미를 잃고 시들해진다.

물론 아이들의 끝도 없는 질문에 일일이 대답해주는 것은 쉬운 일이 아니다. 어떤 질문에 대해서는 정확하게 대답해주기가 불가능하기도 하다. 어쨌거나 아이들이 배움에 관심을 잃지 않고 부모와 친밀함을 유지하게 하려면 반드시 질문에 성의껏 답해주어야 한다. 꼬치꼬치 캐묻는 것이야말로 아이들 본연의 모습이고, 그렇지 않은 게 도리어 이상하기 때문이다. 아이들이 '비는 어떻게 해서 오는 거예요?' 하고 물으면 대답해주라. 만일 답이 아리송하면 잘 모르겠다고 하고, 금방 알아내 알려주마고 약속하라. 가능하지도 않은 일이겠지만, 자녀들로 하여금 당신이 모르는 게 없다고 생각하도록 만들 필요는 없다. 다만 당신이 배우는 것을 좋아하고, 세상을 그저 일하는 공장이 아니라 즐거운 곳으로 여긴다고 생각하게 만들라.

아버지와 어머니들은 자녀가 커갈수록 중요한 문제에 대해 많은 이야기를 하게 될 것이다. 때로 십대 자녀들은 부모와 소원해져서 데면데면 굴기도 한다. 그럴 때에도 당신이 먼저 학업이나 이성친구 같은, 현재 그들이 당면한 고민, 혹은 장차 어떤 진로를 택하고 어떻게 미래를 설계할지에 대한 걱정에 관심을 보인다면 자녀들은 당신에게 중요하고도 예리한 질문을 던지면서 전혀 지루한 기색 없이 활기차게 떠들어댈 것이다.

아버지들은 대개 자기 직업에 대해 자녀들에게 소상하게 들려주지 않는다. 수많은 자녀들이 어느 순간 아버지가 중요하고도 흥미로운 직종에 종사하고 있다는 사실을 알고 놀란다. 그리고 아버지와 그간 거기에 대해 한마디도 주고받은 일이 없다는 것을 충격적으로 깨닫는다. 하지만 자기 진로와는 무관하다 싶어 관심 밖으로 제쳐둔 아버지의 직업에 대해 왜 진작 좀 알려고 하지 않았을까, 그랬더라면 많은 것을 배울 수 있었을 텐데, 하면서 뒤늦게 후회하는 경우도 적지 않다.

우리들 대다수가 잊고 사는 사실이지만, 대개 부모와 자녀의 관계는 기본적으로 가르침에 바탕을 두고 있다. 가족이 완전히 붕괴되거나 하루 스물네 시간 운영되는 학교가 세워지지 않는 한, 오로지 가정에서만 배울 수 있는 것들이 셀 수 없이 많다. 만일 학교가 아이들에게 이 닦는 법, 돈 절약하는 법, 인생을 꾸려가는 법까지 일일이 가르쳐주어야 한다면 얼마나 어이없는 노릇이겠는가. 부모들은, 노력하기만 한다면, 이런 일들을 어떤 학교교사보다 한결 지혜롭게, 한결 효과적으로 해낼 수 있다. 오랜 세월이 흐른 뒤 자녀들은 부모의 무수한 가르침을 떠올리고, 그것이 자신의 일부가 되어 있음을 절절하게 깨닫는다.

남편과 아내

남편과 아내는 서로 가르치며 상대에게 배운다. 결혼생활에서 빚어지는 숱한 분노와 슬픔은 우리가 이 사실을 잊어버려서 생긴다. 남편은 자신의 얇은 월급봉투를 보고 자조적인 한숨을 내쉰다. 아내는 그 월급을 어떻게 써야 할지에 대해 나름의 생각이 있다. 대개 아내는 남편 의견을 묵살하고 자기 의견을 강요한다. 그 결과는 둘 중 하나다. 남편은 아내에게 맞서면서 그녀의 의견을 무시하거나, 아니면 그녀의 의견을 받아들이되 자신을 쥐고 흔들려는 그녀를 혐오한다. 둘 가운데 어느 쪽이든 원한을 품은 끝도 없는 싸움으로 번질 게 뻔하다.

 남편은 아내가 게으르고 깔끔하지 못하다는 것을 깨닫는다. 그는 걸핏하면 그 점을 꼬투리 잡아 투덜거리거나 소리를 질러댄다. 이 경우 아내의 반응도 둘 중 하나다. 그녀는 남편에게 맞서서 보란 듯이 더욱 게으름을 피우거나, 아니면 구시렁거리면서 황급히 집을 치우는 식으로 남편 뜻에 따르는 시늉을 한다. 어느 쪽이든 남편도 아내도 만족하지 못한다.

 남편과 아내는, 조금만 차분하게 돌아보면, 모든 영역에서 둘이 똑같이 유능하지는 않음을 쉽게 깨달을 수 있다. 그런데 남편이든 아내든 스스로의 부족함을 인정하고 상대에게 배우기를 한사코 꺼리기 때문에 불꽃 튀는 싸움이 가실 날이 없는 것이다. 이 책에서 우리는 지금 가르침의 기술에 대해 살펴보고 있다. 그런데 학생이 배우기를 마다하면 그를 어거지로 떼밀 수는 없다. 남편들이여, 아내에게도 배울 게 있다는 사실을 받아들여라. 그리고 아내들이여, 남편에게도 배울 게 있다는 사실을 받아들여라.

사회생활에서의 가르침

단체장

주변을 돌아보면 일상생활에서 맺는 무수한 관계들 가운데에도 가르침과 배움이 이뤄지는 관계를 얼마든지 찾아볼 수 있다. 가령 잘 굴러가는 기업에는 유능한 관리자가 있게 마련이다. 그는 언제나 사람들에게 무슨 일을 해야 하는지 설명하고 사람들로 하여금 그 일을 하도록 설득하는 데 온힘을 기울인다. 효율을 떠받드는 수많은 조직이 허망하게 무너진 까닭을 파헤쳐보면 조직원을 마치 기계부품처럼 써먹을 수 있다는 가정에 토대를 두고 있어서였음을 알 수 있다. 하지만 사람들은 그저 기계부품처럼 취급받지 않고, 그들이 무슨 일을 하고 있는지, 왜 그 일을 하고 있는지에 대해 진정어린 설명을 듣는다면 진짜 몸 바쳐 일한다. 작업감독, 회사임원, 노조대표, 작업관리자, 부서장, 이 모든 핵심인력들은 그들 역시 그간 가르침을 받아왔으며 이제 다른 이들을 가르치고 있다. 한 명의 훌륭한 하사관은 수십 명의 사병과 맞먹는 가치를 지닌다.

의사

의사들은 화학적·외과적 개입을 통해 환자를 치료하지만, 오로지 가르침을 통해서만 치료상태를 유지할 수 있다. 예를 들어 의사들은 후두염을 치료한 뒤 이렇게 말한다.

"흡연량을 줄이셔야 합니다. 체온이 갑작스럽게 오르내리지 않도록 주의하시고요. 감염되지 않도록 각별히 신경 쓰셔야 합니다."

이것은 가르침이다. 모든 의사들이 이렇게 잘 하는 것은 아니지만. 환자를 설득하는 수고 없이 권위적으로 가르치려 드는 경우도 비일비재하다. 최악의 가르침이다. 이게 바로 현대의학이 질병을 치료하는 데에는 효과적이지만, 질병을 설명하는 데에는 불충분하고 부적절한 까닭이다. 그 탓인지 '의사들은 기꺼이 질병을 치료하긴 하지만, 질병이 발생하는 것을 마다하지는 않는다'는 말이 공공연하게 떠돌기도 한다.

어쨌거나 최근에는 서서히 방점이 옮아가고 있다. 의사들은 이때까지는 보다 시급한 문제, 즉 질병을 치료하는 데 더 많은 관심을 기울였지만, 이제는 질병에 걸리지 않게 환자를 교육하는 쪽으로 점차 관심을 돌리고 있다. 우리는 정신이 신체에 많은 영향을 미친다는 것을, 그래서 멀쩡한 신체를 병들게도 만들고 병든 신체를 낫게도 만든다는 것을 점점 더 분명하게 보고 있다. 위궤양에 걸린 환자는 좋지 않은 식습관으로 그 병을 얻은 것이다. 의사가 그에게 그런 실수를 반복하지 않게 금지시킬 권리는 없다. 하지만 겁을 주거나 그를 가르칠 수는 있다. 훌륭한 의사는 그가 어떤 실수를 저지른 것인지, 그것을 왜 실수라고 부르는지, 어떻게 하면 앞으로 그 같은 실수를 피할 수 있는지 가르쳐준다. 일껏 그러고서도 계속 같은 실수를 되풀이하는 이들도 없지는 않다. 하지만 그런 이들이야 보통 의사들로서는 치료할 수 없는 좀더 뿌리 깊은 심리적 병을 앓고 있기 십상이다. 보통 사람들이라면 의사의 가르침을 가슴에 새기고 그것을 통해 배울 것이다.

정신과의사

보통 의사들은 마음이 병든 사람들에게는 도움을 줄 수 없다. 이 일을 할 수 있는 전문가들이 바로 정신과의사이다. 그들은 기본적으로 교사다. 정신과의사들은 일단 환자가 마음속에 감춰둔 요소들을 객관적으로 바라보게 되면 고통의 원인인 그 약점을 이겨낼 수 있으리라고 가정했다. 하지만 경험적으로는 그것이 옳지 않은 가정으로 드러났다. 정신과환자들은 대체로 자신의 숨은 약점을 드러내준 의사를 진심으로 고마워하지 않으며, 그 약점을 어떻게든 묻어두려고 또 다른 은폐장치를 생각해낸다. 이렇게 되면 분석은 의사의 임무 가운데 오직 절반에 불과하다. 정신과의사는 환자의 약점을 알아낸 다음 그의 부모가 엉망으로 망쳐놓은 교육에 맞불을 놓는 새로운 교육에 착수해야 한다.

어떤 여성은 너무나 무자비한 어머니 밑에서 자라나 어떤 남성도 자신을 정상적으로 사랑하지 않을 거라고, 결혼을 할 수도 없겠지만 설령 결혼을 한다 해도 어머니보다 더 나을 게 없는 삶을 살 거라고 믿었다. 이런 믿음을 말로 표현해본 적은 없지만, 그 때문에 그녀는 이상하고 어리석게, 나쁘게 행동했다. 만일 그녀가 정신과의사를 찾아간다면 그가 첫 번째로 할 일은 그녀가 어째서 비행을 저지르는지 알아내는 것이다. 그는 인내심을 가지고 그녀가 억지로 지우거나 애매하게 얼버무리는 식으로 자꾸만 감추려 드는 그 믿음을 들춰낼 것이다. 하지만 그런 다음 그 믿음 대신 건강한 믿음을 새로 심어주어야 한다. 오랫동안 집요하고 자상하게 그녀를 설득해야 한다. 당신은 정상적인 여성이며, 여느 친구들과 다를 바 없는 기회를 잡을 수 있고, 얼마든지 건강하고 정상적인 결혼생활을 할 수 있을 거라고. 그가 환자를 치료할 수 있다면 그것은 그녀가 성장하면서 받은 교육의 잘못을 들춰내고 그녀 스스로 그 잘못을 바로잡도록 가르치기 때문이다. 그는 어느 면에서 근육이 뒤틀린 환자를 받아서 그 원인을 진단하고 그것을 바로잡기 위해 일련의 운동요법을 처방하고 경과를 살피는 정형외과 의사와 같은 일을 하고 있는 셈이다. 가르침은 분석만큼이나 중요하다.

성직자

성직자들도 앞에서와 같은 책임감을 가지고 있다. 신도들은 그들을 친구나 동료로 여기며, 설교라는 형식을 통해 그들이 베푸는 가르침을 듣는다. 뭔가 진짜로 잘못되어갈 때에는 그들에게 도움의 손길을 내민다. 성직자들이 주는 도움도 주로 가르침의 형태이다. 누군가의 손에 하나밖에 없는 아들을 잃은 부모, 직장에서 해고당한 남자, 남편에게 버림받은 아내, 일 년 밖에 살 수 없다는 선고를 받은 여인……. 이들이 고통스럽게 호소한다.

"왜 저한테 이런 일이 일어난 걸까요?"

"전 이제 어떻게 해야 하죠?"

"이 역경을 어떻게 헤쳐나갈 수 있을까요?"

이런 상황에 몰린 이들은 잘못이라는 것을 잘 알면서도 폭력적으로 행동하곤 한다. 내심 누군가 자신을 좀 설득하고 말려주었으면 하면서 말이다. 신의 대리인은 단지 거기 있기만 해도 많은 일을 해낼 수 있다. 함께 있는 것은 공감하려는 노력이다.(욥이 아들과 딸을 모두 잃었을 때 친구들이 그를 위로하러 찾아왔다. 그들이 한 말이 욥기에 나와 있긴 하지만, 욥은 그들이 무슨 말인가 하기 전에 이미 그들에게 큰 위안을 얻었다. 그들은 아무 말 없이 욥과 함께 이레 낮, 이레 밤을 땅바닥에 주저앉아 있었던 것이다.) 하지만 무언의 공감이 할 수 있는 소임을 다 한 뒤에는 위안의 말을 건네야 한다. 두고두고 잊히지 않을 말이 되려면 뭔가 내용이 있어야 한다. 개신교 교회는 가르침이라는 소명을 가장 진지하게 받아들였을 때 최고조에 달했고, 개신교 목사들은 지금도 견뎌야 하는 것을 견디는 법을 가르쳐줄 때 가장 고결하다.

홍보전문가, 대중선동가

스스로를 교사라고 생각지는 않지만 가르침의 기법을 활용하는 사람들도 많다. 광고전문가들은 직업적인 교사들보다 가르침의 기법을 더 확실하게 파악하고 있다.

- —생생하게 전달할 것 : 모든 포장은 상징적인 디자인을 담고 있어야 하며 모든 포스터에는 그림을 싣는다.
- —확실하게 각인할 것 : 상품명은 명료하고 간결하고 매력적이어야 하며, 발음하기도 기억하기도 쉬워야 한다. 광고문구는 사람들 뇌리에 강하게 박혀야 한다.
- —남다른 가치를 부각할 것 : 광고전문가들이 가장 고심하는 점이다. 다른 치약이 아니라 바로 이 치약을 써야 삶의 질이 향상된다는 것을 수많은 사람을 상대로

설득해야 하니 말이다. 하지만 그들은 한편으로는 연상을 통해서("A치약은 인기 있는 ○○○코미디언을 후원하고 있는데 그 코미디언만큼이나 매력적이다"), 다른 한편으로는 대단히 과학적이고 엄밀한 듯한 인상을 주지만 실은 애매하기 짝이 없는 말로 설득함으로써("B치약은 1,589명의 의사들이 당신의 32개 이를 '더욱 깨끗하게cleaner' 만들어준다고 보증하는 '클리노Cleano'라는 새로운 마법의 성분을 포함하고 있다") 그 일을 해낸다.

아무리 돈을 벌기 위한 천박한 상업광고라 해도 이 역시 가르침인 것만은 분명하다.

정치에서는 이것을 선전이라고 부른다. 선전이 새로운 것이라는 생각은 잘못이다. 거의 모든 국가와 정치인들은 언제나 국민들로 하여금 그들이 펼치는 정책을 지지하도록 만들려고 애쓴다. 오직 베니스나 스파르타 같은 일부 과두제 사회만이 예외였다. 선전과 관련해서 유일하게 새로운 점이라면 오늘날의 규모가 과거와는 비교할 수 없을 정도로 커졌다는 것뿐이다. 주로 인쇄술과 통신술의 발달, 보편교육과 보통선거권의 도입에 힘입은 결과이다. 하지만 규모의 차이란 본질상 아무런 중요한 차이도 낳지 않는다. 나는 영국에서 1831년에서 1832년에 걸쳐 일어난 영국 선거법개정안 통과 운동과 미국에서 1850년대에 일어난 노예제도 폐지 운동은 그와 맞먹는 중요성을 지닌 오늘날의 대의명분들보다 훨씬 더 강력하게 국가의 근간을 뒤흔들었다고 생각한다. 비록 오늘날의 선전선동이 규모나 강도에 있어 훨씬 더 거세다 해도 말이다. 우리는 일생 동안 엄청나게 선전되고 널리 받아들여졌지만 결국 아무것도 아닌 것으로 흐지부지된 선전 사례를 수없이 보아왔다. 세계전쟁을 도발한 것은 민간 무기제조업체들이었다는 주장 따위가 그런 것이다.

하지만 좀더 높은 차원의 정치선동은 매우 고귀하고 유용한 정치활동이다. 우리는 훌륭한 정부란 피지배자인 국민들의 합의에 바탕을 두어야 한다고 믿는다. 그런데 만일 국민들이 무슨 일이 일어나고 있는지도 모른다면 무슨 수로 그 일에 대해 제대로 합의할 수 있겠는가? 그러므로 훌륭한 정부는 국민들에게 정부가 국민을 위해서, 국민의 이름으로 과연 뭘 하고 있는지를 이야기해주어야 한다. 만일 그것을 이해하지 못한다면 국민들은 합의를 거부할 수도 있다. 그렇게 되면 정부는 좀더 충분하고 명료하게 그것을 설명해주어야 한다. 국민은 정부가 추진하는 일에 동의하지 않으면 합의를 철회할 수도 있다. 그렇게 되면 정부는 좀더 설득력 있게 국민들을 납득시켜야 한다.

그러다 보면 진실에 대해 설명하는 것과 진실을 과장하는 것 간의 경계가 서서히 허물어질 수도 있다. 정부는 어렵지 않게 다음과 같이 국민을 설득하게 된다. 만일 정부가 거짓말을 한다면 그것은 더 큰 진실을 위해서 그러는 것이고, 사실을 은폐한다면 그것은 오직 전략적인 이유에서 그러는 것이고, 역사에 대한 관점을 왜곡한다면 그것은 오로지 영구집권을 노려서가 아니라 국민을 섬기려고 그러는 것뿐이라고……. 모든 정부는 필연적으로 자기 스스로를, 그리고 피지배 국민을 타락에 빠뜨리는가? 모든 정치선전은 거짓말을 가르치고 거짓말을 부추기는가? 그렇다. 오직 한 집단만이 권력을 독점하고 어떠한 반대도 저항도 허락하지 않는 한, 거짓말을 일삼는 정부의 경향이 정치적 반대자들의 비판에 의해 저지당하지 않는 한, 정부관료들이 국민에 대한 책무를 깨닫지 못하는 한.

지혜로운 그리스인들은 정치인이란 필히 교사가 되어야 한다고 말했다. 그들은 정치인은 국민 위에 군림하기만 해선 안 되며 앞서가면서 국민을 교육시켜야 한다고 생각했다. 정치인은 자신이 지지하는 법을 통해 어떤 방향으로 행동하도록 국민을 이끈다. 사람들이 나쁜 자질보다 좋은 자질을 개발하게 만드는 정책을 채택하는 게 그의 임무이다. 플라톤이 말하기를, 정치인은 제아무리 대단한 권력가라 하더라도 막 권력을 잡을 당시보다 국가를 더 어리석고 게으르고 타락하게 만들었다면 나쁜 정치인이다. 정치선동의 진짜 위험은 그것이 강력하지만 어리석고 무책임한 도구로 쓰일 수 있다는 점이다. 그것을 가장 효과적으로 견제할 수 있는 장치는 바로 시민들의 날카로운 감시의 눈길이다.

작가와 예술가

정치인처럼 작가와 예술가도 대중을 설득한다는 점에서 교사라고 할 수 있다. 모든 예술가들은 자신이 대중들에게 뭔가 중요한 말을 하고 있다는 것을 안다. 그들은 그저 그 말을 잘 하기만 바라는 게 아니다. 그 말이 전에 아무도 하지 않은 새로운 말이길 바란다. 그리고 대중들이 그것을 지금뿐 아니라 그가 죽은 뒤에도 듣고 이해하길 바란다. 즉 그는 대중들에게 뭔가 중요한 것을 가르치고 싶어 하고 그들이 자신에게 뭔가 배우기를 바란다.

   화가 같은 시각예술가들은 기본적으로 무수한 가능성 가운데 선택된 어떤 형태와 빛깔은 그들 자신에게 각별하며 우리에게 보여줄 만한 가치가 있다고 여긴다. 만일 그들의 작품이 없었다면 우리는 그 같은 형태나 색깔을 미처 인지하지 못할 뿐더러 그것을 만들어내면서 그들이 맛보았을 기쁨도 느끼지 못한다. 대부분의 미술가들은 자연세계 혹은 인간의 신체, 동물, 건물, 음식, 가구 따위에서 형태나 빛깔을 찾아낸다. 그들은 세계의 이러한 측면은 살펴볼 가치가 있고 거기에는 아름다움이 깃들어 있다고 생각한다.

현대미술가들은 이렇게 말하곤 한다. 세상에는 무슨 특별히 의미 있는 게 따로 없으며, 자신들은 그저 재미난 패턴을 보이는 사물을 선택할 따름이라고. 하지만 그렇다고 해서 그들이 생각 없이 아무 대상이나 고르는 것은 아니다. 만일 어떤 화가는 괴저병에 걸린 다리를 그리기로 하고, 또 어떤 화가는 달빛이 어린 호수를 그리기로 했다면, 그들은 형태와 빛깔만 보여주는 게 아니라 세상의 어떤 측면인가에 대해 우리의 관심을 불러일으키고 있는 것이다. 그는 우리에게 뭔가 말하고 있고, 뭔가 보여주고 있고, 뭔가 강조하고 있다. 이것은 (대개 무의식적이긴 하지만) 그가 우리를 가르치려 애쓰고 있다는 뜻이다.

순전히 직선과 사각형으로만 이뤄진 그림을 그리는 데 일생을 바친 피트 몬드리안은 수학적인 형태의 세계가 최소한 그 자신에게는 사람, 동물, 자연의 세계보다 더 가치 있다고 말하고 있는 것이다. 그의 그림을 유심히 들여다보면 그의 판단을 받아들이지 않고도 그 패턴에 찬사를 보낼 수 있다. 하지만 미술가가 만든 패턴을 인정하는 것은 대개 그 패턴이 암시하는 판단을 받아들이는 것이다. 중국의 두루마리 그림을 좋아하는 사람은 실제로 격렬한 감정이나 강렬한 빛깔에 담긴 것과는 다른 차분하고 정적인 삶을 선호하는 경향이 있다.

책에서는 그 문제가 한결 더 명료하다. 책은 사람을 다룬다. 사람들은 도덕적인 세계에서 행동한다. 책을 읽을 때 우리는 등장인물의 목소리를 듣고 그들의 행동을 본다. 그것은 어떤 행동은 칭찬하고 어떤 행동은 조롱하는 저자 자신의 목소리를 듣는 것이다. 결국 그 모든 것은 우리가 받아들여주었으면 하는 삶에 관한 저자의 판단이다.

만일 어떤 평자가 '이 책은 등장인물의 행동이 너무 작위적이고 그들의 행동기준이 어처구니없긴 하지만 문체가 아름다우며 매우 짜임새 있다'고 말한다면, 그것을 칭찬으로 들을 저자는 아무도 없을 것이다. 삶에 대한 저자의 관점을 받아들이기 어려우며, 문체 빼곤 딱히 높이 살 만한 게 없다는 말이기 때문이다. 하지만 많은 작가들은 자신들이 우리를 설득하려고 애쓰고 있다거나 우리를 가르치고 있다고 생각하지 않는다. 그들은 '나는 그저 내가 본 대로 진실을 기록하려고 애쓸 뿐'이라고 말한다. 그리고 우리가 그러는 이유가 뭐냐고 물으면 '진실에 대한 내 생각을 남들에게 전달하기 위해서', 즉 '내가 믿는 것을 남들에게 가르쳐주기 위해서'라고 분명하게 답하길 꺼린다.

하지만 모든 책은 설득의 요소를 포함하고 있다. 또한 삶에 관한 저자의 판단을 담고 있다. 즉 모든 책은 가르치려고 노력하고 있다. 다만 잘 가르치는 사람이 있는가 하면 잘못 가르치는 사람이 있고, 가치 있는 것을 가르치는 사람이 있는가 하면 나쁘거나 보잘것없는 것을 가르치는 사람이 있다는 게 차이라면 차이다. 비평이 다루는 지점이 바로 이 같은 중요한 차이이다.

문체만이 중요하고 내용은 아무래도 상관없다면, 인생을 날카롭게 경험한 범죄자들이 느끼는 쾌감을 섬세하고 생생하고 소상하게 묘사한 산문을 쓰는 것도 얼마든지 가능할 것이다. 가령 낯선 집에 방화를 하면서 느끼는 쾌감을 다룬 글을 예로 들어보자. 안에 있는 사람들이 빠져나오지 못하도록 출입문과 창문에 먼저 불을 지르는 잔혹한 계획성, 화염의 아름다운 빛깔, 우지끈 나무 부러지는 소리, 벽돌 무너지는 소리와 함께 묻히는 가족들의 비명소리, '아무런 이유도 없이 저지른 행동'이 가져다주는 말할 수 없는 희열, 힘을 부리는 듯한 느낌, 사회보다 개인이 더 위력적이지 않은가 하는 무언의 항변······.

 하지만 사회는 이 같은 책을 반기지 않는다. 그런 것을 기꺼이 찬미하고 허용하는 사회라면 머잖아 무너질 것이다. 따라서 책에 담아내는 판단은 책이 가르치는 교훈이나 마찬가지이다. 그리고 그 교훈은 책의 가치를 가르는 기준이다. 독자들도 그것을 알아본다. 가르치는 내용이 뭐든 아랑곳하지 않는 저자는 어떤 문체로 쓸 것인지 전혀 고민하지 않는 저자나 다를 바 없는 형편없는 저자다. 혼란스럽거나 천박한 생각, 악의적이고 어리석은 생각은 나쁜 문체만큼이나 책을 형편없게 만든다. 가르친다는 것은 심각한 책임이기 때문이다.

일상적인 가르침의 몇 가지 원칙

아버지와 어머니, 남편과 아내, 관리자와 작업반장, 의사와 정신과의사, 성직자, 광고전문가, 선전가, 정치인, 예술가, 작가, 이 모두는 어떤 식으로든 교사들이다. 그들이 사용하는 방법은 직종이나 그들의 성격만큼 저마다 제각각이겠지만, 우리는 그 가르침을 좀더 효율적으로 만들어주는 몇 가지 일반적인 원칙을 뽑아볼 수는 있다.

첫 번째 원칙은 명료함이다. 당신이 무엇을 가르치고 있든지 간에 그것을 분명하게 제시하라. 당신이 가르치려는 것을 돌처럼 굳고 태양처럼 밝게 만들어라. 당신이 가르치고 있는 사람들에게 당신이 가르치는 바를 명확하게 전달하기는 어렵다. 한편으로는 다루는 주제 때문에, 다른 한편으로는 언어 때문에 생기는 어려움이다. 당신은 당신이 어렵게 느끼는 게 아니라 독자들이 어렵게 느낄 것을 생각해야 한다. 그런 다음 그들의 마음속에 당신 자신을 심어주면서 그들이 배워야 할 필요가 있다 싶은 것을 설명하라. 당신은 그들에게 당신의 말을 확실하게 이해시켜야 한다. 애매하고 추상적인 말은 종잡을 수 없다. 구체적으로 예시하라. 그림을 제공하고 예를 들어라. 그리고 기회가 될 때마다 말을 시켜서 당신의 학생들이 당신을 이해하고 있는지 확인하라. 훌륭한 학생은 좀처럼 조용하지 않다.

두 번째 원칙은 인내심이다. 배울 만한 가치가 있는 것은 배우는 사람과 가르치는 사람의 시간을 요구한다. 위대한 학자나 저명한 정치인이 흔히 저지르곤 하는 실수는 청중들이 그들이 지닌 문제에 대해 깊이 생각하고 있으며, 토론할 때 수준이 자신에 비해 단지 조금 뒤떨어져 있을 뿐이라고 가정하는 것이다. 그래서 그들은 대다수 청중들로서는 감도 잡지 못하는 문제를 반쯤 해결된 것으로 여기거나, 아니면 아무 인과관계에 대한 설명도 없이 확실히 이해되지 않은 문제에서 또 다른 애매한 문제로 득달같이 내닫곤 한다. 진정한 가르침은 그저 정보 꾸러미나 나눠주는 게 아니다. 그것은 학생의 마음이 실제로 변화하는 것에서 절정을 이룬다. 진정한 변화가 일어나려면 오랜 시간이 걸리므로, 신중하게 계획하고 다양한 변화를 주며 반복함으로써 서서히 단계를 밟아가야 한다.

이때는 감정과 거리를 두는 것이 특히나 중요하다. 아버지 어머니, 남편과 아내, 그리고 권위의 자리를 차지한 이들은 이 점을 간과하기 일쑤다. 그들은 설명할 때 고함을 지른다. 그들의 얼굴은 분노와 조급함으로 일그러진다. 몸짓이 격하다. 그들은 더 많은 감정을 내비칠수록 더 많은 효과를 거둘 수 있다고 착각한다. 하지만 실제로 그들의 격한 감정은 상대가 상황을 이해하는 것을 가로막는다. 남편에게 소리 지르는 아내, 부대원들에게 으르렁거리는 하사관, 아들에게 불호령을 내리는 아버지는 공포를, 더 나아가서 혐오감을 불러일으킨다. 결국 상대에게 바라는 것을 설명하거나 뭔가를 하도록 상대를 설득하는 데에는 실패하고 만다.

세 번째 원칙은 책임감이다. 다른 사람의 삶에 개입하려면 신중해야 한다. 사람들은 좋은 것에도 나쁜 것에도 쉽사리 영향을 받는다. 특히나 배우는 사람이 어릴수록, 가르치는 사람이 권위자일수록 더 그렇다. 귀가 얇은 대중들에게 돈이나 명성을 부추기는 가르침, 입에 발린 가벼운 충고 따위는 이루 헤아릴 수 없이 나쁜 영향을 미친다. 우리는 신문에서 예컨대 밀가루와 사카린을 적당히 버무려서 만든 암 치료제를 판매한 후안무치한 이들의 보도를 종종 접하곤 한다. 그는 십 년 형을 선고받는다. 하지만 그가 사람들에게 입힌 피해에 비하면 그쯤의 형량이 무슨 대수겠는가? 마찬가지로 대중들에게 어떤 중대사안에 대해 결국에 가서 거짓으로 판명난 것을 가르친 정치인이 있다면 그가 어떻게 대중들 앞에 다시 설 수 있겠는가? 명성이나 돈 따위를 얻자고 성급하고 무책임하게 글을 써대는 것도 두려워해야 할 일이다. 그렇게 되면 말년에 가서 자신이 어리석고도 사악한 생각을 퍼뜨렸다는 것을 깨닫고 부끄러움을 느낄 것이다. 뒤늦게 후회하지 않으려면 당신의 생각이 혹 오용되거나 잘못 이해될 소지는 없는지 따져보고, 당신 자신이 아니라 당신이 가르치고자 하는 이들을 먼저 생각하는 게 최선이다.

후주

제2장 교사

1. Victor Hugo, *Les Travailleurs de la mer*, part 2, book 4, chapter 1
2. Mallarmé, *L'Azur*
3. Victor Hugo, *L'Expiation: Les Châtiments*, 5.13.2
4. "나에게 수수한 벤치 하나만 놓여 있는 통나무집을 주시오. 한편에 마크 홉킨스가 앉고 다른 한편에 내가 앉을 수 있는 벤치 말이오. 마크 홉킨스를 빼고 학교건물, 도서관, 기구들은 당신네들이 몽땅 다 가져도 좋소." 1871년 12월 28일, 훗날(1881년) 미국 제20대 대통령이 된 하원의원 제임스 가필드(James Garfield)가 윌리엄스 칼리지 동창회 만찬에서 한 말이다. H. Peterson, *Great Teachers*(Rutgers University Press, New Brunswick, 1946), p. 75에서 인용.
5. Lytton Strachey, "Dr. Arnold", *Eminent Victorians*
6. Bradford Chambers가 뉴욕의 한 학교에 대해 쓴 기사, "The Boy Gangs of Mousetown" (*Reader's Digest*, August 1948), p. 148
7. A. S. F. Gow, *A. E. Housman*(Cambridge University Press, 1936). p. 18
8. W. H. Sheldon, *The Varieties of Temperament*(Harper & Brothers, New York and London), 1942
9. Thomas Wolfe, *Of Time and the River*(Charles Scribner's Sons, New York, 1943), chapter 7, p. 91

제3장 훌륭한 교사의 교수법

10. N. M. Butler, *Across the Busy Years*(Charles Scribner's Sons, New York, 1939~1940), 1. 65f
11. 정확하게 말하면 1,419행이다.
12. Lewis Carroll, *Alice's Adventures in Wonderland*, c. 12
13. W. L. Phelps, *Autobiography with Letters*(Oxford University Press, New York and London, 1939), p. 136f
14. *On the Sublime*, 9.13
15. E. F. Benson, *As We Were*(Longmans, Green & Co., London, 1930), pp. 117~119

16. Bacon, "Of studies" (*Essays*, 50)
17. Karl Lehrs: *Immer Quellen lesen, daraus ergibt sich alles von selbst*
18. 마태복음 11장 15절
19. A. Conan Doyle, *The Lost World*, c. 5
20. H. Danby, *The Mishnah*(Oxford University Press, 1933), introd. xiii, n. 1
21. James Hastings, *Encyclopaedia of Religion and Ethics*(Charles Scribner's Sons, New York, 1951)에 나타난 세 가지 논거(우주론, 목적론, 존재론) 참조
22. 사도행전 17장 21절
23. 아리스토데모스나 카에레폰이 대표적인 예이다.
24. "개인교습 제도는 '참을 수 없는 자원낭비'라고 느끼지 않을 수 없다. 네틀십이나 애보트, 그 밖의 위대한 개인교사들이 나처럼 조야하고 거친 지식인들의 교양을 쌓는 데 그들의 귀한 시간을 하염없이 쏟아붓다니 기이하다 못해 사악한 일이다." L. P. Smith, *Unforgotten Years* (Little, Brown & Co., Boston, 1939), p. 179
25. 카파렐리(1703~1783)의 개인교사가 바로 유명한 고대 이탈리아의 성악교수 포르포라(Porpora)다.
26. Henry Fielding, *Tom Jones*, Book 7, c. 12
27. Charles Dickens, *David Copperfield*, c. 4. 머드스톤은 데이빗 카퍼필드의 양아버지이다.
28. James Joyce, *A Portrait of the Artist as a Young Man*, c. 1
29. *The World Crisis 1916~1918*, pt. II (Charles Scribner's Sons, New York, 1931), p. 392
30. P. Glorieux, *La Littérature quodlibétique de 1260 à 1320*(Bibliothéque Thomiste, Paris, 1925) 참조

제4장 위대한 교사와 그 제자들

31. 누가복음 2장 42~50절
32. 요한복음 3장 1~21절, 7장 50~52절, 19장 39절
33. 마태복음 4장 23절("예수께서 온 갈릴리에 두루 다니사 그들의 회당에서 가르치시며 천국 복음을 전파하시며 백성 중의 모든 병과 모든 약한 것을 고치시니.")
    마태복음 9장 35절("예수께서 모든 도시와 마을에 두루 다니사 그들의 회당에서 가르치시며 천국 복음을 전파하시며 모든 병과 모든 약한 것을 고치시니라.")
    마가복음 6장 2절("안식일이 되어 회당에서 가르치시니 많은 사람이 듣고 놀라 이르되 이 사람이 어디서 이런 것을 얻었느냐 이 사람이 받은 지혜와 그 손으로 이루어지는 이런 권능이 어찌됨이냐.")
    누가복음 4장 15~32절

34. 누가복음 4장 28~30절, 마태복음 21장 23~27절, 누가복음 20장 1~8절
35. 마태복음 21장 9절("앞에서 가고 뒤에서 따르는 무리가 소리 높여 이르되 호산나 다윗의 자손이여 찬송하리로다 주의 이름으로 오시는 이여 가장 높은 곳에서 호산나 하더라.")
36. 마가복음 1장 22절("뭇사람이 그의 교훈에 놀라니 이는 그가 가르치는 것이 권위 있는 자와 같고 서기관들과 같지 아니함일러라.")
37. 마태복음 22장 23절~30절
38. 마가복음 10장 17~22절
39. 누가복음 11장 53~54절
40. 요한복음 8장 3~11절
41. 마가복음 10장 13~16절
42. 요한복음 2장 1~11절
43. 마태복음 26장 26~29절, 마가복음 14장 22~25절, 누가복음 22장 19~20절. 요한복음 13장 3~20절은 최후의 만찬에서의 또 한 가지 상징적 행동을 보여준다.
44. 주세페 카스틸리오네(Giuseppe Castiglione, 1698~1766)를 말한다. 중국 이름은 랑 시닝(郞世寧)이었다.
45. L. M. Hartmann, *Biographisches Jahrbuch und Deutscher Nekrolog* 9(1904), pp. 503~504
46. L. Pearsall Smith, *Unforgotten Years*(Little, Brown & Co., Boston, 1939), p.172; L. A. Tollemache, *Benjamin Jowett*(E. Arnold, London, 1895), p. 127
47. P. Guiraud, *Fustel de Coulanges*(Hachette, Paris, 1896)
48. C. Becker, "James Harvey Robinson", *Nation*, 144(9 January 1937), pp. 48~50
49. L. V. Hendricks, *James Harvey Robinson, Teacher of History*(King's Crown Press, New York, 1946), p. 15; H. E. Barnes, "James Harvey Robinson", *American Masters of Social Science*(ed. H. W. Odum, Henry Holt & Co., New York, 1927), c. 10
50. *Something of Myself*(Macmillan, London, 1937), pp. 31~33. '킹'은 틀림없이 다이아몬드 스컬스(Diamond Sculls)를 두 차례나 수상한 옥스퍼드 대학 브레이스노즈 칼리지의 W. C. 크로프츠(Crofts)를 모델로 한 것이리라.(G. C. Beresford, *Schooldays with Kipling*[Victor Gollancz, London, 1936], c. 14; *The Kipling Journal* 1[1937]) 하지만 거기에는 발리올 칼리지의 H. A. 에번스(Evans)도 약간 가미되어 있다. 에번스에 관해서는 *The Balliol College Register*(ed. Elliott, Oxford University Press, 1934), pp. 1865~1866을 참조하라.
51. A. Maurois, *Mémoires*(E. M. F., New York, 1942), p. 74f
52. *Arnold of Rugby*, ed. J. J. Findlay(Cambridge University Press, 1897), p. 75
53. Houston Peterson, *Great Teachers*(Rutgers University Press, New Brunswick, 1946), pp. 289~299

54. 위와 같은 책에 인용된 에셀 뉴콤(Ethel Newcomb)의 말
55. C. H. Grattan, *The Three Jameses*(Longmans, Green, & Co., London and New York, 1932), pp. 155~156. 이하 윌리엄 제임스에 대한 내용은 *In Commemoration of William James*(Cambridge University Press, 1942), p. 4.에 나타난 Henry James의 언급, *The Letters of William James*(ed. Henry James, Atlantic Monthly Press, Boston, 1920). v. 2, p.11f에 나타난 D. S. Miller의 언급, *The Thought and Character of William James* (Harvard University Press, Cambridge, Mass., 1948), p. 123, pp. 326~327에 나타난 R. B. Perry의 언급 등 참조. J. R. Angell, "William James" (*Psychological Review* 8 [1911] 82)는 제임스가 심하다 싶게 제자들을 과대평가했지만 그 덕에 그들이 더욱 분발할 수 있었다고 말했다.
56. Boissier, *Discours de réception de René Doumic: Séance de l'Académie Française du 7 avril 1910*(Perrin, Paris, 1910), p. 27
57. 누가복음 8장 43~48절, 마태복음 9장 20~22절, 마가복음 5장 25~34절
58. P. Guiraud, p. 90f
59. I. Edman, *Philosopher's Holiday*(Viking Press, New York, 1938), pp. 138~143
60. E. E. Slosson, *Six Major Prophets*(Little, Brown & Co., Boston, 1917), pp. 265~268
61. J. R. Lowell, "Emerson the Lecturer", *Literary Essay* 1(Houghton, Mifflin Co., Riverside, Cambridge, Mass., 1890), pp. 359~360
62. H. Peterson, Huxley, *Prophet of Science*(Longmans, Green & Co., London, 1932), p. 28
63. Sir W. H. Flower, "Reminiscences of Professor Huxley", *North American Review* 161 (1895), pp. 279~286
64. F. Harrison, *Autobiographical Memoirs*, 2.110, H. Peterson, *Huxley, Prophet of Science* (Longmans, Green & Co., London, 1932), p. 161에서 재인용
65. St. George Mivart, "Some Reminiscences of T. H. Huxley", *Nineteenth Century* 42 (1897), pp. 985~998
66. J. D. Teller, "Louis Agassiz, Scientist and Teacher", *Ohio Graduate School Studies* 2 (Ohio State University Press, Columbus, 1947), pp. 38~39, pp. 80~84; B. G. Wilder, "Louis Agassiz, Teacher", *Harvard Graduates' Magazine* 15(1906~1907), pp. 603~607
67. J. D. Teller, "Louis Agassiz, Scientist and Teacher", *Ohio Graduate School Studies* 2 (Ohio State University Press, Columbus, 1947), c. 4; N. S. Shaler, *Autobiography*, H. Peterson, *Great Teachers*에서 재인용
68. 포르포라를 말한다.
69. 뉴욕의 W. 랩킨(Rabkin) 씨 이야기이다. R. Rice, "Penny-Arcade Philanthropist", *The New*

Yorker(16 October 1948)에 실려 있다.

70. Abraham Flexner, *I Remember*(Simon and Schuster, New York, 1940), p. 55에 요약된 플렉스너의 개인적인 회상

71. J. M. T. Finney, "A Personal Appreciation of Sir William Osler", *Journal of American Medical Association* 77(24 December 1921), pp. 2033~2039; A. McPhedran, "Sir W. Osler's Influence on Medical Education in the U. S.", *Canadian Journal of Medicine and Surgery* 47. 3(March 1920), pp. 151~153

72. L. F. Barker, "Osler at Johns Hopkins", ibid., pp. 141~146

73. W. R. Steiner, "Reminiscences of Sir William Osler as a Teacher", *Transactions, American Clinical and Climatological Association*, 1935

74. R. W. Brown, "'Kitty' of Harvard", *Atlantic Monthly* 182(October 1948), pp. 65~69; G. H. Chase, *Tales out of School*(Harvard University Press, Cambridge, Mass., 1947), p. 28; J. L. Lowes, J. S. P. Tatlock, and K. Young, "George Lyman Kittredge", *Speculum* 17(1942), pp. 458~460

75. T. Zielinski, "Wilamowitz", *Revue de l'Université de Bruxelles* 2(December 1931-January 1932)

76. A. W. Verrall, *Collected Literary Essays*(Cambridge University Press, 1913)

77. G. Pauli, "Jakob Burckhardt", *Zeitschrift für bildende Kunst* 9(1897~1898), pp. 97~101; H. Trog, *Biographisches Jahrbuch* 2(1898), pp. 70~71; H. Wölfflin, "Jakob Burckhardt", *Gedanken zur Kunstgeschichte*(Schwabe, Basle, 1941), pp. 135~163

78. Sinclair Lewis, *Saturday Review of Literature*(1 April 1939); G. H. Nettleton, "William Lyon Phelps 1865~1943", *Scientific Monthly* 57(1943), pp. 565~566; J. J. Reilly, *Of Books and Men*(Messner, New York, 1942), pp. 51~59

79. A. Cresson, *Bergson, sa vie, son œuvre*(Presses universitaires de France, Paris, 1941), p. 5

80. A. P. Dennis, *Gods and Little Fishes*(Bobbs-Merrill Co., New York, 1931), H. Peterson, *Great Teachers*(Rutgers University Press, New Brunswick, 1946)에서 인용

81. R. S. Baker, *Woodrow Wilson, Life and Letters*(Doubleday, Page & Co., Garden City, 1927), v. 2. c. 12; W. S. Myers, "Willson in my diary", *Woodrow Wilson, Some Princeton Memories*(ed. W. S. Myers, Princeton University Press, 1946), pp. 36~39. 같은 책에서 R. K. 루트(Root)는 윌슨이 프린스턴 대학에 개인교습 제도를 정착시킨 인물이라고 지적했다.

82. 본문에서 말하는 시란 바로 〈발달Development〉이다.

83. *Childe Harold's Pilgrimage*, 4.77
84. J. E. Sandys, *A History of Classical Scholarship*(Cambridge University Press, 1908), 2.433f
85. 셰익스피어의 작품,『헨리 4세』를 말한다.
86. 밀튼의『실낙원』I. 263

옮긴이의 글

나도 한때는 훌륭한 교사가 될 꿈을 꿔본 적이 있다. 실제로 고등학교 선생 노릇을 좀 하기도 했다. 하지만 교직 초반에 아이들과 함께 겪은 삶은 결코 내가 꿈꾸던 것이 아니었다. 경험이 부족한데다 이런 유의 책에 도움을 받아야 한다는 생각도 없이 그저 아이들에게 멋지게 감동을 안겨주겠다는 터무니없는 열정만 가지고 무턱대고 덤벼든 시절이었다.

하지만 그것은 전혀 통하지 않았다. 아이들은 '너는 또 얼마나 가나 보자' 하는 식으로 표 나게 경계하면서 적의를 보이거나, 그도 아니면 아무 기대감도 없는 멍한 표정으로 나를 바라보았다. 나는 아이들의 무반응에 놀라서 남몰래 식은땀을 흘렸고, 밤이면 뭐가 잘못된 건지 몰라 뒤척였다. 그리고 미처 그 해답을 얻기도 전에 보기 좋게 그 세계에서 튕겨져 나왔다. 그때 교직을 떠나지 않았더라면 초반의 시련을 이겨내고 어떤 소박한 결실을 볼 수도 있었을지 모른다. 그런 만회의 경험이 없었기에 나의 짧은 교직생활은 온통 실패와 좌절의 기억으로 얼룩져 있다.

이 책을 옮기는 동안 줄곧 그 시절이 떠올랐다. 이 책은 그때 내가 왜 교사로서 실패할 수밖에 없었는지 친절하게 들려주고 있다. 무기가 턱없이 모자랐으니 그 싸움에서 당연히 질 수밖에 없었다고 말이다. 교직에 입문하면서, 아니면 도중에라도 '가르침'에 대해 깊이 고민하도록 도와주는 이런 책을 만날 수 있었더라면 그때와는 조금 다른 결정을 내릴 수 있지 않았을까 하는 아쉬움도 맛보았다.

다행히 나는 교단을 떠난 후 교육전문지 기자로 일하면서 훌륭한 교사들을 두루 만나는 행운을 누렸다. 그들의 경험을 모아 전파하면서 이 시대 교육에 기여하고 있다는 보람도 느꼈다. 그때 만난 교사들 가운데 수학선생님 한 분이 이따금 떠오른다. 나는 어른이 되어 수학과 상관없는 삶을 살게 돼 너무 홀가분하다고 생각하는 사람이고, 마흔이 넘은 나이에도 수학시험지를 들고 쩔쩔매는 고등학생으로 돌아가 있는 똑같은 꿈을 되풀이해서 꾼다. 종은 울렸는데 절반밖에 풀지 못한 시험지를 내면서 나는 이제 끝장이다, 나는 실패자다, 이렇게 막다른 절망감에 시달리며 깨어나는 지독한 악몽이다. 정작 학창시절에는 수학시험지를 시간 내에 다 풀지 못하거나 시험을 터무니없이 망치거나 한 일이 없었다. 그런데도 수학은 나도 모르게 가슴을 한없이 짓누르는 무거운 돌덩어리 같은 것이었나 보다. 한데 그 수학선생님은 틈만 나면 그런 수학이 정말이지 아름답다고 줄기차게 떠들어댔다. 기어코 세상만사를 수학이라는 창을 통해서만 바라보려고 했다. 그 모습이 어찌나 기이하고 놀랍고, 그리고 그 선생님이 바라보는 수학만큼이나 아름다웠던지. 수업을 어떻게 진행할지는 보지 않아도 알 만했다. 그 선생님에게 배운 학생들은 수학을 대하는 태도가 어디가 달라도 다를 것이다.

이 책에서 훌륭하거나 형편없는 교사들을 만나면서 내 기억 속에 살아 있는 그 비슷한 교사들을 떠올려보는 것도 즐거웠다. 훌륭한 교사의 이야기만큼 우리를 매번 감동에 젖게 하는 것은 없다. 도달하기 어려운 길이지만 그러니만큼 더욱 값져 보인다.

이 책은 놀랍게도 1950년에 출간된 책이다. 빈티지Vintage 출판사에서 낸 책답다. 훌륭한 가르침의 기술에는 시대와 사회를 초월하는 공통점이 있다. 그것을 이해하는 데 방해가 될 정도는 아니지만, 어쨌거나 출간시점이 워낙 오래전이어서 더러 요즘 시대에 맞지 않는 생각이나 정황이 등장한다. 아이들의 집중을 방해하는 요소로 꼽히는 것이 텔레비전도 컴퓨터도 아닌 '라디오'다. '부모'보다는 '아버지', '자녀'보다는 '아들'이라는 표현이 흔히 쓰인다. 곳곳에서 저자는 여성을 거의 세상에 없는 셈 친다. 언뜻언뜻 드러나는 그러한 틈은 독자들이 시대적 차이를 감안해, 이를테면 '아버지'는 '부모'로, '아들'은 '자녀'로, '라디오'는 '컴퓨터' 등으로 대체해 읽으며 너그럽게 메워주면 좋겠다.(필요하다 싶은 곳에서는 옮긴이가 간간이 그렇게 고쳐놓기도 했다.)

『가르침의 예술』은 여러 시대와 사회를 한꺼번에 아우르며 종횡무진 주제에 접근한다는 점에서 여느 교수법 책들과 구분되는 독보적인 책이다. 그런데 이 책을 다 읽고 나면 자연스럽게 한 가지 바람이 생긴다. '현재' '우리' 교단 버전의『가르침의 예술』이 있다면 참 좋겠다는 것이다. 우리는 경험이 자산인 시대에 살고 있다. 말없이 훌륭한 교사의 길을 걷고 있는 많은 교사들이 그 경험을 어떻게든 꼼꼼하게 정리해 출간한다면 오죽이나 좋을까? 우리 실정에 잘 맞는 구체적인 경험과 지혜를 서로 공유함으로써 우리가 한층 더 풍요로워질 수 있다면 얼마나 근사한 일이겠는가?

밝은 눈으로 좋은 책을 발굴해 번역을 맡겨주신 아침이슬 출판사의 박성규 사장님은 옮긴이에게 아주 각별한 분이다. 이 책은 가르치는 교사에 관한 책인데, 그분이야말로 나에게 스승이나 다름없는 존재이기 때문이다. 앞서 말한 대로 내가 교직을 그만두고 잡지사이자 출판사인 '우리교육'에 입사했을 때 그 당시 거기 사장님이 바로 박성규 사장님이셨다. 입사 초기 며칠 동안 사장님과 독대한 채 출판 전반에 대해 연수를 받던 십여 년 전의 풍경이 아직껏 기억에 생생하다. 나는 그때 새로운 세계를 알아가는 즐거움과 기대에 한껏 부풀어 있었다. 그 후 줄곧 사장님께 많은 것을 배웠고, 가족들과 함께 미국에 나와 있는 지금까지 그분과의 인연은 이어지고 있다. 이 책을 매개로 다시 사장님과 함께 일하게 된 것을 더없이 기쁘고 영광스럽게 여길 따름이다.

2009년 2월
옮긴이 김홍옥

김홍옥

1966년에 태어나 서울대학교 소비자·아동학과와 같은 대학교 교육학과 대학원을 졸업했다. 광양제철고등학교 교사를 거쳐 우리교육, 삼인 출판사 등에서 근무했다. 옮긴 책으로는 『유인원과의 산책』『신과의 만남, 인도로 가는 길』『교사 역할 훈련』『레이첼 카슨 평전』『월트 디즈니 1·2』『제약회사는 어떻게 거대한 공룡이 되었는가』 등이 있다. 현재 남편, 세 딸아이와 함께 미국 캘리포니아주 플레즌튼에서 살고 있다.
sasistersmom@gmail.com

가르침의 예술

첫판 1쇄 펴낸날 | 2009년 3월 1일

지은이 | 길버트 하이트
옮긴이 | 김홍옥
펴낸이 | 박성규

펴낸곳 | 도서출판 아침이슬
등록 | 1999년 1월 9일(제10-1699호)
주소 | 서울시 마포구 합정동 411-2(121-886)
전화 | 02)332-6106
팩스 | 02)322-1740
이메일 | 21cmdew@hanmail.net

ISBN 978-89-88996-95-9 13370
책값은 뒤표지에 있습니다.